아빠교육의 힘

别让孩子输在爸爸身上
Copyright ⓒ 2015 by Posts and Telecom Press
All rights reserved.

Korean copyright ⓒ 2016 by Sigongsa Co., Ltd.
This Korean edition was published by arrangement with Posts & Telecom Press
through Agency Liang

이 책의 한국어판 저작권은 에이전시 량를 통해 Posts and Telecom Press와 독점 계약한 ㈜시공사에 있습니다.
저작권법에 의해 한국 내에서 보호를 받는 저작물이므로 무단 전재와 무단 복제를 금합니다.

아빠 교육의 힘

아빠만이 가르칠 수 있는
9가지 아이 인성

정옌팡 지음 | 차혜정 옮김

지식너머

★ 프롤로그 ★

사람들은 각자 사회에서 각양각색의 역할을 하며 살아간다. 성공한 기업가가 있는가 하면 유능한 엔지니어도 있고 위대한 정치가도 있다. 그러나 우리 인생에서 거의 모든 사람이 똑같이 맞닥뜨리는 중요한 역할이 있다. 그것은 바로 '부모'다.

자기 분야에서 아무리 큰 성공을 거뒀다 하더라도, 자기 직업에서 아무리 흔들림 없는 위치에 올랐다 하더라도 자녀를 제대로 키워내지 못했다면 그 사람의 인생은 성공했다고 할 수 없으며, 그가 거둔 성공도 빛을 잃어버릴 것이다. 성공한 부모가 되기란 일에서 성공하는 것보다 훨씬 어렵다. 게다가 자녀를 교육하는 과정에서 잘못하면 아이의 일생에 나쁜 영향을 미칠 수도 있다.

부모로서 자녀를 훌륭하게 교육시키는 것보다 자랑스러운 일은 없을 것이다. 그러나 현실은 그리 녹록지 않다. 자녀 교육은 부모들을 괴롭히는 가장 큰 문제다. 많은 부모들이 자녀의 성장에 미치는 교육의 중요성을 의식하고 있지만 어디서부터 손을 써야 할지 모르는 게 현실이다. 부모가 생각하기에 제대로 된 자녀 교육을 했다 하더라도 아이의 성장 과정에서 부모의 기대와는 다른 방향으로 가기 일쑤다.

　자녀를 우수한 인재로 키우는 데 있어 부모의 교육 방식이 가장 중요하다. 특히 아빠 교육은 절대 빠져서는 안 된다. 그러나 대다수 가정이 이 점을 인식하지 못한다. 아빠들은 날마다 업무가 바쁘며, 가족을 부양하기 위해 돈을 버느라 바쁘다. 따라서 자녀 교육이라는 중요한 임무는 늘 엄마가 도맡아야 한다. 그러나 자녀가 성장하는 과정에서 아빠는 없어서 안 되는 중요한 사람이다. 특히 아빠가 갖고 있는 독특한 기개는 무의식중에 자녀에게 큰 영향을 미쳐 강인함, 낙관, 자신감, 독립, 관용 등의 성격과 품성을 기르는 데 지대한 작용을 한다.

　이러한 품성이 자녀에게 미치는 중요성을 인식하긴 하지만 어디서부터 시작해야 할지 모르며, 어떤 방식으로 해야 할지 모르는 사람들이 많다. 이 책은 부모를 위해 다년간의 자녀 교육을 통해 쌓은 경험을 종합했다. 자녀 교육 과정에서 속수무책이라 느끼는 부모들에게 도움이 되기를 바란다. 또, 이 책은 이론과 사례를 접목하는 방식으로 효과적인 자녀 교육 방법을 소개하고 있다. 사람은 선한 성품으로 태어나며, 아이들은 누구나 순수하고 선량하다. 부모가 합리적인 교육 방법으로 자녀에게 양호한 품성과 습관을 심어 준다면 자녀의 장래를 위해 튼튼한 기초를 다져줄 수 있을 것이다.

나는 교육 경험 및 와이프와 협력하여 아이를 키운 성공적 경험 덕분에 부모들 사이에 이름이 알려졌다. 많은 부모들이 자녀의 성장 과정에서 부딪치는 각종 문제에 관해 상담을 청해왔다. 각 사례를 접하고 지도를 해주면서 나는 한 가지 중요한 사실을 깨달았다. 즉, 아이 교육은 갓난아기 때부터 시작해야 한다는 점이다. 부모들이 조기 교육의 비밀을 파악하는 것은 아이의 교육 문제를 푸는 물꼬를 트는 것과 같다.

조기 교육의 비밀에는 어떤 것이 있을까? 내 자신의 교육 경험과 주변 아이들의 성장 스토리를 통해 다음의 몇 가지로 간추려본다. 첫째, 강인하고 용감한 품성을 길러줌으로써 자녀가 미래에 좌절과 시련에 넘어지지 않게 한다. 둘째, 자신감과 이성적이며 너그러운 마음을 갖게 하며, 다른 사람과 나누는 마음을 알게 하여 교제의 고수로 만든다. 셋째, 자녀의 책임감을 길러주는 것은 자녀를 성공으로 인도하는 데 필요한 전제 조건이다. 넷째, 고마움을 아는 것은 자녀로 하여금 가장 훌륭한 인격과 가장 행복한 인생을 갖게 해준다. 다섯째, 좋은 습관은 좋은 미래를 만든다. 자녀에게 좋은 습관을 심어줘서 성공을 위한 기반을 닦아야 한다.

물론 자녀 교육의 비결은 간단한 몇 가지 사례로 완벽하게 터득할 수 없으며, 그 뒤에 숨은 풍부한 내용을 연구하고 분석해야 할 필요가 있다. 나의 자녀 교육 경험을 통해 이 비결을 상세히 벗겨내서 부모들에게 가장 성실하고 실용적인 자녀 교육 비책을 제공할 것이다.

자녀 교육은 정밀하고 섬세한 조각의 과정이라는 점을 알아야 한다. 자녀의 행동 하나하나, 그들의 요구 하나하나에는 심오한 성장의 의미가 담겨 있다. 마음을 다해 이러한 것을 체득하고 발견해 내지 못하면 자녀를 올바르게 인도하고 교육할 최적의 시기를 놓쳐 버린다. 날 때부터 자녀 교육에 능한 부모는 없으며, 부모도 학습하면서 자녀와 함께 성장해야 한다. 그래야 비로소 부모로서 합격점을 받을 수 있으며 훌륭한 자녀로 키울 수 있다.

목차

프롤로그　4

1
강인함
아이가 삶을 스스로 개척하게 하라

- 15　걸핏하면 우는 아이, 어떻게 해야 할까?
- 22　아빠가 나서서 아이를 강하게 키워라
- 28　아이에게 좌절 교육을 하라
- 34　아이를 강인하게 기르는 역할은 아빠가 하라
- 41　때로는 아이에게 약한 모습을 보여라

2
자신감
아이가 자신감을 가질 수 있게 열등감을 몰아내라

- 51　열등감의 늪에서 아이를 건져라
- 57　아이에게 "네가 최고야!"라고 말하라
- 64　아이에게 자유롭게 도전할 기회를 줘라
- 71　낯선 사람과 처음 대면하는 법을 가르쳐라
- 78　사춘기 아이를 대하는 지혜를 배워라
- 84　아이에게 절대 해서는 안 되는 말에 주의하라
- 91　낙관적인 아이가 더 자신감을 갖는다

3

나눔
아이를 더욱 환영받게 하는 덕목

- 101 아이가 욕심 부리지 않게 하라
- 107 다른 사람들과 어울릴 줄 아는 아이로 키워라
- 114 아이에게 나눔을 가르쳐라
- 119 아이가 친구를 많이 사귀게 하라

4

이성
아이의 미래를 성공으로 이끄는 소중한 품성

- 129 짜증 내는 아이는 환영받지 못한다
- 136 아이에게 자제력을 먼저 가르쳐라
- 142 유혹 앞에서 단호히 'NO'를 외치게 하라
- 148 아이에게 욕구를 참고 기다리는 법을 가르쳐라
- 154 아이가 주관을 가지고 선택하게 하라
- 161 아이에게 옳고 그름을 분별하는 힘을 길러줘라
- 167 아이에게 반성하는 법을 가르쳐라

★ 5 ★

독립
아이가 책임을 감당하게 하라

- 177 아이가 심리적 이유기를 잘 보내도록 도와라
- 183 아이의 일은 스스로 결정하게 하라
- 189 아이에게 계획 세우는 습관을 길러줘라
- 196 아이가 할 수 있는 일은 스스로 완성하게 하라
- 201 할 일을 뒤로 미루지 않는 아이로 키워라
- 208 꿈을 통해 아이의 독립을 격려하라

★ 6 ★

관용
넓은 아량으로 세상은 더 아름다워진다

- 217 아이에게 너그러움을 가르쳐라
- 223 "괜찮아!"라는 한 마디를 가르쳐라
- 230 작은 일에 지나치게 연연하지 마라
- 236 역지사지로 생각하고 다른 사람의 기분을 이해하라
- 243 한 걸음 물러나면 더 큰 것을 얻을 수 있다

7

책임
책임감이 강해야 떳떳할 수 있다

- 253   핑계 대는 습관을 버려라
- 259   책임감을 가지고 끝까지 해내라
- 265   아이에게 잘못을 인정하는 용기를 가르쳐라
- 272   일의 결과에 책임을 져라
- 278   책임감은 아이의 꿈에 날개를 달아준다

8

감사
가장 아름다운 꽃으로 핀 인격

- 287   누구도 조건 없이 희생할 의무는 없다
- 293   "고맙습니다!"라고 말할 수 있게 지도하라
- 298   아이가 엄마의 발을 씻겨주게 하라
- 304   감사하는 마음으로 현실을 비춰라

9

습관
성공을 위한 인생의 투자

- 313   대충 하는 습관을 고쳐라
- 320   시간을 합리적으로 관리하라
- 326   아이에게 노동을 실천하는 습관을 키워줘라
- 331   책 향기 그윽한 가정 분위기를 만들어라
- 337   욕설하는 습관을 철저히 없애라

아빠만이 가르칠 수 있는 **9 가 지 아 이 인 성**

1

강인함

―――――★―――――

아이가 삶을
스스로 개척하게 하라

작은 묘목은 비바람을 견뎌내야 큰 나무로 자랄 수 있으며,
아기 새는 날갯짓을 반복한 끝에 하늘을 날 수 있다.
아무 좌절 없이 평탄하기만 한 인생이 있을까?
아무 노력도 없이 성공에 이르는 사람이 있을까?
인생이라는 여정은 스스로 헤쳐 나아가야 하는 험난한 길이다.
아이라고 해서 예외는 아니다.
부모는 자녀를 강인하게 키워야 한다.
그리하여 장차 스스로 인생을 개척하고 노력해서
빛나는 성취를 맛보게 해줘야 한다.

걸핏하면 우는 아이, 어떻게 해야 할까?

세상 모든 부모는 자신의 아이가 말 잘 듣고 싹싹하며 주변 사람의 사랑을 독차지하여 성공적인 삶을 살아가기를 꿈꾼다. 하지만 지금 당신의 아이는 어떤가? 뜻대로 안 된다고 칭얼거리고 보채는 아이, 사소한 다툼에 울음부터 터뜨리는 아이, 조금만 어려운 일이 닥쳐도 금방 위축되는 아이…. 무엇이 아이를 이렇게 만들었을까?

요즘은 집집마다 자녀가 많아야 한두 명이며 외동아들, 외동딸도 흔하다. 집안 어른들은 귀한 우리 아이가 먹고 입는 것, 이부자리, 장난감 등 무엇 하나 부족한 게 없도록 아이의 수발을 든다. 다시 말해, 기꺼이 아이의 '노예'가 되는 것이다. 아이는 이 노예들의 완벽한 보살핌 속에서 부족한 것 하나 없이 하루하루를 즐겁게 지낸다. 그러나 문제는 이러한 과잉보호에서 비롯된다. 부모는 말할 것도 없고 할머니, 할아버지까지 가세하여 귀한 손자, 손녀가

강 인 함

다칠세라 지나친 보호에 앞장서는 것이다. 한 달이 채 되지 않은 갓난아이 때부터 조금만 우는 기척이라도 보일라치면 어른들은 전전긍긍하며 아이를 안아 달랜다. 이와 같은 상황은 아이가 자라면서도 계속된다. 아이가 울면 알아서 원하는 바를 대령하는 어른들의 약한 마음과 심리를 꿰뚫어버린 아이는 울음을 강력한 무기로 내세우고 걸핏하면 울음을 터뜨려 요구를 관철하곤 한다.

연령이 높아지면서 아이의 요구는 점점 많아지고 복잡해지며 우는 횟수도 잦아진다. 우는 게 습관이 되면 아이의 성격에도 중대한 영향을 미치게 된다. 아이는 매사를 부모에게 의존하고 작은 어려움만 닥쳐도 울음부터 터뜨리며 혼자 힘으로는 아무것도 하지 않으려 한다. 이러한 환경에서 자란 아이는 나약함이 몸에 배어 우는 것으로 모든 일을 해결하려 한다.

아이의 울음에 대부분의 부모들은 어떻게 대처하고 있을까?

"으앙!"

아이가 울음을 터뜨리자 엄마는 황급히 아기를 안아 달랬다.

"엄마가 맛있는 것 줄게. 울지 마."

아이는 울음을 뚝 그쳤다. 하지만 엄마는 아이가 우는 이유를 알지 못했다. 아이는 다시 울음을 터뜨렸고 엄마는 한숨부터 나왔다.

"왜 자꾸 징징대는 거니?"

엄마는 짜증이 치밀어 오르는 것을 참으며 아이를 안아 달래기 시작했다. 사실 아이가 운 이유는 따로 있었다. 조금 전에는 소파에서 놀다 발목을 삐끗하는 바람에 아파서 운 것이었고, 그다음에는 걸어가다 넘어졌기 때문이다.

아이의 울음은 갈수록 잦아진다. 작은 일에 닥쳐도, 조금만 제 뜻을 받아주지 않아도 울어대는 아이를 보며 엄마는 어찌할 바를 모른다. 잘 우는 아이들은 넘어져도 스스로 일어나지 않고 어른이 일으켜줄 때까지 울어댄다. 친구와 놀다가도 장난감을 뺏겼다고 훌쩍거리고, 유치원에서 선생님이 꾸중했다고 눈물부터 흘린다. 이러한 아이를 둔 부모 중에는 "우리 아이는 원래 좀 잘 울어요. 그러니 잘 달래줘야 그친답니다."라고 말하는 사람들이 많다. 과연 달래주는 것으로 해결되는 일일까?

{ …… }

"엉엉! 형아가 내 장난감 뺏어갔어요. 게다가 날 밀쳤어요. 엉엉!"
민호가 온통 눈물투성이 얼굴을 한 채로 아빠에게 이르러 왔다.
"가만있자. 우리 민호가 올해 몇 살이지? 그리고 너 울보였든가?"
아빠의 엉뚱한 물음에 민호는 고개를 갸우뚱하며 대답했다.
"아빠! 나 8살 됐잖아요. 그리고 당연히 울보 아니죠!"
"그렇지! 넌 사내대장부니까 울고만 있으면 안 되지. 잘 생각해보렴. 형이 네 장난감을 빼앗지 않고도 둘이서 재미있게 놀 수 있는 방법이 있을 거야."

그제야 민호는 고개를 끄덕였다. 눈물을 닦더니 형에게 다가가 제

법 의젓하게 말을 하는 것이었다.

아이가 잘 우는 이유는 강인함이 부족해서일 때가 많다. 따라서 무조건 달래는 게 능사는 아니다. 부모가 아이를 바르게 이끌지 못하면 아이가 나약해지기 쉬우며, 이렇게 형성된 성격은 어른이 되어서도 쉽사리 고쳐지지 않는다. 생각해보라. 어릴 때부터 작은 일에도 울음을 터뜨리고 조금만 힘들어도 부모나 선생님부터 찾는 울보가 어른이 된 후 과연 힘든 일에 제대로 대처할 수 있을까? 살아가면서 부딪히는 수많은 좌절을 스스로 극복할 수 있을까?

부모라면 누구나 자녀의 성공을 염원한다. 그러나 인생이라는 항해는 험난한 좌절과 시련의 연속이다. 대부분의 사람들은 순풍에 돛 단 듯 순탄하게 성공이라는 항구에 도착하기 힘들다. 따라서 부모는 자녀가 어릴 때부터 강인한 성격을 길러줘야 한다. 그리하여 남은 길을 부모의 도움 없이 스스로 헤쳐 나가는 법을 터득하게 해야 한다.

{ …… }

엄마가 지우를 데리고 아파트 옆 공원으로 산책을 갔다. 도착하자마자 지우는 잔디밭 쪽으로 뛰어갔다. 엄마는 마침 그곳에 와 있던 다른 엄마들과 이야기를 나누느라 지우를 혼자 뒀다. 지우는 엄마가 자신을 뒤따라오지 않자 금세 울상이 되어 엄마를 불러댔다.

"울지 마. 엄마가 갈게!"

엄마는 쏜살같이 뛰어가 지우를 달랬다. 겨우 울음이 그친 아이에게 엄마가 말했다.

"아줌마들께 '안녕하세요' 해야지?"

하지만 낯가림이 심한 지우는 아줌마들과 눈을 맞추려 하지 않았고 엄마의 재촉에 그만 울음을 터뜨리고 말았다. 인사시키는 것을 포기한 엄마는 이번에는 공원에 있는 다른 아이들과 함께 놀게 했지만 아이는 엄마 품에서 좀처럼 내려오려 하지 않았다. 지우 엄마는 한숨이 나왔다.

"우리 아이는 아기 때부터 나와 떨어지려 하질 않아요. 겁도 많아서 잠시만 내가 안 보이면 난리가 난답니다. 넘어져서 우는 것은 다반사고요. 하루에도 대여섯 번씩 울어대니 어떤 때는 정말이지 짜증이 난다니까요."

지우 엄마의 하소연에 다른 엄마들은 하나같이 자기 아이도 마찬가지라며 아이가 더 크면 저절로 괜찮아질 것이라 위로했다. 그제야 지우 엄마는 조금 안심이 되었다.

'세 살 버릇 여든까지 간다'라는 말이 있듯이 한번 형성된 습관은 성격으로 굳어져 웬만해서는 고치기 어렵다. 성격은 각자의 심리적 특징으로서 지우처럼 엄마에게 지나친 애착을 보이고 낯가림이 심한 아이는 나약한 성격의 전형이라 할 수 있다. 하지만 아이의 성격이 형성되는 시기에 부모의 양육 방법이 잘못되어 습관을 제대로 바로잡아주지 않으면 아이의 장래에까지 영향을 미칠 수 있다.

아이가 지우와 비슷한 성향이 있다면 과잉보호로 아이를 망치지 않도록 주의해야 한다. 자녀의 요구를 모두 들어주면 아이가 장차 더 큰 시련 앞에 놓였을 때 어찌할 바를 모르게 된다. 인생의 시련과 좌절은 누구나 겪게 되어 있으며 부모라도 이를 대신해줄 수 없다. 부모가 물질적 풍요를 제공한다 해도 아이의 평탄한 일생을 보장해주지는 못한다. 따라서 부모는 자녀의 일에 간섭하기보다는 시련과 좌절에 대처할 수 있는 용기를 길러줘야 한다. 아이가 문제를 스스로 해결하면서 자신의 인생을 개척할 수 있게 도와줘야 하는 것이다.

부모는 잘 우는 아이에게 진지한 태도로 임해야 한다. 자신이 아이를 얼마나 사랑하는지를 생각하자. 무조건 요구를 들어주는 태도는 아이의 장래를 망칠 뿐이다. 조금만 뜻대로 안 되어도 울기부터 하는 것은 단순한 울음이 아닌 나약함의 표출이다. 이러한 행동을 습관화하면 아이는 나약한 성격을 형성하게 된다. 무슨 일에나 울음을 앞세우고 주변 사람이 나서서 해결해주기만 기다리는 사람은 험한 세상에서 살아남기 어렵다.

아이에게 용기를 북돋우는 법

• 좋은 본보기를 보여 긍정적인 영향을 주자 •

놀이는 아이의 잘못된 행동을 고쳐줄 수 있는 가장 좋은 기회다. 아이는 본능적으로 다른 사람의 행동을 모방한다. 씩씩하고 강인한 아이와 놀게 하면 평소에 주저했던 일도 친구들과 함께 해내는 것을 알 수 있다. 이 과정에서 아이의 의지력은 조금씩 강해진다. 아이가 집에서 넘어져 우는 상황을 가정해보자. 부모가 아이에게 "너 어제 놀이터에서 영철이랑 놀 때 모래밭에서 넘어졌는데 울지 않고 스스로 일어나더라."라며 용감한 행동의 사례를 들어 아이를 끊임없이 격려하고 우리 아이도 충분히 해낼 수 있다는 신뢰와 믿음을 보여줘야 한다. 조금씩 자신감이 자라난 아이는 넘어져도 눈물을 닦고 스스로 일어나게 된다.

• 올바른 방식으로 생각을 표현할 수 있게 이끌자 •

아이가 울고 보챌 때 부모는 이성적으로 대처하여 아이가 자신이 당한 일이나 원하는 바를 표현하게 해야 한다. 절대로 아이를 다그치거나 심지어 때리는 일은 없어야 한다. 아이의 언어 표현 능력을 길러주는 데에도 주의를 기울이자. 아이가 분명하게 의사 표시를 하지 않고 떼를 쓰고 울 경우 부모는 인내심을 가지고 아이가 스스로 의사를 표현할 수 있도록 인도해야 한다. 이를 통해 울고 떼쓰는 상황을 줄일 수 있다. 자신의 생각을 용기 있게 말할 수 있다면 그 사람은 더 이상 연약하지 않다.

아빠가 나서서
아이를 강하게 키워라

살아가면서 모든 좌절과 시련을 피할 수는 없다. 그러나 인생의 각종 시련에 어떻게 대처하느냐에 따라 어떤 사람은 상처를 받고 위축되는가 하면, 어떤 사람은 비록 상처를 입더라도 자신을 강하게 만드는 기회로 삼고 도약하기도 한다. 이 둘 사이에는 시련 앞에서 얼마나 강인한 태도로 임하느냐의 차이가 있을 뿐이다.

　세상 모든 부모는 자신의 아이가 시련과 좌절에 용감히 맞서기를 바란다. 그렇다면 합리적인 양육 방식으로 아이의 강인함을 키워주는 게 선행되어야 한다. 이 임무의 적임자는 아빠다. 아이에게 아빠는 '강인함, 용감함'의 대명사로 통한다. 따라서 아이의 강인함을 길러주는 면에서 아빠는 권위 있는 교육자가 될 수 있다.

　아이의 성적이 떨어졌다고 꾸짖거나 공부는 제쳐두고 놀기만 좋아해서 큰일이라며 걱정하는 것은 대부분 엄마의 역할이다. 아빠는 아이를 이해하고 행복은 성적순이 아니라며 아이를 위로한다. 형편없는 성적표를 받고 아이는 이미 마음이 상해 있다. 여기에 부모가 가세하여 아이를 꾸짖는다면 아이를 더욱 비관적으로 만들 것이다. 무슨 일을 해도 자신이 부족하다고 느끼며 어려운 일을 맞닥뜨리면 도망치기 바쁘다. 결국 아이는 나약하고 의존적인 성격으로 자라게 된다.

　부모가 아이의 심정을 이해하고 아이를 도와 공부 방법을 개선한다면 아이의 성적이 향상될 것이다. 뿐만 아니라 부모는 가끔 자녀를 데리고 야외 활동을 함으로써 아이의 강인한 성품을 단련해주며, 아울러 신체적인 위험으로부터 스스로를 보호하는 방법과 위급 상황에 대처하는 방법도 가르쳐줘야 한다.

{ …… }

　학교에서 학생들의 자립심을 길러주기 위해 야외 활동을 계획했다. 이 활동은 원하는 학생에 한해서 이루어졌으며 참가 학생들은 부모의 동의를 받아야 했다. 학교 측은 행사 개요와 준비물, 주의 사항이 적힌 가정 통신문을 각 가정으로 발송했다. 그 결과 전교생이 한 명도 빠짐없이 참가하겠다는 의사를 밝혀왔다. 학부모들의 적극적인 협조에

학교 측은 뿌듯했다.

등산을 하러 갔는데 절반쯤 올라갔을 때 현서가 한눈을 팔다가 그만 다리를 헛디뎌 미끄러졌다. 친구들이 부축하려 하자 현서는 다리의 통증을 호소했다. 양호선생님이 와서 보더니 찰과상을 입었을 뿐 뼈에는 무리가 없다며 곧 괜찮아질 거라고 했다. 현서는 친구들에게 "이럴 줄 알았다면 엄마 말을 듣고 집에 있을걸 그랬어."라며 투덜거렸다.

비슷한 일이 민호에게도 일어났다. 그런데 민호는 책가방에서 구급약 상자를 꺼내더니 숙련된 솜씨로 스스로 약을 바르는 것이 아닌가. 양호선생님이 뛰어와 치료를 해주자 민호는 지켜보는 친구들을 향해 "얘들아, 내 다리 꼭 로봇 같지 않아? 부러우면 한 번씩 만져봐도 돼."라고 웃으며 농담을 하는 여유까지 보이는 것이었다.

비슷한 사건을 대하는 두 학생의 태도가 완전히 다르다. 현서는 좌절 앞에 위축되었으나 민호는 강인하게 대처했다. 그 차이는 어디에서 왔을까? 이 일이 있은 후 선생님이 두 학생의 집에 가정 방문을 갔다. 현서는 집안에서 엄마가 가정 교육을 도맡고 있었으며 아빠의 참여는 거의 없었다. 엄마는 현서를 아끼는 나머지 집안일은 물론 사소한 심부름 하나도 시키지 않았고, 조금이라도 위험한 장난감에는 손도 대지 못하게 했다. 장난감을 가지고 놀다 부딪히기라도 하면 부리나케 달려와 "어디 보자. 피는 안 났니? 다음부

턴 이거 갖고 놀지 마라!"라고 말했다.

반면, 민호의 집은 엄마와 아빠가 육아에 공동으로 참여하고 있었다. 민호는 평소 아빠를 따라 등산, 축구를 즐겼으며 그러다 보니 다치는 경우도 많았다. 그러나 아빠는 담담한 태도로 약을 바르면 될 것이라며 상처를 소독하는 법을 가르쳐줬다.

자식에게 강인함을 길러주는 데에 있어 아빠의 역할은 매우 중요하다. 자녀를 민호처럼 강하게 키우려면 자녀 교육에 아빠가 적극적, 주도적으로 참여해야 한다. 그러나 현실적으로 많은 아빠들이 아이의 가정 교육은 엄마의 몫이라 여기고 있다. 그러나 엄마 혼자만의 양육으로 채워줄 수 없는 부분이 있다. 엄마의 교육은 세심한 사랑의 교육이며, 아빠의 교육은 강화의 교육이다. 따라서 좋은 아빠와 엄마가 공동으로 참여해야 우수한 아이로 길러낼 수 있다.

가정 교육에서 엄마는 아빠의 역할을 절대로 대신할 수 없다. 따라서 아빠는 아무리 바빠도 자녀 교육에 시간을 할애하여 아이의 강인한 품성을 길러줘야 한다. 그렇게 함으로써 아이는 삶의 길을 스스로 걸어갈 수 있으며 자신만의 세계를 개척할 수 있다.

인생은 길고 살아가다 보면 많은 시련과 좌절을 겪는다. 이를 지혜롭게 넘기고 상처를 되도록 덜 받으며 꾸준히 이어가려면 반드시 강인한 의지가 있어야 한다. 살다 보면 능력과 재능이 다른 사람과 비슷한데도 나약한 성격으로 치열한 경쟁에서 뒤처지고 적응을 못하여 결국 사회에서 도태되는 사람들이 많다.

성장 과정에서 부모는 반드시 아이에게 강인한 성격을 길러줘야 한다. 이렇게 해야 아이가 좌절과 시련에 직면했을 때 피하지 않고 용감하게 이를 직시하며 넘어졌다가도 다시 일어나 달릴 수 있다. 넘어지고 일어나기를 무수히 반복하다 보면 좀 더 강해질 뿐만 아니라 궁극적으로 진정한 성공의 길을 걸을 것이다. 강인한 성격을 기르면 좌절 앞에서도 적극적인 투지를 가지고 이겨낼 수 있다. 강인한 성격의 소유자는 시련 앞에서 도망가지 않고 자아를 뛰어넘어 적극적인 태도로 좋은 성과를 낸다.

부모공부
아이에게 강인함을 길러주는 법

• 아이가 스스로 할 수 있게 격려하자 •

아이와 놀아줄 때 아빠들은 아이가 스스로 할 수 있게 격려해줘야 한다. 가령, 나무 블록을 쌓아 집을 만들 때 스스로 장난감을 이리저리 놓을 수 있도록 곁에서 지켜봐야 한다. 설사 아이가 제대로 블록을 쌓지 못한다 하더라도 성급하게 도와줘서는 안 되며, 한쪽에서 지켜보고 아이가 생각하고 어려움을 극복할 시간을 줘야 한다.

또한, 공원에서 놀다 지친 아이를 집에 돌아오는 길에 업거나 안고 오지 말아야 한다. 아이 스스로 걸어서 집으로 가게 격려하고 "네가 틀림없이 아빠보다 먼저 집에 도착할 수 있을 거야."라고 말해준다. 아이는 꾸준한 노력을 통해 성공을 거두고 만족감을 느끼며, 어려운 일에 직면했을 때도 스스로 해결할 수 있게 된다.

• 아이에게 모범을 보이자 •

살아가다 보면 일이 뜻대로 풀리지 않을 때가 있다. 그렇다고 해서 아이 앞에서 한숨을 푹푹 쉬는 모습을 보여서는 안 된다. 갑작스런 일을 당해도 당황하는 모습을 보이지 말아야 한다. 어려운 일에 부닥쳤을 때 쉽게 포기해서는 안 된다.

부모가 아이 앞에서 한탄만 하고 있으면 아이는 비관적인 심리를 갖기 쉽다. 아이가 다쳤을 때 안절부절못하며 어쩔 줄 몰라 하는 부모의 태도는 그렇지 않아도 겁에 질려 있는 아이를 울리기 십상이다. 이러한 행위는 아이의 강인한 품성을 길러주는 데 매우 부정적인 영향을 미친다. 어떤 부모는 아이와 특정 일을 할 때 어렵다거나 다른 이유를 들어 중도에서 포기해버린다. 이와 같은 태도 역시 아이의 강인한 성품에 나쁜 영향을 준다. 부모는 아이에게 모범을 보일 수 있도록 항상 노력해야 한다.

• 아이와 야외에서 운동을 많이 하자 •

주말이나 쉬는 날 부모가 아이를 데리고 야외 활동을 많이 함으로써 아이의 시야를 넓히고 신체도 단련시킬 수 있다. 더 중요한 것은 야외에서 운동을 하는 과정에서 아이의 강인함을 의식적으로 길러줄 수 있다는 점이다. 야외 활동을 하면서 어려움에 맞닥뜨릴 때 아이가 스스로 처리할 수 있게 지켜본다. 이렇게 함으로써 아이는 자신을 더 강하게 단련시킬 수 있다.

아이에게
좌절 교육을 하라

'아이가 넘어지면 스스로 일어나지 않고 어른이 와서 일으켜줄 때까지 기다린다. 시험 성적이 나쁘면 자신에게서 문제의 원인을 찾아 학습 방법을 개선하는 것이 아니라 시험 점수를 바꿔치기 하여 부모를 속인다. 대학 입시에 실패하면 재도전할 방도를 찾으려 하지 않고 인생이 끝난 것처럼 힘들어한다. 업무상 문제에 부딪히면 적극적으로 해결하지 않고 책임을 남에게 미룬다'와 같은 많은 사람들이 걱정하는 현상의 배후에는 좌절을 이겨내는 능력이 낮다는 공통점이 있다.

    그러나 사회는 좌절을 이겨내는 능력이 약한 사람들에게 특별 대우를 해주지 않는다. 사회의 환경이 변하지 않는 상황에서 살아남기 위해서는 각자가 노력해서 적응하는 수밖에 없다. 우리가 걸어온 인생길도 단맛과 쓴맛을 다 겪으면서 여기까지 온 것이다. 이 길을 걸어오는 동안 우리는 큰 시련을 겪었으며, 역경을 뚫고 강인하고 용감한 품성을 길렀다. 이러한 것이 바로 우리 인생의 여정에서 가장 큰 수확이다.

    요즘은 집집마다 자녀가 한둘에 그치기 때문에 인생의 최초 몇 년은 부모의 사랑과 선생님의 격려를 듬뿍 받으면서 큰 시련 없이 지낼 수 있다. 때문에 뜻대로 되지 않는 일이나 시련을 만나면 쉽게 남을 원망하고 현실을 도피한다.

{ …… }

    외동딸 소희는 집안에서는 어른들의 사랑을 독차지했고 학교에서는 선생님과 친구들에게 착한 아이로 통했다. 그러다 보니 자만심과 허영으로 가득 찬 성격이 은연중에 형성되었다.

    어느 날 소희가 등굣길에 친구들과 놀다가 그만 지각을 하게 되었다. 선생님은 규칙대로 소희를 문 앞에 세워두는 벌을 주었다. 소희는 화가 났다. 선생님이 친구들 앞에서 창피를 줬다고 생각하니 마음이 편하지 않았다. 그래서 문 앞에 1분 정도 서 있다가 그 자리를 떠나버렸다. 선생님이 교실에서 잠시 다른 학생들의 출석을 부른 후 보니 문 앞에 서 있어야 할 소희가 보이지 않았다. 놀란 선생님은 교장선생님에게 알렸고 선생님들이 모두 소희를 찾아 나섰다. 직장에 있던 소희 엄마는 연락을 받고 황급히 소희에게 전화를 걸었다. 그런데 소희가 집에서 태연히 텔레비전을 보고 있는 것이 아닌가.

화가 난 엄마는 소희에게 왜 집으로 왔느냐고 다그쳤다. 소희는 겨우 2분 지각했을 뿐인데 선생님이 교실에 들여보내주지 않았다며 오히려 억울함을 호소했다. 소희의 말에 엄마는 소희를 단단히 훈육을 시키기는커녕 다시는 그런 일이 없도록 엄마가 알아서 선생님에게 항의할 것이라는 약속을 했다. 그러고 나서 소희를 학교에 데려다줬다.

소희는 집에서 귀여움을 독차지하고 학교에서도 선생님들로부터 칭찬을 많이 받았다. 그러나 지각을 해서 벌을 받게 되자 도저히 이를 견디지 못하고 집으로 와버린 것이다. 게다가 소희의 엄마는 문제의 심각성을 인식하지 못했을 뿐 아니라 오히려 딸에게 앞으로 선생님이 다시는 야단치지 않게 할 거라고 장담해버렸다. 이러한 행위는 아이를 더욱 나약하게 만들고 좌절에 직면할 수 없게 만든다. 아이를 양육할 때 합리적이고 적당한 처벌은 필요하다. 아이의 마음이 다칠까 걱정하여 잘못에 대한 적절한 처벌을 하지 않고 지나가서는 안 된다.

합리적인 처벌은 아이가 좌절을 이겨내고 어려움에 대처하는 능력을 길러주는 좋은 방법이다. 아이가 어리다고 아무것도 시키지 않고 혹시 다칠까 봐 걱정하며 과잉보호해서는 안 된다. 아이에게 이래라저래라 간섭하며 자신의 잣대로 아이를 다루다 보면 아이는 좌절에 부딪칠 기회조차 잃어버리게 된다. 이는 어떻게 좌절에 대처해야 할지 배울 시기를 놓치게 만든다. 사실 아이들은 어른들이 생각하는 것처럼 그렇게 약하지 않다. 다만, 어른만큼 많은 것을 경험하지 못했을 뿐이다. 아이가 스스로 어떤 일을 완수할 기회를 더 많이 가질 때 아이는 생각한 것보다 훨씬 씩씩하게 해낼 수 있다.

부모는 아이에게 삶이란 행복과 즐거움, 고난과 시련 등 다양한 일로 가득한 것이며, 많은 시련을 이겨내야 행복과 즐거움을 누릴 수 있다는 사실을 말해줘야 한다. 비바람이 지난 후에야 무지개를 볼 수 있다는 것은 진리다.

아이에게 좌절을 이겨내는 힘을 길러주는 법

• 아이가 어려운 상황을 경험하게 하자 •

자녀에게 좌절에 대처할 수 있는 힘을 길러주기 위해 부모는 일부러 어려운 상황을 설정하여 아이에게 생활 속의 문제 해결을 시도하게 한다. 물론 이러한 상황은 아이의 나이와 능력에 걸맞아야 한다. 난도가 지나치게 높아 해결할 수 없으면 아이의 의욕이 꺾이며, 심지어 자괴감이 들게 할 수도 있다. 가령, 자녀가 숙제를 하다가 어려운 문제가 나와 도움을 청할 경우 아이에게 답을 직접적으로 가르쳐주지 말고 천천히 생각해보도록 유도할 수 있다.

• 아이에게 모험을 장려하자 •

자녀는 성장 과정에서 이런저런 좌절을 겪게 마련이다. 아이가 다칠세라 시시각각 뒤를 따라다니며 이것은 안 된다, 저것은 위험하다는 식으로 아이의 손발을 묶어놓는 부모들이 있다. 이와 같은 부모를 둔 아이는 부모가 주변에 없어 스스로 무언가를 해야 할 경우에도 새로운 것을 시도하려 하지 않는다. 일단 자신감을 잃어버리니 감히 엄두를 내지 못하는 것이다. 결국 아이는 문제와 시련을 회피하는 습관이 형성된다. 부모는 자녀의 모험심을 격려해야 한다. 모험에서 실패를 겪으며 조금씩 성장해야 아이가 좌절에 견디는 능력을 기를 수 있다.

• 일상생활 전반에서 좌절 교육을 하자 •

아이의 교육은 하루 이틀 만에 완성되는 것이 아니라 끊임없이 성장하는 과정에서 조금씩 형성된다. 생활 속에 교육을 녹아들게 하면 더 좋은 효과를 낼 수 있다. 아이가 놀다가 잘못해서 탁자에 머리를 부딪쳤을 때 부모가 아이를 달랜다고 탁자를 때리는 시늉을 하는 것은 잘못된 양육 방식이다. 아이는 자신이 머리를 부딪친 것이 탁자의 잘못이라 생각하여 잘잘못을 혼동하기 쉽다. 이럴 때 부모는 "천천히 일어나고 머리 위에 물건이 있는지 잘 살펴봐야 해."라고 가르쳐야 한다. 좌절 교육은 이렇게 일상생활 전반을 통해 이루어지며, 보이지 않는 가운데 아이에게 좌절에 대처하는 능력을 길러주게 된다.

• 아이가 좌절에서 벗어나도록 제때 지도하자 •

아이가 좌절에 빠졌을 때 부모는 즉시 지도해야 한다. 꾸짖거나 본체만체하는 태도는 아이에게 두려움을 유발시켜 좌절에 직면할 수 없게 한다.

아이가 집안일을 돕다가 부주의하여 화분을 깼다고 가정해보자. 이때 부모는 아이에게 이러한 일을 막으려면 어떻게 해야 하는지 가르쳐준 다음 다른 화분을 들어보라고 격려해줘야 한다. 아이는 부모의 격려 속에서 어려움을 이겨내고 강하게 변한다. 강인한 아이는 사회에 진출한 후 치열한 경쟁에서 살아남을 수 있다.

아이를 강인하게 기르는 역할은 아빠가 하라

요즘 아이들은 조금만 어려운 일을 당해도 스스로 방법을 생각하기보다는 부모에게 도움부터 요청한다. 이러한 현상은 이미 보편적이며, 이는 현대 사회의 현상과 불가분의 관계에 있다. 오늘날 많은 사람들이 맞벌이를 하면서 자녀를 조부모가 맡아서 키우거나 어린이집에 보낸다. 또, 맞벌이를 하지 않더라도 대부분 아빠들이 일을 하기 때문에 아이와 함께 지내는 시간이 별로 없다. 유치원부터 중·고등학교까지 아이를 가르치는 교사도 대부분 여성이다. 따라서 성인 남성과 소통할 기회가 적다. 게다가 집집마다 자녀 수도 적어 아이들은 부모의 손에서 온실 속 화초로 키워지므로 매우 나약한 편이다.

아빠는 자녀에게 용감함을 길러주는 좋은 롤 모델이다. 아이가 얼마나 씩씩하게 자라느냐는 아빠와 접촉한 시간이 얼마인가에 따라 달라진다. 따라서 아빠는 직장일로 바빠도 시간을 내서 아이와 놀아주고 씩씩한 본보기가 되어야 한다. 엄마 또한 아이의 용감한 행위를 칭찬해주고 평소 하지 못하는 일을 시도해보도록 격려해야 한다.

{ …… }

명랑하고 예의 바른 미나에게 유일한 약점은 겁이 많다는 것이다. 엄마가 앞집에 잠깐 물건을 빌리러 갈 테니 잠시 혼자 있으라고 하면 겁이 난 미나는 한사코 엄마를 따라가겠다고 고집을 피웠다. 특히 밤이 되면 더 심해서 혼자 화장실도 못 가고 엄마를 대동해야 했다. 미나는 이렇게 엄마의 껌딱지가 되어 엄마 뒤만 졸졸 따라다녔다.

미나의 부모는 겁이 많은 미나가 장차 사회에서 어떻게 견딜지 걱정이었다. 그래서 유치원 교사나 경험 많은 부모들에게 조언을 받고 인터넷에서 많은 자료를 검색한 끝에 미나의 어둠을 두려워하는 습관부터 고쳐주기로 했다.

어느 날 밤 엄마가 서재에서 이야기책을 가져오라고 시켰다. 미나는 거실이 너무 캄캄하다며 가기 싫어했다. 그러자 엄마는 미나를 달랬다.

"엄마가 안방에서 너를 보고 있을 거야. 그리고 아빠가 서재에서 너에게 근사한 선물을 주려고 기다리신단다. 네가 씩씩하게 가기만 하면 선물을 받을 수 있을 거야. 엄마는 우리 미나가 반드시 해낼 거라 믿어."

미나가 마침내 첫발을 떼었다. 그러나 이내 고개를 돌려 엄마를 바라봤다. 엄마는 활짝 미소를 띠면서 미나를 격려했다. 미나는 어두운 거실을 바라보면서 서재로 한달음에 뛰어갔다. 그곳에는 아빠가 미나가 가장 좋아하는 인형을 품에 안고 기다리고 있었다. 기뻐하는 미나를 보며 아빠가 말했다.

"우리 미나 정말 씩씩하구나. 하지만 인형을 가지고 엄마한테 갈 때는 뛰어가서는 안 된다. 잘못하다가 넘어지면 인형 친구가 아파서 울지도 몰라."

미나는 고개를 끄덕이고 한 걸음씩 천천히 걸어서 안방으로 돌아갔다. 그날 이후 미나는 전처럼 어둠을 두려워하지 않게 되었다. 부모의 도움 아래 미나는 어둠에 대한 두려움을 극복하게 되었으며, 더는 엄마를 졸졸 따라다니지 않았다. 사실 아이가 소심한 것은 대부분 특정한 사물에 대한 두려움 때문이다. 일단 심리적 장애물을 물리치면 두려움이 사라지게 된다.

어른들은 어려움에 씩씩하게 맞서는 아이에게 항상 칭찬을 해준다. 그리고 자신의 아이도 두려움을 느끼지 않기를 바란다. 그러나 씩씩한 것과 행동이 거친 것을 확실히 구분하지 않고 대담하고 겁이 없는 게 씩씩한 것이라 생각하는 사람들이 많다. 실제로 용감한 행위가 거친 행동으로 이어지기도 한다.

아름다움을 추구하는 것은 인간의 본능이며 아이도 예외일 수 없다. 만화 영화에 나오는 슈퍼맨 같은 영웅을 숭배하며 모방하기도 한다. 그러나 아직 어리고 경험이 많지 않은 아이는 옳고 그른 것을 판단하는 능력이 부족하며 용감한 것과 거친 행동을 잘 구분하지 못한다. 그러므로 부모는 만화 영화 속의 용감한 행동 중 모방해도 좋은 행동과 그래서는 안 되는 행동이 무엇인지 분명히 말해 주고, 아이가 하지 않아야 할 행동을 하면 그 자리에서 제지해야 한다. 어려움에 직면했을 때 부모는 아이가 어려움과 위험의 변수를 정확히 인식하도록 지도하여 아이가 자신과 타인에게 모두 유리한 행위를 선택하도록 해야 한다.

용감한 것과 거친 행동은 비슷해 보이지만 그 차이는 실로 크다. 씩씩한 사람은 어떤 일에나 침착하고 냉정한 태도로 임하며 지혜를 발휘하여 문제를 해결하는 최적의 방법을 찾고자 노력한다. 거친 사람은 같은 상황에서 생각을 하지 않고 주관적 판단에만 기대어 문제를 해결한다. 궁극적으로 노력에 비해 결과가 좋지 않거나 문제를 더 복잡하게 만들 수도 있다.

엄마들은 아이가 모험을 하는 것을 두고 보지 못하는 반면, 아빠들은 아이가 모험하는 것을 좋아하고 아이 스스로 선택하도록 격려해주는 편이다. 아빠가 육아에 참여하는 아이는 비교적 씩씩하며, 아무리 강한 엄마라도 육아에서 아빠의 역할을 대체하기란 불가능하다. 좋은 아빠가 되려면 끊임없이 노력해야 한다. 아이가 자라는 과정을 함께하는 것은 좋은 아빠가 되는 과정이기도 하다.

겁이 많은 아이는 대체로 의지력도 박약하여 좌절과 시련에 용기 있게 대처하지 못한다. 이러한 아이에게는 부모가 독립적인 공간을 주고 아빠와 함께하는 기회를 줌으로써 아이가 어려움을 이겨낼 능력을 키울 수 있게 하는 것이 좋다. 활발한 아이는 더 많이 인도해주고, 아이에게 의식적으로 장애를 설정하여 어려움을 극복하는 인내심을 단련시키고, 덤벙대는 행위를 줄여줘야 한다.

아이를 용감하게 키우려면 부모가 솔선수범하고 아이의 교육에서 아빠의 중요성이 크다는 점을 인식해야 한다. 엄마들이 아이를 모험으로 인도할 자신이 없으면 그 역할을 아빠에게 맡기는 게 좋다. 아빠들은 아이의 용감함을 길러주는 교육에 일가견이 있으며, 천부적인 남성의 역할은 엄마가 대체할 수 없다.

아이에게 씩씩함을 길러주는 법

• 아이가 작은 위험을 헤쳐 나가는 모습을 지켜보자 •

씩씩한 성품은 타고나는 게 아니라 자라면서 후천적으로 길러지는 것이다. 부모는 자녀가 작은 위험을 헤쳐 나가며 씩씩하게 성장하는 모습을 지켜봐줘야 한다.

시후는 아빠 차로 유치원 등·하원을 한다. 여느 때처럼 시후를 데리러 가려 하는데 비가 오고 있었다. 황급히 우산을 챙겨든 아빠는 차를 둔 채 자전거를 타고 유치원으로 갔다. 그리고 시후를 뒷자리에 태웠다. 시후는 아빠가 비라도 맞을세라 작은 팔을 뻗어 우산을 받쳐줬다. 집 앞에 나와 기다리고 있던 엄마가 이 모습을 보고는 아빠에게 잔소리를 했다. 엄마는 시후가 감기라도 걸릴까 봐 따뜻한 물로 씻기고 이불을 덮어줬다. 그러나 시후는 흥분된 목소리로 "아빠가 나 이제 다 컸다고 했어. 아빠한테 우산을 씌워줄 줄도 안다고 말이야. 다음에 비 오면 엄마도 우산 씌워줄게."라고 말했다. 이날 이후 시후는 부쩍 의젓해졌다. 비가 오거나 천둥이 쳐도 전처럼 엄마 품으로 파고들지 않았다.

담이 작은 아이에게는 부모가 끊임없는 훈련과 격려를 통해 아이로 하여금 자신이 겁을 내는 대상이 알고 보니 별것 아니었다는 사실을 알게 해야 한다.

• 아이에게 긍정적인 교육을 하자 •

아이가 어떤 일을 겁낼 때 부정적인 교육법을 써서는 안 된다. 가령, 아이에게 겁쟁이라고 놀리면 아이의 자존심을 해치게 된다. 또한, 이러한 방법은 아이의 상황을 개선시키기는커녕 더욱 움츠러들게 만든다. 따라서 부모는 긍정적인 면을 강조하여 아이를 격려하고 아이의 두려움을 없애야 한다.

• 실제 행동으로 아이를 이끌자 •

모방을 잘하는 아이의 심리를 이용해 실제 행동으로 아이를 인도해야 한다. 부모가 특정한 일에 두려워하는 모습을 보이면 아이도 자연히 그 대상을 두려워하게 된다. 아니면 부모가 한때는 특정 대상을 두려워했으나 지금은 그렇지 않다는 점을 말해줄 수도 있다. 아이는 자신만 두려움을 갖는 게 아니라 아빠도 똑같았는데 지금은 이겨냈다는 것을 알고 안도감을 느낀다. 실제 행동으로 아이를 이끌어주는 것을 생활화하면 아이의 두려운 심리가 점차 사라진다.

때로는 아이에게
약한 모습을 보여라

능력 있는 부모가 반드시 우수한 아이를 길러내는 것은 아니다. 이는 많은 사례를 통해 이미 증명된 바 있다. 아이의 성장 과정에서 부모는 적절한 위치에서 아이를 양육해야 한다. 아이를 약한 존재로만 인식하여 아이의 모든 것을 조정해서는 안 된다. 아이의 성장 과정에서 주인공은 바로 아이 자신이다. 자녀가 성공적인 삶을 살기를 원한다면 그 주인공 자리를 빼앗지 말아야 한다. 때로는 적당히 약한 척도 해야 한다. 한 교육 전문가는 약한 모습을 보일 줄 아는 부모가 강한 아이를 기른다고 주장했다.

훌륭한 부모 밑에서 평범한 자식이 나올 수 없다는 말이 있다. 하지만 현실에서는 대부분 지나치게 엄격한 부모 밑에서 위축되어 살아가는 자식들이 많다. 사회적으로 성공한 부모들은 많은 시간을 일에 투자하고 집안에서는 가사 도우미와 과외 선생님이 아이의 생활과 공부를 돌본다. 아이는 부모가 아닌 다른 사람의 손에서 응석받이로 자라기 쉽고, 그 결과 아이는 자신의 말 한 마디면 사람들이 움직인다고 착각하게 된다.

부모는 자식이 자신의 전부라며 사랑한다는 말을 입에 달고 산다. 자신이 아이를 얼마나 사랑하는지를 말하며, 날마다 힘들게 돈을 버는 이유도 다 아이에게 더 좋은 환경을 제공하기 위해서라고 강조한다. 그들은 아이와 놀아줄 시간이 없으며 아이의 천진난만한 말을 들어줄 시간도 없다. 그렇게 하다가는 돈을 벌 기회를 놓쳐 버리기 때문이다. 자녀의 시험 성적이 나쁘게 나오기라도 하면 부모의 고생도 몰라주는 자식이라며 원망하거나, 자기는 학창 시절에 공부를 잘했는데 왜 자식은 이 정도밖에 안 되느냐고 푸념한다.

모든 일을 부모가 도맡아서 해주다 보면 아이는 자신이 아무것도 할 필요가 없다고 생각한다. 이러한 일이 습관이 되면 어떤 상황에 맞닥뜨렸을 때 부모가 해결해주기를 기다리고, 힘든 일에 직면하면 뒷걸음치게 된다. 그들은 자신의 부모가 대단한 능력이 있어서 모든 것을 처리해준다고 여긴다. 이는 아이의 성장에 전혀 도움이 되지 않는다. 부모가 적당히 약한 모습을 보여야 아이가 강해진다. 부모는 아이에게 기회를 주어 실수를 거듭하는 과정에서 스스로 성장하게 해야 한다.

{ …… }

잠자리에 들기 전 예은이는 아빠와 함께 장난감을 가지고 놀았다. 아빠는 예은이에게 세수를 하라고 했지만 예은이는 듣지 않았다. 아빠가 엄마에게 도움을 요청했고 엄마는 예은이의 침대로 와서 이렇게 말했다.

"예은아, 엄마 손에 피 나는 것 좀 봐. 빨리 와서 닦아주지 않을래?"

사실 엄마가 손을 다친 것은 저녁 식사를 준비할 때였으며 지금은 자국만 남아 있었다.

"엄마 손이 아파서 그러는데 네가 좀 닦아줄래?"

엄마의 말에 예은이는 흔쾌히 그러겠다고 대답했다. 그리고 엄마와 욕실로 들어갔다. 평소 손을 닦아줄 때와 마찬가지로 예은이가 작은 의자 위에, 엄마가 그 옆에 섰다. 수도꼭지를 틀어 엄마의 손을 적시더니 비누를 칠했다. 엄마가 예은이의 손에도 비누칠을 하라고 했더니 지금은 엄마 손을 씻겨주는 중이며 자신은 씻지 않을 거라고 대답했다. 엄마는 기지를 발휘했다.

"네가 손을 깨끗이 씻지 않으면서 어떻게 내 손을 닦아줄 수 있겠어? 네 손에 있는 더러운 것이 엄마 손에 묻게 되잖아?"

예은이가 생각해보니 엄마 말이 맞았다. 그래서 자기 손도 비누를 묻혀 씻고 나서 엄마의 손을 헹궈줬다. 그 후 엄마가 한 손으로 세수를 하면서 예은에게 넌지시 물었다.

"너도 엄마처럼 한 손으로 세수할 수 있어?"

약한 모습을 보이기 싫었던 예은이는 자신도 엄마를 따라 한 손으로 세수를 했다. 엄마는 예은이가 엄마의 손을 씻어줄 정도로 컸다며 칭찬했고 예은이는 의기양양하게 잠자리에 들었다. 아빠가 아이를 다

강인함

룬 비결을 묻자 엄마는 "약한 모습을 보여줬지 뭐."라고 대답했다.

"알고 보니 그런 비법이 있었군!"

아빠는 크게 깨달은 바가 있었다.

적당한 상황에서 아이에게 약한 모습을 보여주는 것은 나약함의 표출이라기보다는 일종의 지혜다. 아이에게 어떤 행동을 자꾸 강요하면 아이를 울리게 되고 결국 부모도 마음이 편하지 않다. 아이와 부모 모두 기분이 상할 바에는 다른 방법을 찾아보는 게 낫다. 아이에게 약한 모습을 보이며 어느 정도의 선택권과 권리를 줌으로써 아이와의 갈등을 피하고 문제를 해결할 수 있다.

아이보다 더 많이 살았고 아는 것도 많은 어른이지만 잠시 권위를 내려놓고 약한 모습을 보이며 아이로부터 배우는 것이다. 아이들은 뜻밖의 기발한 발상과 풍부한 상상력, 즉각적인 반응으로 새로운 것을 받아들이는 속도가 어른보다 빠를 수 있다. 그러므로 부모가 때로는 어른의 권위를 내려놓고 아이에게 약한 모습을 보일 필요가 있다.

약한 부모가 강한 아이를 키울 수 있다. 부모가 아이 앞에서 약해 보임으로써 어려운 문제를 아이에게 미루고 아이가 스스로 방법을 생각하게 하는 효과가 있다. 이와 같은 훈련을 거치면서 아이는 강해지며, 어려운 일에도 위축되거나 겁내지 않고 문제를 해결하는 최선의 방법을 찾아낼 수 있다. 강한 아이로 키우기 위해 부모는 모든 면에서 아이를 보호하는 수호천사 역할을 내려놓고 적당히 약한 모습을 보여서 아이가 스스로 문제를 해결할 수 있게 해야 한다. 이렇게 키운 아이가 비로소 용기 있고 독립적이며, 치열한 경쟁 사회에서 적응할 수 있는 것이다.

하지만 '약함'에 대한 정확한 이해가 필요하다. 자칫하다가는 체면만 구기고 위신이 떨어진다. 적당히 약한 모습은 아이의 자신감과 투지를 살려주고 아이의 성장에 유리하다. 아이에게 '적당히' 약한 모습을 보이는 다음의 방법을 참고하기 바란다.

아이에게 적당히 약한 모습을 보이는 법

· '일상'에서 아이에게 약한 모습 보이기 ·

생활 속에서 부모는 일방적으로 권위만 내세우지 말고 적당히 약해지기도 해야 한다. 가령, 아이에게 몸이 불편하니 좀 도와달라는 식으로 부탁할 수 있다. 많은 부모들이 아이가 어리고 철이 없으니 부모가 아파도 때 되면 아이에게 밥을 해주고 놀아줘야 한다고 여긴다. 그러나 이렇게 하면 아이는 당신을 이해할 수 없을 뿐 아니라 자신을 건성으로 대한다고 불만을 품기 쉽다. 따라서 아이에게 약한 모습을 보이고 아이가 가능한 선에서 도와줄 수 있게 해야 한다.

• '학습'에서 아이에게 약한 모습 보이기 •

자녀들은 공부를 하다 모르는 것이 있으면 부모에게 도움을 청한다.
"이 글자 어떻게 읽어요?"
"이 문제는 어떻게 풀어요?"
이때 부모는 자신의 능력을 총동원해서 아이를 도와주며, 심지어 아이의 질문에 대답을 제대로 못하면 아이에게 무시당하고 공부에 대한 아이의 의욕을 꺾게 될까 봐 두려워하는 부모들도 있다.

사실 이와 같은 생각은 옳지 않다. 아이의 질문에 직접 답을 가르쳐주면 오히려 아이가 생각할 기회를 빼앗는 결과를 초래한다. 이때 부모는 적당히 약해져야 한다. "그 글자는 엄마도 모르겠다. 같이 사전을 찾아볼까?"라고 말하면서 아이와 같이 생각해보고 문제를 해결할 방법을 찾아보자. 직접 문제를 해결하고 생각할 기회가 많은 아이는 앞으로 모르는 문제가 나와도 피하지 않고 어떻게 하면 해결할까 스스로 생각한다.

• '대인 관계'에서 아이에게 약한 모습 보이기 •

어떤 아이는 친구와 놀 때 그 아이의 장난감을 갖고 놀고 싶다고 부모에게 대신 말해줄 것을 요구한다. 학교에서 친구에게 괴롭힘을 당해도 선생님에게 말하지 못하고 집에 와서 부모에게 도움을 청한다. 부모는 아이의 기분을 맞춰주기 위해 아이의 이러한 요구에 주저 없이 응한다. 그러나 이는 아이가 스스로 해야 하는 일이다. 아이의 청을 거절하면 아이의 기분이 상할 것이라고 생각하는 부모들이 많다. 그러나 때로는 약해보이는 것이 좋은 해결책이 되기도 한다. 같은 상황에서 부모가 몇 차례 약한 모습을 보이면 아이는 오히려 강해져서 문제에 직면했을 때 스스로 방법을 생각해내려고 노력할 것이다.

아빠만이 가르칠 수 있는 **9가지 아이 인성**

2

자신감

아이가 자신감을 가질 수 있게
열등감을 몰아내라

자신감은 성공의 길목으로 가는 무기이며
열등감을 몰아내는 비결이다.
자신감에 찬 아이는 즐겁고 활기차며,
자신감이 부족한 아이는 소극적이고 열등감에 빠지기 쉽다.
자신감에 찬 아이만이 거친 비바람을 이겨내고
찬란한 무지개와 태양을 볼 수 있다.

열등감의 늪에서
아이를 건져라

열등감은 아이의 심신 건강에 악영향을 미치는 부정적 정서다. 부모는 아이의 평소 행동을 시시각각 살피고 아이에게 열등감이 발견되면 즉시 지도에 나서야 한다. 이를 제때 바로잡지 않으면 열등감이 일종의 습관으로 굳어져 아이의 인생 전체에 부정적인 영향을 미친다.

자녀가 평소 다음과 같은 모습을 보이면 부모는 경각심을 가지고 아이를 지도해야 한다. 예를 들어, 아이가 정서적으로 어둡고 친구들과 노는 것을 꺼리거나 주의력이 산만할 때, 다른 사람이 자기를 싫어한다고 생각하거나 다른 사람을 질투하고 자포자기할 때, 노력을 하지 않고 경쟁을 피하거나 작은 좌절도 받아들이기 어려워할 때 등의 경우다. 이러한 현상은 대부분 아이의 열등감에서 비롯될 가능성이 높으며, 부모가 제때에 지도하지 않으면 아이의 건강한 성장에 걸림돌이 될 수 있다.

열등감에 빠진 아이는 어떤 일을 맞닥뜨리는 순간 자신의 조건과 능력이 부족해서 그 일을 해내지 못할 것이라고 생각하여 회피해버린다. 인간은 완벽을 추구하는 경향이 있으며 이는 정신적 중압감으로 다가온다. 그러나 세상에 절대적으로 완벽한 사람은 없으며 절대적으로 완벽한 일도 없다. 위인과 유명 인사도 잘못할 때가 있는데 경험이 없는 아이들은 말할 것도 없지 않은가. 따라서 부모는 모든 일에 완벽한 결과를 요구하지 말고 자녀에게 최선의 노력이 중요하다고 말해줘야 한다. 그래야 자녀가 자신감을 유지할 수 있다.

{ …… }

민준이는 요즘 기분이 좋지 않다. 수업도 듣는 둥 마는 둥이고 친구들과 노는 것도 싫다. 집에 와서는 부모님이 말을 걸어도 대답하지 않고, 물건을 떨어뜨리거나 깨뜨리는 일이 잦다. 부모님이 학교에서 친구들과 싸웠느냐고, 아니면 선생님에게 혼났느냐고 물어도 묵묵부답으로 일관하며 부모님을 방 밖으로 밀어내는 것이다.

민준이의 부모님은 걱정이 되어 아이를 데리고 심리 상담을 받으러 갔다. 전문가는 학교에서 민준이가 어떻게 지내는지 대화를 나누고 선생님과 친구들을 어떻게 생각하는지 물어봤다. 그리고 최근 나타난 정서 불안이 선생님으로 인한 것인지, 친구들과의 마찰 때문인지를 조심스럽게 알아봤다. 전문가의 주도에 따라 민준이가 마침내 입을 열었다.

"사실은 계속 열심히 공부했는데 이번 시험 결과가 좋지 않았어요. 그동안 저의 노력이 헛수고가 된 것 같아요. 그래서 요즘 학교를 그만둘까 생각하고 있었어요."

"성적이 어느 정도로 나왔는데?"

"그게… 전교 6등으로 떨어졌어요."

전교 6등이 나쁜 성적이라는 민준이의 말에 전문가는 기가 막혔다.

"전교 6등 정도면 충분히 잘한 것 같은데 왜 성적이 나쁘다고 생각하니?"

"그전에도 이번과 마찬가지로 열심히 공부했고 성적은 늘 전교 1, 2등을 유지했거든요. 그런데 이번에 6등이 나오니 실망감이 커서 학교를 그만두고 싶어졌어요."

이 말을 들은 전문가는 민준이의 열등감이 어디서 오는지 원인을 알 수 있었다. 전문가는 프랑스의 영웅 나폴레옹의 이야기를 들려줬다.

"나폴레옹은 전쟁에 나갔다 하면 승리했지만 마지막에는 워털루 전쟁에서 패했단다. 위인들도 패하는데 너 나 같은 평범한 사람들은 어떻게 늘 최고의 결과가 나오기를 바라겠니? 누구나 실수할 때가 있는 거란다."

이 말을 들은 민준이는 그제야 찌푸렸던 미간을 폈다.

민준이는 지나치게 완벽함을 추구하느라 상대적인 열등감이 생겼다. 사실 살다 보면 자기에게 지나치게 높은 수준을 주문하는 사람이 많다. 자신의 단점과 다른 사람의 장점을 비교하니 모든 면에서 뒤떨어지는 것만 같다. 그러다 결국 자포자기에 빠져버린다.

살아가면서 뜻대로 되지 않는 일이 열에 여덟, 아홉 번 정도 일어난다. 사람들은 이런저런 어려움에 직면하며 여러 가지 시련과 맞닥뜨린다. 누구에게나 어려운 일은 있지만 다른 사람의 눈에는 좋은 면만 보이니 남의 복잡한 속사정까지 알 턱이 없다. 나이가 아직 어리고 경험이 많지 않은 아이들이 이러한 것을 이해하기는 더욱 어렵다. 일단 남과 비교하다 보면 스스로 열등감이 생긴다. 따라서 부모는 이와 같은 부분을 잘 알려줌으로써 아이를 열등감의 그늘에서 벗어나게 해야 한다.

열등감은 독한 황산처럼 아이의 열정과 학습 의욕을 부식시키고 아이의 미래에 나쁜 영향을 미친다. 열등감의 늪에 빠진 아이는 아무리 머리가 좋아도 올바른 심리 상태로 좌절에 대처할 수 없다. 당연히 인생의 빛나는 성과를 기대하기도 어렵다. 그러므로 아이를 열등감에서 벗어나게 해주는 것은 가정 교육에서 매우 중요하다. 부모는 아이가 자신의 장점과 단점을 정확하게 인식하도록 유도해야 한다.

"가정 형편은 좋지 않지만 너를 사랑해주는 엄마와 아빠 그리고 따뜻한 가정이 있잖니?"

"성적은 좀 떨어질지 몰라도 너에게는 남다른 창의력이 있단다."

아이가 자신의 장점을 발견하도록 도와주면 아이는 조금씩 자신감과 밝은 모습을 되찾고 열등감과 결별할 것이다.

부모 공부
아이를 열등감의 늪에서 빠져나오게 하는 법

• 격려를 아끼지 말자 •

부모는 아이를 늘 격려하고 "정말 잘했어!"라며 진심 어린 칭찬을 해야 한다.

"엄마는 널 믿어. 넌 최고야!"

"힘내. 너라면 할 수 있어."

부모의 이와 같은 격려와 칭찬은 아이에게 계속 노력할 용기를 북돋워준다. 격려와 함께 아이에게 '이렇게 해보라'는 구체적인 요구를 제시하면 아이는 노력할 방향을 찾는다. 끊임없는 격려는 일종의 선순환이 되어 아이의 자신감을 강화시킨다.

• 아이가 자신의 장점을 볼 수 있게 하자 •

사람의 가장 큰 적은 바로 자기 자신이다. 자신을 정확하게 인식하지 못하면 자신의 장점을 볼 수 없고 자신의 가치를 알 수 없어서 늘 자신이 남보다 못하다고 느끼게 된다. 이러한 사람이 어떻게 남들에게 자신을 믿어달라고 하고 지켜봐달라고 할 수 있겠는가. 부모는 아이가 자신의 장점을 인식하고 열등감을 없애도록 해야 한다.

한편, 다른 집 아이와 자기 아이를 비교하기 좋아하는 부모들도 많다.

"옆집 은수 좀 본받아라. 말도 잘 듣고 공부도 잘하잖니."

성적이 나빠 그렇지 않아도 열등감에 차 있는 아이는 다른 아이와 비교까지 당하면서 더욱 자신 없어 하며 성적도 떨어지게 된다. 아이들은 친구와 비교하는 습성이 있다. 열등감에 빠진 아이는 자신의 용모가 친구보다 못하고, 능력도 없으며, 가정 형편도 나쁘고, 모든 것이 남보다 못하다고 느끼기 쉽다. 이때 부모가 아이를 바르게 이끌어주지 않으면 아이는 열등감의 늪에 빠져버린다.

• 아이의 강인한 개성을 키우자 •

아이가 곤경에 처했을 때 부모는 아이가 어려움을 성공적으로 극복할 수 있게 도와야 한다. 성공을 경험한 아이는 자신감이 상승하여 점차 강인한 성격을 형성하게 된다. 아이가 아직 어리다고 어떤 일을 해낼 능력이 없으리라 생각해서는 안 된다. 또, 제대로 하지 못할 것을 우려하여 아예 시도조차 못하게 봉쇄해버리면 안 된다. 부모가 과감하게 손을 떼서 자녀가 좌절을 이겨내게 해야 강인하고 자신감에 찬 아이로 성장할 수 있으며 잠재 능력을 계발하고 자신감을 강화시킬 수 있다.

자신감은 인생의 길에서 만나는 태양과 같다. 많은 위인들이 자신감을 갖고 더 높은 단계로 나아갔으며, 그렇기에 실패의 늪에서 성공의 희망을 보고 끊임없이 자신을 격려하면서 마침내 성공할 수 있었다. 따라서 아이의 성장 초기에 부모는 아이가 열등감에서 빠져나와 자신감이 가득한 무대로 향할 수 있게 도와야 한다. 그리하여 아이가 행복한 인생과 성공적인 삶의 출발점을 찾을 수 있게 해야 한다.

아이에게 "네가 최고야!"라고 말하라

아이에게 가정은 첫 번째 학교이며 부모는 아이의 첫 번째 선생님이다. 그만큼 부모의 존재는 아이의 성장에 지대한 영향을 미친다.

아늑하고 화목한 학교, 아이에게 칭찬을 잘해주는 선생님은 틀림없이 자신감에 넘치는 학생을 배출해낼 것이다. 따라서 부모는 아이의 인성을 가르치는 선생님으로서 아이에게 '나는 할 수 있다, 나는 최고다'라는 생각을 심어줘야 한다. 그러면 아이는 자신이 최고의 존재임을 언제, 어디서나 기억하게 된다.

부모는 칭찬에 인색해서는 안 되며 자녀의 장점을 발견하면 즉시 칭찬을 해야 한다. 부모로부터 칭찬을 들었을 때 자녀의 잠재력은 최대한 발휘된다. 부모의 칭찬은 인정해준다는 의미이며, 자녀의 인정받고자 하는 심리적 욕구를 충족시켜준다. 부모가 아이에 대한 칭찬에 인색하고 일방적으로 꾸짖기만 한다면 아이의 열등감을 유발하여 건강한 성장을 방해한다. 지혜로운 부모는 아이가 어릴 때부터 칭찬과 격려를 아끼지 않는다. '우리 ○○가 최고야, 참 잘했어요'와 같은 칭찬을 자주 들으며 성장한 아이는 좌절과 시련 앞에서도 자신감 있고 씩씩하게 대처하며 문제 해결의 방법을 적극적으로 찾을 수 있다.

좌절과 어려움에 맞닥뜨렸을 때 부모가 포기를 권한다면, 아이는 절대로 발전할 수 없으며 어려움이 닥칠 때마다 피하려 할 것이다. 이러한 아이는 영리하고 심지어 천재라 할지라도 아무런 성과를 얻을 수 없다. 부모가 아이의 첫 번째 선생님으로서 아이의 마음에 커다란 자리를 차지하고 있으며, 부모의 말이 아이의 평생에 영향을 미치기 때문이다. 따라서 부모는 아이 앞에서 부정적인 말을 최대한 삼가고 아낌없는 칭찬과 격려를 하도록 노력해야 한다.

{ …… }

　세리는 선생님, 친구, 이웃의 눈에 공부 잘하고 품행이 단정한 모범생이다. 성적이 반에서 5등 밖으로 밀려난 적이 없을 정도다. 세리의 부모님도 이와 같은 세리의 성적에 처음에는 만족했다. 그러나 세리가 비슷한 성적에 머무르고 엄마, 아빠가 바라는 1등을 향해 노력하는 것 같지 않다는 생각이 들자 부모님은 세리를 야단치기 시작했다. 노력을 하지 않고 늘 4~5등에서 머무른다는 이유였다.
　성적이 나올 때마다 부모님은 세리를 칭찬하기는커녕 노력과 경쟁심이 부족하다며 꾸짖었다. '다음에는 3등 안에 들어야 한다'와 같은 주문을 하기도 했다. 착한 세리는 학교가 끝나면 친구들과 놀지 않고 방에 틀어박혀 공부만 했다. 그러나 성적이 향상되지 않고 오히려 뒤로 밀려나기만 했다. 부모는 납득이 가지 않았다. 설마 세리가 날마다 공부하는 척만 하고 딴짓을 했단 말인가? 성적이 왜 떨어졌을까? 세리 또한 결과에 큰 충격을 받았다.

　누구나 칭찬을 듣고 싶어 한다. 성적의 우열이나 능력에 관계없이 칭찬을 받으면 기분이 좋아진다. 특히 부모의 칭찬은 그 누구의 칭찬보다 중요하다. 위 사례의 세리는 부모의 칭찬과 격려를 받지 못했을지언정 부모가 시키는 대로 열심히 노력했음에도 불구하고 성적이 떨어진 경우다. 그런가 하면 비록 자녀의 성적이 낮아도 절대로 야단치지 않고 지혜롭게 대처하는 부모도 있다.

"훌륭하구나. 계속 노력하면 더 높은 성적을 낼 거야. 엄마는 너를 믿어."

이러한 부모의 격려와 도움에 힘입어 아이의 성적은 조금씩 향상하며 자신감에 찬 아이로 자란다. 세리처럼 우수하지만 부모가 만족하지 못하고 맨날 아이를 꾸짖고 더 노력하라고 채찍질하면, 심리적 압박감에 시달린 아이의 성적이 떨어지는 결과를 초래한다.

잘한 일에는 즉시 칭찬해야 한다. 그러면 아이는 노력을 인정받는 희열을 체험하고 더 우수한 결과를 위해 노력할 것이다. 잘하지 못한 경우에도 격려와 인정을 함으로써 엄마, 아빠가 아이를 믿고 있다는 것을 보여주고, 노력하면 잘할 수 있다고 말해줘야 한다. 이렇게 함으로써 아이의 열등감을 해소시킬 수 있다.

적절한 때 행하는 적당한 칭찬은 자녀의 열등감을 몰아내는 좋은 방법이다. 물론 아이의 행동을 자세히 관찰하고 칭찬하는 법을 익히는 게 선행되어야 한다. 요컨대 칭찬에도 기술이 필요하다는 것이다. 부모는 자녀가 남보다 잘하는 부분을 포착하여 진심에서 우러나오는 칭찬을 해야 한다. 이는 칭찬과 격려만 하고 절대 꾸짖지 말라는 뜻은 아니다. 아이가 잘못을 저질렀을 때에는 마땅히 야단쳐야 한다. 그렇지 않으면 나약하고 좌절과 시련을 견디지 못하는 아이로 성장하기 쉽다.

　가정 교육은 한 아이의 일생에 지대한 영향을 미친다. 부모는 아이를 교육하는 과정에서 언행에 신중을 기하여 아이에게 가능한 한 많은 격려와 칭찬을 보내야 한다. 걸핏하면 아이의 잘못을 지적하고 꾸짖는 부모는 아이의 자신감을 떨어뜨리고 아이를 열등감에 빠지게 한다.

　"참 잘했어!"

　이 짧은 한 마디가 아이의 자신감과 잠재력을 일깨울 수 있음을 알아야 한다. 아이가 우수하지 않아도 부모는 칭찬을 생활화해야 한다. 부모의 칭찬은 아이의 성장 과정에서 반드시 필요한 영양분이며 정신적인 힘이다. 부모로부터 늘 칭찬받는 아이는 자신감이 충만하며 성장하면서 겪는 좌절과 시련에 용감하게 대처한다.

부모 공부
아이를 합리적으로 칭찬하고 격려하는 법

• 구체적으로 칭찬하자 •

　아이가 칭찬받을 일을 했을 때 부모는 단순히 잘했다는 한 마디로 칭찬을 끝내서는 안 되며, '어떤 점이 좋았다'라는 식으로 구체적인 행동에 대한 칭찬을 해야 한다. 그래야 아이가 자신의 어떤 점이 부모의 칭찬을 불러왔는지 알 수 있으며 앞으로도 칭찬받을 행동을 하기 위해 노력할 것이다. 가령, 아이가 길에서 할아버지를 부축해줬다면 "노인을 공경하고 도와드렸다니 정말 착한 일을 했구나!"와 같이 칭찬해야 한다. 아이가 이불을 갰으면 설사 뒤죽박죽 형편없이 개놓았다 하더라도 "어머나, 방 정리를 스스로 하다니 정말 기특하네!"라고 구체적인 행동을 언급하며 칭찬한다.

• **칭찬할 부분을 정확하게 선택하자** •

머리가 좋은 현주는 새로운 것을 습득하는 능력이 뛰어나고 노력도 많이 한다. 학교 성적이 줄곧 우수한 편이라 선생님과 주변 사람들의 칭찬이 끊이지 않았다. 그런데 현주는 칭찬을 자주 듣다 보니 언제부터인지 자만심이 생겨 자신이 굳이 노력하지 않아도 좋은 성적을 받을 수 있을 거라 생각하게 되었다. 그 결과 다음 시험에서 형편없는 성적이 나왔다. 엄마는 속이 몹시 상한 현주를 위로했다. "현주야, 아무리 머리가 좋은 사람이라도 노력을 해야 해. 노력하지 않으면 좋은 성적을 낼 수 없어. 네가 그동안 우수한 성적을 낸 것도 노력을 통해 얻은 거란다. 그러니 지금부터 다시 노력하면 다음 시험에서 좋은 성적을 낼 수 있을 거야. 엄마는 너를 믿어."

엄마의 격려에 힘을 얻은 현주는 열심히 노력했고 우수한 성적을 회복했다.

모든 아이가 천부적 재능을 타고 나는 것은 아니다. 영리한 아이가 있는가 하면 뒤떨어지는 아이도 있다. 그러나 머리가 아무리 좋아도 노력하지 않으면 성공할 수 없으며, 머리가 나쁜 아이라도 노력하면 우수한 성적을 낼 수 있다. 따라서 아이를 칭찬할 때는 포인트를 잘 잡아야 한다. 선천적으로 우월한 조건을 타고났다고 칭찬할 게 아니라 아이의 구체적 행동에 대해 칭찬해야 한다. 그래야 좋은 성과를 얻을 수 있으며 아이는 부모가 기대하는 방향으로 발전할 수 있다.

• 아이의 작은 성과를 칭찬하자 •

아이의 성과가 아주 보잘것없다 하더라도 부모는 칭찬을 아끼지 않아야 한다. 극히 작은 성과라도 부모로부터 인정받으면 아이는 자신감을 갖고 계속 노력하여 더 발전한 모습을 보여주려 한다. 성과가 보잘것없다 해서 부모가 칭찬을 생략해버리면 아이는 사기가 꺾여 더 이상 노력하지 않게 되고 심지어 열등감마저 생겨날 수 있다. 아이가 한동안 열심히 공부했는데 성적이 생각보다 조금밖에 오르지 않았을 경우, 부모가 칭찬하지 않고 지나가면 아이는 노력의 필요성을 느끼지 못한다. 노력해봤자 아무도 알아주지 않는다는 생각을 갖게 되는 것이다.

• 칭찬할 때는 과정에 주의하자 •

나름대로 최선을 다했으나 결과가 좋지 않게 나올 수도 있다. 이때 부모는 아이의 관점을 고려하여 그 결과를 칭찬해야 한다. 가령, 자녀가 집안일을 돕겠다고 나섰다가 오히려 방해만 되더라도 부모는 혼내지 말고 돕겠다는 정신을 칭찬해야 한다.

아이에게 자유롭게 도전할 기회를 줘라

요즘은 자녀 수가 많지 않아 어른들의 과잉보호 아래에서 온실 속의 화초처럼 자라는 아이들이 많다. 아이들은 조금만 어려운 일이 생기면 대처하기 힘들어하며, 약간의 고생과 시련도 이겨내려는 의지가 약하다. 이 아이들이 치열한 현실 사회에 어떻게 적응할 수 있겠는가.

많은 부모들이 아이의 장래를 걱정하면서도 '이건 안 돼, 저건 위험해' 하는 식으로 끊임없이 아이에게 잔소리를 한다. 심지어 모든 계획을 자녀 대신 짜놓고 자신이 마련해놓은 길을 아이가 그대로 따르기를 바란다. 자녀에게는 아무런 선택권도 없다. 이러한 부모 밑에서 자라는 아이는 독립적으로 문제를 해결할 능력을 기를 기회가 없다. 그런가 하면 어떤 부모는 늘 아이를 다그친다.

"너 이번이 벌써 몇 번째니? 언제쯤 철들래?"

부모가 자꾸만 다그칠수록 아이가 실패할 확률이 높아진다.

심리학자들은 오랜 연구 끝에 다음과 같은 사실을 발견했다. 즉, 운동선수가 중요한 경기에 참가할 때 사람들이 경기의 중요성을 계속 강조하면서 지면 큰일이라는 식으로 선수에게 심리적 중압감을 준 경우, 경기에 나선 선수는 제 역량을 발휘하지 못하고 경기 결과에 부정적인 영향을 받은 것으로 나타났다. 이와 반대로 운동선수가 경기에 나서기 전 모든 사람들이 웃고 떠들며 가벼운 분위기를 연출함으로써 긴장을 늦췄더니 깜짝 놀랄 정도의 멋진 경기를 선사했다.

자녀가 경기에 참가하거나 시험을 앞두고 있을 때, 부모는 아이에게 지나친 압박을 주지 말고 가벼운 환경을 만들어야 한다. 예를 들어, 다음 날 중요한 시험을 앞둔 아이에게 저녁 먹고 공부를 더 하고 잠자리에 들라고 압력을 가하지 말아야 한다. 그보다는 아이와 가벼운 산책을 하며 이야기를 나누는 것이 어떨까? 아이에게는 실패해도 괜찮으며 살다 보면 뜻대로 되지 않을 때도 있다는 인식을 자연스럽게 심어주자. 결과에 연연하지 않는다는 태도를 보여주면 아이는 긴장을 풀 수 있다. 부모의 배려 속에서 아이는 마음 편하게 경기나 시험에 임하며 실력을 제대로 발휘할 것이다.

사실 아이의 실패는 부모의 지나친 압박에서 비롯되는 경우가 많다. 아이가 어떤 일에 실패한 후 대다수 부모는 아이의 상처를 어루만지기보다는 질책하고 비난한다. 현명한 부모라면 아이를 위로하고 실패는 누구나 할 수 있다고 말해줘야 한다. 대부분의 사람들이 크고 작은 어려움을 겪기 마련이며 실패 또한 누구에게나 찾아오는 것이지만, 그 속에서 교훈을 얻고 노력을 게을리하지 않으면 언젠가 성공할 수 있다. 살다 보면 도전에 직면하는 순간이 오며 우리 아이도 예외는 아니다. 부모는 아이에게 자유를 주고 자기만의 세계에서 도전할 수 있는 환경을 만들어줘야 한다.

{ …… }

대희가 학교에서 주최하는 농촌 체험 행사에 참가하게 되었다. 물론 엄마의 허락을 받았다. 출발하기 전날 엄마는 대희가 가져갈 짐을 챙기기 시작했고 가방을 온통 먹을 것으로 채웠다. 시골 음식이 입에 맞지 않아 아이가 제대로 먹지 못할까 봐 걱정됐기 때문이다. 엄마는 휴대폰을 챙겨주며 수시로 연락하라고 당부했다. 대희가 농촌 체험에서 돌아오던 날 대희 엄마는 일찍부터 학교에 도착해 아들을 기다렸다. 차에서 내리는 대희를 본 엄마는 "아휴! 마른 것 좀 봐. 얼굴도 많이 탔네."라며 호들갑을 떨고 "마침내 일주일을 견뎠구나. 시골 생활이 고생스러웠지?" 하는 것이었다.

우리 주변에 대희 엄마 같은 부모는 흔하다. 입으로는 아이의 체험이 중요하다고 찬성하면서도 아이가 조금이라도 덜 고생하게끔 이런저런 준비에 만전을 기하는 것이다. 아이가 돌아오면 "고생 많았지?"와 같은 말부터 한다. 이러한 부모는 아이가 교육받기를 원하면서도 한편으로는 고생할 것을 우려하며, 아이가 세상을 체험하기 원하면서도 마치 연을 날리는 것처럼 한 손에는 줄을 잡고 아이를 조종하려 한다. 그들은 아이에게 완전히 자유로운 체험의 기회를 결코 주지 않는다.

아이에게 자유로운 도전 기회를 주는 점에 있어서는 서양의 부모들이 한 수 위다. 그들은 자녀에게 많은 자유를 주어 세상을 체험하게 한다. 얼마 전 놀이터에서 있었던 일이다. 많은 아이들이 미끄럼틀을 타고 노는 틈에 푸른 눈의 아이가 섞여 있었다. 그런데 아이가 미끄럼틀을 타는 방법이 특이했다. 아이는 여러 가지 방법을 바꿔가며 미끄럼틀을 즐기고 있었다. 이 모습을 본 엄마들은 "저런, 그러다 다칠라!" 하고 걱정했으나 정작 아이 엄마는 태평이었다. 미끄럼틀을 타다 아이가 넘어졌는데도 놀라는 기색이 전혀 없었다. 아이는 미끄럼틀을 타다가 넘어져도 울지 않았을 뿐 아니라 오히려 엄마를 바라보며 싱긋 한 번 웃더니 놀이를 계속하는 것이었다.

옆에서 이 모습을 지켜보던 다른 아이가 자기도 해보겠다고 미끄럼틀 위로 올라갔다. 그러나 엄마가 아이를 번쩍 안고 내려와버렸다. 아이는 기분이 상했으나 엄마는 아이의 기분은 아랑곳하지 않았다. 아이가 다칠까 봐 위험한 곳에서 데리고 나온 것뿐이다. 사실 놀이터라는 곳 자체가 아이들의 안전을 고려하여 미끄럼틀 아래 에어매트를 설치해놓고 있어 특별히 위험하다고 할 수도 없었다. 부모들이 아이를 과잉보호한 나머지 혹시라도 사고가 날까 봐 새로운 시도를 원천 봉쇄했다.

이것이 바로 동서양 교육 방식의 차이다. 서양에서는 자녀가 만 18세가 되면 부모가 간섭하지 않는다. 아이는 학비와 생활비를 스스로 벌어야 한다. 그런데 우리나라에서는 아이가 결혼한 후에도 부모가 아이의 집으로 반찬을 해 나른다. 그 결과 자녀는 부모가 평생 자신을 위해 모든 것을 해줄 것이라 기대하며 의존성만 키우게 된다. 우리는 서양 부모들의 육아법에 관심을 기울여야 한다. 아이에게 어느 정도의 자유를 제공함으로써 어릴 때부터 세상에 도전하고 자신만의 세계를 체험하게 해야 한다.

부모가 자식을 사랑하는 것은 자연스러운 현상이다. 그러나 사랑에도 올바른 방법이 필요하다. 부모의 사랑이 아이에게 부담으로 다가가서는 안 되며, 사랑한다고 해서 아이의 자립 능력을 뺏어서는 더욱 안 된다. 아이가 고생하는 것이 안타까워 줄곧 아이 곁에서 맴돌며 과잉보호만 하다가는 자녀가 사회에 진출했을 때 더 많은 시련과 고생을 겪고 더 깊은 좌절을 경험할 것이다.

자녀가 어릴 때 부모는 아이에게 어느 정도 자유로운 기회를 마련해야 한다. 그리하여 자유롭게 뛰어놀게 하고, 성장 과정에서 생활의 이런저런 시련도 체험하게 해야 한다. 아이는 이를 통해 스스로를 보호하고 시련을 극복하는 방법을 터득할 수 있다. 부모의 과잉보호는 아이가 세상을 체험할 기회를 앗아가며, 새로운 사물을 접하면서 얻을 수 있는 자신감마저 빼앗는다.

여기저기 부딪히고 다치면 아프고 상처가 나겠지만 시간이 지나면서 차츰 아물어간다. 하지만 단 한 번도 자신의 의지대로 도전해보지 않으면 자신감을 상실하기 쉽고, 이렇게 잃어버린 자신감은 회복하기가 상당히 어려우며 심지어 평생을 좌우하기도 한다. 그러므로 부모는 자녀가 스스로 세상을 체험할 기회를 제공해야 한다. 아이들이 직접 부딪치면서 성장하고, 이를 통해 자신의 장점을 발견하며 자신감을 강화하도록 도와야 한다.

아이에게 도전 정신을 가르치는 법

• 아이에게 실패할 기회를 주자 •

아이에게 일정한 임무를 주거나 아이가 주도하여 어떤 일을 할 수 있게 하라. 이때 아이가 잘못을 했지만 문제에 영향을 미치지 않았다면 부모는 이를 지적하지 말고 아이가 계속할 수 있게 지켜봐야 한다. 실패한 경우, 아이를 도와 실패의 원인을 찾고 정확한 방법을 알려줘야 한다. 아이는 실수를 반복하는 과정에서 성장한다. 가령, 아이가 나무 블록을 쌓으면서 구조를 잘못 잡아서 곧 무너질 것처럼 보일 수 있다. 그렇다 하더라도 부모는 즉시 바로잡지 말고 지켜보도록 한다. 블록이 무너진 후에 구체적인 예를 들어가며 아이가 블록 쌓기의 기본 원리를 알 수 있게 도와준다.

• 아이가 스스로 일어서게 하자 •

아이가 좌절에 직면했을 때 부모는 아이 앞에서 탄식하거나 질책하지 말아야 한다. 그보다는 아이가 스스로 일어설 수 있도록 격려하고 위로해야 한다. 누구나 실패할 수 있으며 무엇보다 중요한 것은 똑같은 실수를 거듭하지 않도록 하는 것이다. 스스로 일어설 수 있는 아이는 자신이 넘어진 원인을 인식하며, 다음에 똑같은 좌절에 직면했을 때 같은 실수를 하지 않기 위해 조심하게 된다. 그리고 이번에는 해낼 수 있다는 자신감도 회복할 것이다.

낯선 사람과
처음 대면하는 법을 가르쳐라

'해와 달이 된 오누이' 이야기에서 아무리 호랑이가 꼬드겨도 문을 열어주지 않았다는 부분은 아이들 사이에서도 유명하며, 부모들이 아이의 안전 교육을 위해 반드시 들려주는 이야기이기도 하다. 요즘 세상은 어른들이 살기도 매우 험하다. 각종 범죄가 판치는 세상에서 부모가 등하굣길에도 동행해야 하는 실정이다. 아이들의 활동 반경도 학교와 학원을 오가는 게 전부다. 그러나 이와 같은 방법은 자녀의 안전은 보장할 수 있을지언정 낯선 사람과 접촉하고 사회성을 기를 기회는 줄어들게 만든다. 아이들의 몸은 성장하는데 심리적 성숙도는 이에 따르지 못하거나, 심지어 낯선 사람과 말도 붙이지 못하는 내성적이고 겁 많은 성격으로 자랄 수 있다.

호랑이에게 절대로 문을 열어주지 않는 것은 어디까지나 집에 있을 때의 이야기다. 아이가 성장하면서 사회와 접촉해야 하는 일은 피할 수 없는데 집 밖에 있을 때 위험 상황에 빠지면 어떻게 할 것인지, 친구는 어떻게 사귈 것인지 등의 부분에 대해서 부모가 고려해본 적이 있는가?

흔히 자식에게 물고기를 주는 것보다 물고기 잡는 법을 알려주는 게 낫다고들 한다. 부모는 아이에게 낯선 사람을 대하는 방법을 가르쳐야 한다. 하루 종일 콘크리트 벽 안에 가둬놓는다 해서 아이가 안전한 것은 아니다. 아이가 사회와 접촉하면서 낯선 사람과 관계를 맺어나가는 일은 불가피하다. 그러나 부모의 과잉보호 아래 자란 아이는 겁이 많고 자신감이 부족하여 스스로 나서지 못한다. 이러한 아이는 어른이 되어 사회에 진출해도 늘 외톨이다. 주변에는 도와줄 사람이 없으며 생활도 즐겁지 않다. 부모는 아이가 낯선 사람과 접촉하는 일을 격려할 필요가 있다. 그래야 아이가 씩씩하게 자라며 낯선 사람만 보면 부모의 뒤로 숨는 일이 없다.

매체의 보도에 따르면, 남에게 잘 속는 아이는 대부분 낯선 사람과 접촉한 경험이 없는 아이들인 것으로 나타났다. 이 아이들은 낯선 이와 접촉할 기회가 없었기 때문에 좋고 나쁜 것, 진짜와 가짜를 판단하는 능력이 극히 낮았다. 부모에 의존하는 습관이 굳어져 자신의 판단에 확신이 없어 쉽게 속아 넘어간다는 것이다.

부모는 아이에게 낯선 사람과 접촉해볼 기회를 제공해야 한다. 또는, 부모가 낯선 사람들과 만나는 과정을 보여주며 어떤 사람에게 도움을 요청하고, 어떤 사람들이 믿을 수 없으며, 어떤 말을 들어서는 안 되는지를 터득하게 한다. 이와 같은 과정을 통해 아이는 옳고 그름을 판단하는 능력을 기를 수 있다. 아이가 낯선 사람과 접촉하는 것을 어떻게 대하느냐는 아이의 안전뿐 아니라 아이의 미래에도 영향을 미친다. 한 매체에서 아이들이 낯선 사람을 만났을 때 어떻게 대처하는지 알아보기 위해 몇 명의 아이들을 상대로 다음과 같은 실험을 했다.

{ …… }

부모의 동의하에 진행한 이 실험에 수지라는 아이가 그 대상이 되었다. 엄마와 수지가 쇼핑센터에 갔다. 수지가 장난감에 정신이 팔린 틈을 타서 몰래 그 곁을 떠나 멀지 않은 곳에서 아이를 지켜봤다. 수지는 엄마가 보이지 않자 당황한 얼굴로 사방을 돌아보더니 한곳에 가만히 서서 오가는 사람들을 살펴봤다. 그래도 엄마가 보이지 않자 수지는 그만 울음을 터뜨렸다. 이때 방송국의 여자 스태프가 다가갔다.

"얘, 왜 우니? 엄마는 어디 계셔?"

스태프의 질문에 수지가 대답했다.

"엄마가 갑자기 없어졌어요."

"그랬구나. 울지 마. 언니가 엄마에게 데려다줄게."

이 말과 함께 스태프가 수지의 손을 잡고 데리고 가려 했다. 수지는 갑자기 큰 소리로 울음을 터뜨리며 외쳤다.

"싫어요. 내가 엄마를 찾을 거야. 빨리 이 손 놔!"

이 소동에 판매원이 경비 요원을 불러왔고 그제야 엄마가 나타나 경위를 설명했다. 수지는 엄마를 보자마자 품에 안겨 무섭게 울어댔다. 엄마는 아이를 달래주며 한편으로는 아이가 스스로를 보호할 줄 알게 되었다며 기뻐했다.

매체는 이 실험을 할 때 수지와 같이 큰 소리로 울부짖는 아이들이 많았다고 밝혔다. 부모가 아이에게 모르는 사람이 주는 것은 먹지 말고, 모르는 사람이 묻는 말에 대답해서 안 되며, 놀 때는 절대로 아파트 단지 밖을 벗어나서는 안 된다고 가르친 덕분이었다. 부모들의 교육으로 아이들은 낯선 사람이나 낯선 환경에 대한 경계심을 갖게 된 것이다.

이렇게 함으로써 아이의 안전이 보장되었다고 치자. 그러나 다른 한편으로는 아이가 다른 사람을 대하는 능력을 제한하는 결과를 가져왔다. 그들이 자라 어른이 된 후에 쉽게 사회에 적응하지 못하며 사람들을 사귀는 데에 어려움을 겪는다는 것이다. 이러한 아이들에게 자신감을 기대하기란 힘들다.

부모가 자녀의 안전을 고려하는 것은 너무나 당연하며, 부모 된 이의 기본적인 책임이기도 하다. 그렇다고 해서 무작정 두려움과 경계심으로만 일관해서는 안 되며, 아이가 모르는 사람과 접촉하는 것을 격려하여 그 과정에서 자신감과 용기를 갖게 만들어줘야 한다. 무조건 멀리한다고 능사는 아니며, 낯선 사람을 보면 얼굴부터 붉히는 일은 피해야 한다. 낯선 사람과 만나면 인사를 하지 않고 낯을 가리는 아이를 보고 부모는 아이가 부끄럼을 탄다고 생각하기 쉽다. 그러나 아이의 부끄럼은 사실상 자신감 결여의 표현이며, 낯선 사람에 대한 불신과 거부하는 심리에서 비롯된다. 부모는 아이에게 낯선 사람과 접촉하는 방법을 가르치고 이를 적극적으로 장려해야 한다.

부모 공부
아이가 낯선 사람과 접촉하며 스스로 안전을 지키게 하는 법

• **아이가 거짓말을 식별할 수 있게 가르치자** •

부모는 아이에게 경계심을 길러줘야 한다. 어떤 상황에서 무슨 일이 발생해도 낯선 이의 말에 경계심을 가지고 이성적으로 사고하며 말의 진위를 식별할 수 있게 교육해야 한다. 예를 들어, 낯선 사람이 아이의 이름을 부르면서 엄마, 아빠의 친구 또는 친척이라 하더라도 경계할 수 있게 하자. 소방관이나 경찰관이라며 집에 일이 생겼으니 어서 엄마, 아빠한테 가자고 하는 경우에도 부모의 동의 없이 절대 그들을 따라가지 않게 가르쳐야 한다.

• 고함을 지르게 하자 •

엄마, 아빠를 찾을 수 없거나 길에 혼자 있을 때 낯선 사람이 데리고 가려 하면 반드시 큰 소리로 "도와주세요! 살려주세요!" 하고 고함을 질러 주변 사람들의 주의를 끌도록 가르친다. 모르는 사람이 데려가려 하면 주변 사람들에게 도와달라고 말할 줄 알아야 한다.

• 아이에게 낯선 사람과의 접촉을 격려하자 •

아이를 데리고 시장에 갈 때 아이 홀로 모르는 사람과 인사하도록 시키고 몇 가지 질문을 해보라고 한다. 단, 이때 아이는 반드시 부모의 시선이 닿는 곳에 있어야 한다. 아이가 돌아오면 그 사람을 선택한 이유를 묻고 어떤 식의 대화를 주고받았는지를 물어본다. 이러한 식으로 어릴 때부터 교육받은 아이는 낯선 사람에게 어떻게 대해야 하는지 배울 수 있으며, 좋은 사람인지 나쁜 사람인지 판단하는 방법도 익힐 수 있다.

• 다른 사람에게 도움을 제공하자 •

도움이 필요한 사람을 보면 부모가 도와줘야 한다. 부모의 행동은 자녀를 교육하는 가장 좋은 교과서이며, 자녀의 건강한 품성을 형성하는 데 영향을 준다. 이를 통해 아이가 사회와 타인에 대해 신뢰를 갖게 될 것이다. 또한, 행동이 의심스러운 사람을 만나면 아이에게 저런 행동을 하는 사람은 나쁜 사람일 수도 있으나, 극소수이니 스스로 조심하면 위험을 피할 수 있다고 알려주자. 부모가 다른 사람을 한 번도 돕지 않고 아이에게 위험만 강조하며 모르는 사람과 말 한 마디 못하게 막으면, 아이는 이 사회가 안전하지 못한 곳이라 속단해버린다. 이는 아이의 건강한 심리 발육에 부정적 영향을 미친다.

• 도움을 요청할 수 있는 사람이 많다는 사실을 알려주자 •

우선, 경찰관은 가장 먼저 도움을 청할 수 있는 대상이다. 근처에 경찰이 없으면 그곳에서 근무하는 사람에게 도움을 요청한다. 그것도 여의치 않으면 아이를 데리고 있는 어른에게 도움을 청할 수 있다. 다른 부모들이야말로 아이의 심정을 가장 잘 이해할 수 있는 사람들이기 때문이다.

사춘기 아이를 대하는 지혜를 배워라

자녀가 어느 시점부터 자주 화를 내고 어른에게 말대꾸하며 엄마, 아빠에게 반항한다는 푸념을 하는 부모들이 많다. 고분고분하던 아이가 한순간 이러한 변화를 보이는 이유는 무엇일까? 이 같은 고민을 하는 부모들은 아이에게 사춘기가 찾아온 것은 아닌지 생각해봐야 한다. 사춘기를 겪는 아이들은 독립을 갈망하며 부모와 주위 사람들로부터 인정받기를 원한다. 심리 변화가 잦은 사춘기를 순조롭게 보내려면 부모가 사춘기 자녀의 성장 특징을 파악하고 아이를 존중해야 한다.

사춘기에 들어서면 신체 및 심리 상태가 급격한 변화기에 들어간다. 호기심과 불안이 교차하고 늘 짜증이 뒤따르며 극도의 반항심을 보여 부모의 말을 듣지 않는 일이 발생한다. 아이가 반항하는 이 시기에 많은 부모들이 골머리를 앓는다. 더불어 사춘기 아이들은 관찰력과 감수성, 자의식이 모두 강해진다. 자기 자신에 관심이 집중되고 일단 어떤 면에 부족함을 보이거나 학업 성적이 떨어지면 자신이 남보다 못하다는 자괴감에 빠져 괴팍한 반응을 보이기 쉽다.

사춘기 아이들에게 뚜렷한 특징이 있으니 그것은 바로 허영심이다. 이 시기 아이들은 남과 비교하기를 좋아한다. 누구의 옷이 더 예쁜지 누구의 노트북이 더 비싼지 견주며, 누가 선생님의 총애를 받는지 누가 친구들 앞에서 더 멋진 모습을 보여주는지 비교한다. 또한, 많은 사람들 앞에 자신을 드러내고 남의 시선을 끌고자 한다. 비록 이것이 사춘기에 나타나는 정상적인 현상이라 할지라도 부모의 지도는 반드시 필요하다. 자칫하면 오만하거나 열등한 심리가 형성되기 쉽기 때문이다.

사춘기 자녀가 겪는 변화에 대해 부모는 지나치게 걱정할 필요가 없으며, 아이에게 자신의 생각대로 행동할 것을 강요해서는 안 된다. 아이가 현실과 동떨어진 행위를 할 때 부모는 성급한 마음에 이에 부정적으로 대응하지 말아야 한다. 사춘기 아이에게 지나치게 강경한 반응이나 계속되는 질책은 아이와의 관계만 나쁘게 만들며 아이들의 심리적 부담을 가중시키고 심지어 아이의 자신감에 큰 타격을 미친다.

자녀가 사춘기를 맞았을 때 부모는 되도록이면 대화를 많이 하면서 아이의 생각을 들어봐야 한다. 아이의 생각이 합리적이라 판단되면 이를 인정하고 많이 칭찬해주자. 아이와의 대화는 화목한 가족 관계를 수립하는 데 큰 도움을 준다. 이 과정에서 부모는 아이의 최근 심리 변화의 추이와 짜증 내는 원인을 살펴보고 이에 따른 적절한 지도를 함으로써 아이가 고민을 해소할 수 있게 도와줄 수 있다.

{ …… }

신혜는 누가 봐도 착한 아이였다. 엄마, 아빠 말을 잘 듣고 공부도 열심히 했으며 심부름도 곧잘 했다. 그러나 중학교에 입학한 뒤 신혜는 변하기 시작했다. 부모에게 비싼 옷을 사달라고 조르거나 엄마가 해준 반찬이 맛없다며 투정 부리기 일쑤였다. 신혜는 사달라는 물건이 점점 많아지고 공부도 하지 않으며 집안일도 더 이상 돕지 않았다. 게다가 학교 성적마저 급격히 떨어졌다.

최근에는 아빠를 졸라 최신 스마트폰을 사더니 날마다 그것을 가지고 노느라 여념이 없었다. 보다 못한 아빠가 한 마디 할라치면 벼락같이 화를 내며 대들었다. 선생님도 요즘 신혜의 수업 태도가 나빠졌으며 숙제도 제대로 해오지 않는다고 전했다. 더 이상 두고 볼 수 없었던 엄마는 신혜의 휴대폰을 당분간 압수하기로 했다. 다음 시험에서 성적이 오르면 돌려준다는 조건이었다. 그러나 신혜는 엄마의 말을 듣지 않고 휴대폰을 한사코 사수하려는 통에 한바탕 소동이 벌어졌다. 엄마와 신혜는 이 일로 심하게 다퉜고 신혜는 책가방을 싸서 집을 나가려고까지 했다.

신혜는 어릴 때부터 엄마 말을 잘 따르는 아이였다. 어른들의 칭찬과 선물을 얻기 위해 엄마의 주문대로 행동한 것이다. 그러나 사춘기에 들어서면서 신혜는 엄마의 말을 더는 듣지 않게 되었으며, 다른 아이들과 마찬가지로 허영을 좇고 사치스러운 생활을 동경하며 다른 아이와 비교를 일삼게 되었다. 엄마가 훈육하려 하면 신혜는 더욱 격렬하게 반항했고 그때마다 집안이 시끄러워졌다.

사춘기 아이를 교육할 때 부모는 그 방식에 주의해야 한다. 꾸중보다는 칭찬을, 비난보다는 격려를, 명령보다는 대화를 많이 해야 한다. 아이의 생각을 이해하고 의견을 존중해야 자녀를 효과적으로 통제할 수 있다. 사춘기는 자녀의 생리적, 심리적 발전에 중요한 시기이자 전환기. 이 시기의 아이들은 반항심이 강하기 때문에 부모의 올바른 일깨움이 뒤따라야 한다.

앞서 말했듯 사춘기 아이는 생리적, 심리적으로 갑작스런 변화를 겪는다. 잇따라 불거지는 문제는 부모를 곤혹스럽게 한다. 그러나 갑자기 맞은 변화에 당황하기는 아이 자신도 마찬가지다. 사춘기는 발달 과정에서 중요한 시기다. 이 시기 자녀는 특히 독립을 갈망하며 자신만의 공간을 원한다. 이때 부모의 지나친 간섭과 훈육은 자녀의 반항심을 유발할 뿐이다. 따라서 적당한 방임과 지도를 병행하여 아이의 건강한 성장을 도모해야 한다.

사춘기를 순조롭게 보냈는지의 여부는 아이의 미래에 직접적인 영향을 미친다. 사춘기는 자녀의 인생에서 중요한 전환점이며 성격이 형성되는 핵심적 시기다. 부모가 아이를 제대로 지도하여 이 시기를 무사히 지내는 일은 아이의 미래를 위해 강인함, 자신감, 낙관, 관용, 독립 같은 심리적 자본을 축적하는 것이나 마찬가지다.

사춘기 아이를 바르게 일깨우는 법

• 아이에게 거창한 설교를 늘어놓지 말자 •

아이를 훈육한답시고 거창한 논리를 늘어놓지 않도록 주의해야 한다. 부모가 하는 말은 아이도 이미 알고 있는 것이다. 단지 아이들은 부모의 설교가 듣기 싫을 뿐이다. 그래서 부모가 설교를 시작하려 하면 아이가 불같이 화를 내며 매일 잔소리만 늘어놓는다고 항변한다. 선생님과 부모님이 자신들을 믿지 않으며, 성적이 엉망이고 능력도 뒤떨어진다고 잔소리를 한다는 것이다.

부모는 사춘기 자녀를 교육할 때 상황에 따라 지도해야 하며 절대로 거창한 설교를 늘어놓아서는 안 된다. 그보다는 아이가 당장 직면한 문제를 해결하도록 도와줌으로써 직접적인 효과를 맛볼 수 있게 해주는 게 좋다.

• 아이를 어른으로 대하자 •

사춘기 아이들은 독립을 원하며 자신만의 자유로운 공간을 갖고 싶어 한다. 부모는 자녀를 무조건 아이로만 대하지 말고 필요에 따라 성인처럼 대우하고 문제를 의논해야 한다. 그렇게 하다 보면 아이가 어른의 시각으로 상황을 고려하고 민감한 화제도 회피하지 않게 된다. 정보가 발달한 이 시대를 사는 아이들은 아는 것이 많다. 그러므로 부모는 아이를 어른으로 대하는 것에 대해 어려워하지 말고 일부러 숨기려고도 하지 않아야 한다.

부모가 자녀를 어른으로 대하고 집안일에 대한 의견을 물어오면, 아이는 자신이 부모의 인정을 받았다고 여기고 부모를 믿을 것이다. 부모가 아이들의 의견을 받아들이면 더욱 기뻐하며 자신감이 배가된다.

• 부모 자신의 성질을 다스리자 •

사춘기 아이는 어디로 튈지 모르는 심리를 갖는다. 이때 부모가 갱년기를 맞고 있다면 집안은 조용할 날이 없을 것이다. 부모는 아이가 철이 덜 들어 부모에게 대든다고 생각한다. 그러나 부모 스스로 반성할 것은 없는지 돌아보라. 때로는 아이의 말에 일리가 있다. 설사 자녀의 말이 완전히 틀리고 그 행위가 잘못된 것이라 할지라도 부모는 자신의 성질을 다스려 아이와의 정면충돌을 피해야 한다. 어디까지나 대화를 통한 문제 해결을 주요 목적으로 삼아야 한다.

• 아이의 이성 교제를 막지 말자 •

많은 부모들이 자녀의 이성 교제 사실을 알게 되면 일단 부정적인 예상이 앞선다. 자녀가 너무 일찍 이성에 눈뜬 것은 아닌지, 돈을 함부로 쓰고 다니는 것은 아닌지, 술 먹고 담배 피우는 것을 따라 하여 나쁜 습관이 몸에 배는 것은 아닌지 늘 걱정이다. 그러나 그렇게까지 우려할 필요는 없다. 아이가 성장함에 따라 이성과 교제하는 것은 정상적인 과정이다. 부모가 이를 막으면 아이의 반항심을 유발해 건강한 성장에 방해만 될 뿐이다.

아이에게 절대 해서는 안 되는 말에 주의하라

아이가 잘못을 저질렀을 때 바보 같다느니, 멍청하다느니, 아무 짝에 쓸모없다느니 하는 말로 아이를 나무라는 부모들이 많다.

"네 친구 ○○ 좀 봐라. 얼마나 공부도 잘하고 말도 잘 듣는지."

"너 하나 키우겠다고 얼마나 많은 것을 희생했는데 그걸 몰라주니?"

"안 된다면 안 되는 거야. 어른 말대로 하는 게 좋을 거다."

"네가 할 줄 아는 게 뭐니?"

이러한 식으로 부모 자신을 높은 위치에 놓고 부모는 자녀를 나무랄 권리가 있다고 생각한다. 그러나 부모들이 의식하지 못하는 게 있다. 부모의 이 말이 아이의 자존심을 얼마나 상하게 하며, 아이의 어린 마음에 얼마나 독이 되는지, 아이의 마음에 얼마나 어두운 그림자를 드리우는지를 말이다.

아이는 아무리 어려도 자존심이 있으며 타인으로부터, 특히 부모로부터 존중받기를 갈망한다. 그러므로 아이가 좌절에 직면했을 때 부모는 따뜻한 말투로 아이에게 말해줘야 한다.

"괜찮아. 이번 실패를 교훈으로 삼아 계속 노력하면 틀림없이 잘될 거야. 아빠도 지난번 일에 실패한 것 알고 있지? 하지만 그다음에 다시 도전해서 성공했잖니? 아빠는 너도 틀림없이 해낼 것이라 믿는다."

아이의 지식과 능력은 한계가 있으며 드넓은 세상에 대해 잘 모른다. 그러나 아이들에게는 서투르나마 용기가 있다. 하룻강아지 범 무서운 줄 모른다는 말도 있지 않은가. 아이는 자신만의 방식으로 세상을 이해하고 스스로를 세상에 융합시킨다. 그러나 부모는 늘 아이를 저지하고 아이의 능력을 믿지 못한다.

10살 아이가 엄마의 식사 준비를 도와주겠다고 나섰다. 냉장고에서 반찬을 꺼내는 아이의 모습에 엄마는 다짜고짜 그릇을 빼앗으며 이렇게 말한다.

"도와준다고 괜히 손대지 말고 가만히 있어."

하긴 맞는 말이기는 하다. 제대로 밥을 해내기는커녕 부엌을 엉망으로 만들어버리지 않으면 다행이다. 하지만 엄마의 이 말은 음식의 낭비는 막았지만 아이의 자신감을 짓이겨버린 꼴이 되었다. 이 부모는 자신의 행위가 아이에게 미치는 영향을 전혀 의식하지 않았다. 무심코 내뱉는 한 마디가 하필이면 아이가 이 일을 할 능력이 없다는 것이라니.

부모의 무심한 말은 아이의 자존심에 상처를 주며, 결과적으로 자녀는 새로운 대상을 능동적으로 탐색하고 추구하겠다는 자신감을 잃어버린다. 이와 같은 일이 되풀이되면 사사건건 부모에 의존하는 습관이 형성된다.

{ …… }

학습 진도를 따라잡지 못한 지효는 수업 시간에 선생님의 설명을 제대로 이해하지 못했다. 이 일로 선생님은 지효 엄마를 학교에 불러 아이의 상태를 설명하고 가정에서 보충 학습을 잘 시켜달라고 당부했다. 지효 엄마는 선생님이 보는 앞에서 아이를 야단쳤다.

"넌 왜 그렇게 멍청하니? 날마다 숙제하느라 12시가 되어야 자는데 어째서 문제를 다 틀려?"

선생님은 지효 엄마를 저지하고 지효에게 말했다.

"엄마가 지켜보는 데서 몇 문제만 풀어보자. 숙제도 그렇게 빨리할 수 있다는 걸 엄마에게 보여드리렴."

지효는 교무실에서 문제를 쉽게 풀었다. 정답을 전부 맞히지는 못했지만 선생님은 그 자리에서 지효를 칭찬했다.

"내가 뭐랬니? 문제 푸는 속도가 빠를 거라 했지? 지효는 머리도 좋으니까 집에서 엄마가 조금만 더 지도해주면 금방 좋아질 거야."

말을 마친 선생님이 이번에는 지효 엄마에게 말했다.

"어머니가 그렇게 바보 같은데 자식을 어떻게 가르칩니까? 이렇게 똑똑한 아이를 두고 멍청하다고 하지 않았습니까?"

지효 엄마는 놀라서 눈만 크게 뜨고 아무 말도 못했다.

"어머니도 다른 사람이 멍청하다고 하니 듣기 싫으시죠? 아이들도 마찬가지랍니다. 앞으로는 꾸중보다는 칭찬을 많이 해주세요."

지효 엄마가 교무실을 나와 생각해보니 선생님의 말에 일리가 있었다. 아이의 느낌은 전혀 고려하지 않은 자신의 교육 방법이 틀린 것이다. 이제 아이에게 멍청하다느니, 바보 같다느니 하는 말은 절대 하지 않아야겠다고 다짐했다.

부모가 아이를 교육하고 생활하는 과정에서 자신의 말에 주의해야 한다. 어떤 말은 절대 아이에게 해서는 안 된다. 지효 엄마처럼 자녀에게 멍청하다고 말하면 아이의 자존심에 큰 상처를 주어 학습 의욕마저 꺾어버리기 쉽다. 무엇보다 아이는 자신감을 잃고 자신의 능력에 회의를 느끼며, 이렇게 위축된 태도는 아이의 미래에 영향을 미친다. 자녀가 어떤 일을 시도할 때 부모가 말이나 행동으로 아이에게 그것을 해낼 능력이 없다는 식으로 말해서는 안 된다. 이러한 말은 아이로 하여금 스스로가 못났다는 생각을 하게 만든다. 부모는 객관적인 관점에서 문제를 대해야 한다. 자녀가 어떤 잘못을 저지르는 것은 부모가 자녀에게 그 방면의 지식을 가르쳐주지 않은 데서 원인을 찾아야 하며, 결코 아이가 능력이 없다는 의미는 아니다. 부모는 아이에게 '바보, 멍청이' 같은 말을 하여 아이의 자존심과 자신감에 상처를 입히는 일이 없게 해야 한다.

좋은 말 한 마디는 엄동설한의 추위를 따뜻하게 느끼게 하며, 악담으로 받은 상처는 유월의 더위도 춥게 만든다. 부모는 자녀에게 다음과 같은 말만은 절대 하지 않아야 한다.

"너 정말 멍청하구나."

"누굴 닮아 이렇게 말을 안 듣니?"

"어른이 말할 때는 참견하는 거 아니야."

"엄마가 안 된다면 안 되는 줄 알아."

"네가 걱정할 일 아니니 공부나 열심히 해."

부모는 자녀의 언행을 주의해서 관찰하고 아이의 마음 상태를 살펴서 상황에 맞는 말로 아이를 위로하거나 격려해야 한다. 아이가 슬픔에 잠겨 있을 때 따뜻한 말로 위로하며, 아이가 혼란에 빠져 있을 때는 부드러운 말로 일깨워야 한다. 또, 아이가 자신의 존재에 회의감을 느낄 때는 정이 넘치는 말로 격려해야 한다. 부모는 아이가 자신과 주변 환경을 인식할 수 있게 도와줌으로써 자신의 위치를 찾고 미래에 대해 정확한 시각을 갖게 해야 한다. 부정적인 말로 아이를 자극해서는 안 된다. 그런 말은 아이의 자신감에 상처를 입혀 아이를 점점 늪에 빠지게 할 뿐이다.

자녀와 대화를 할 때 부모는 다음과 같은 점에 주의하여 아이의 실수를 줄이는 동시에 아이의 자신감에 상처를 입히지 않도록 해야 한다.

아이에게 상처 주지 않고 대화하는 법

• 적당히 격려하자 •

아이의 행위를 보면 자신감이 어느 정도인지 알 수 있다. 자신감이 부족한 아이는 노력하는 것을 쉽게 포기하고, 자신이 어떤 일을 제대로 해내지 못하거나 할 능력이 없다고 생각한다. 이때 부모는 적당한 칭찬과 격려를 해줘야 한다. 그렇다고 도를 넘는 칭찬으로 자녀가 오만한 마음을 갖게 해서는 안 된다. 칭찬은 하나의 점진적인 과정이며 아이는 칭찬 속에서 조금씩 성취감을 느끼면서 이를 통해 자신감을 찾아가는 것이다.

아이가 전에 비해 나아졌다면 "그래 훨씬 나아졌구나. 계속 노력하면 더 잘할 수 있을 거야. 아빠는 네가 더 잘할 거라고 믿는다."라고 말해줘야 한다. "우리 ○○가 최고야!"와 같은 격려는 무턱대고 자만심만 키워 더는 노력하지 않는 아이로 만들어버린다.

• **아이가 스스로 파악할 수 있게 도와주자** •

부모는 남이 하는 대로 따라 하지 말고 자녀를 있는 그대로 파악하여 그에 맞는 양육을 시도해야 한다. 사람마다 특징이 있기 때문에 정확한 이해가 전제되어야 목적에 맞는 교육을 할 수 있다. 또, 그렇게 해야 자녀가 자신을 정확하게 인식하여 자신감을 가질 수 있으며, 날마다 스스로 회의를 느끼고 남보다 못하다는 열등감에서 벗어날 수 있다. 비록 성적이 좋지 않다 하더라도 부모는 자녀가 잘하는 점을 칭찬해야 한다. "평소 달리기 연습을 꾸준히 하더니 이번 교내 달리기 대회에서 1등을 차지했구나. 공부도 마찬가지란다. 꾸준하게 열심히 하면 좋은 성적을 받을 수 있을 거야." 하는 식으로 아이의 특성에 맞게 격려하자.

• **다른 사람의 평가에 연연하지 않는 태도를 가르치자** •

행복은 자신의 손에 달려 있으며 다른 사람의 평가는 여과해서 받아들일 줄 알아야 한다. 그러므로 제대로 된 평가라면 받아들이고 그렇지 않은 평가는 무시하는 지혜를 자녀에게 가르쳐야 한다. 부모는 아이 스스로 선택할 기회를 주어 자신이 선택하고 노력한 결과가 어떤 것인지 몸소 체험하도록 한다. 이것이 자녀의 자신감을 길러주는 최선의 길이다. 자신감에 넘치는 아이는 어떤 방향으로 노력할지 찾아낼 수 있으며, 앞에 펼쳐진 길을 정확히 보고 자신이 필요로 하는 것이 무엇인지를 알며, 빛나는 미래를 누릴 수 있다.

낙관적인 아이가 더 자신감을 갖는다

부모는 누구나 자신의 아이가 낙관적이고 밝고 자신감에 넘치기를 바란다. 그러나 우리가 살아가는 시대는 스트레스가 지나치게 많아서 어린아이들도 여기서 벗어날 수 없는 게 현실이다. 특히 공부 스트레스가 큰 편이다. 정부는 학생들의 공부 압박을 줄여줘야 한다고 말로는 요란하게 떠들지만 현실은 여전히 입시 교육을 면치 못하고 있다. 설사 학교에서 당국의 지시에 호응하여 학생들의 입시 부담을 줄여준다 해도 부모들은 높은 점수를 위해 자녀들을 과외로 내몰고 참고서 속에 묻혀 지내게 한다. 그 결과 자녀에 더 큰 부담을 지우고 만다. 이렇게 모순적인 환경에서 아이가 받는 스트레스는 클 수밖에 없다. 성적이 오르지 않으면 아이는 주변 모든 것에 회의적으로 반응하게 되며 심지어 자신의 능력에 의심을 품고 자신감을 잃어버린다.

자신감은 아이의 행복한 인생을 위한 기초가 된다. 낙관적인 아이가 더 자신감에 넘친다는 점은 많은 사실이 증명하고 있다. 늘 웃고 쾌활한 아이는 시련에 맞닥뜨렸을 때 평정심을 유지하며 최적의 처리 방법을 찾아낼 수 있다. 낙관적인 아이는 지혜롭고 자신감에 차 있으며 진보적이다. 낙관은 일종의 심리 상태이자 우수한 품성이며 성공으로 이끄는 관건이기도 하다. 각 분야에서 성공한 사람들에게서 우리는 낙관적이고 자신감에 넘치는 모습을 볼 수 있다. 이 때문에 생활이 행복하고 사업도 성공할 수 있는 것이다. 자녀가 장밋빛 미래를 맞이하고 성공적 삶을 살기를 바란다면 낙관적이고 자신 있는 사람으로 키워야 한다.

기분이 좋을 때는 무슨 일을 해도 술술 잘 풀리며 눈에 보이는 모든 것이 아름답기만 하다. 기분이 나쁠 때는 모든 것이 눈에 거슬리며 심지어 지나가는 사람들에게 시비를 걸고 싶기도 하다. 똑같이 어려움에 직면하더라도 낙관적인 사람은 긍정적인 면을 보는 반면에, 비관적인 사람의 눈에는 부정적인 면만 보인다.

{ …… }

올해 12살인 종석이는 낙관적인 성격을 가졌다. 성적이 떨어져도 실망하기보다는 그 원인을 찾아보며 오히려 부모를 위로하는 아이였다. 가끔은 이러한 아이에게 부모가 놀라는 일이 있을 정도였다.

종석이는 학교에서 열리는 가을 운동회에 800m 장거리 선수로 출전했다. 아침마다 학교 운동장에서 달리기 연습을 하며 시합에 대비했다. 엄마, 아빠는 이러한 모습을 보며 종석이가 반드시 1등을 할 것이라 믿었다. 엄마는 운동회 날 회사에서 일찍 돌아와 특별 저녁을 준비했다. 온 가족이 모여 종석이의 성적을 축하해줄 요량이었다. 현관에 들어서는 종석이의 온 얼굴은 웃음으로 가득했고 이 모습을 본 엄마, 아빠는 당연히 1등을 했을 거라 짐작했다. 그러나 종석이는 뜻밖에도 자신이 3등을 했다고 말했다. 부모는 아이가 자신들을 놀린다고 생각했다가 상장에 적힌 3등이라는 글씨를 보고서야 그 사실을 믿었다.

"그토록 열심히 준비했는데 1등을 못하고 3등에 그친 게 속상하지 않니?"

"사실 오늘 1, 2등과 얼마나 아슬아슬한 경쟁을 벌였는지 몰라요. 제가 하도 바짝 뒤쫓는 바람에 그 애들 속깨나 탔을걸요."

엄마의 조심스런 질문에 호탕하게 응하는 종석이의 반응에 엄마, 아빠는 기뻐하며 종석이의 값진 3등을 축하해줬다.

낙관적인 사람은 인생을 즐거운 마음으로 바라보며 득과 실, 승리와 패배에 연연하지 않는다. 위의 종석이가 그랬듯이 1등과 3등은 결코 중요하지 않다. 중요한 것은 자신이 얼마나 노력했으며, 그 과정이 얼마나 멋지게 펼쳐졌는가에 있다. 낙관적인 사람은 성공과 실패로써 영웅을 논하지 않는다. 이러한 사람이 훗날 인생의 행복과 사업의 성공을 쟁취한다.

뿐만 아니라 낙관적인 사람은 사물의 긍정적인 면을 본다. 이들은 대부분 자신감이 넘치고 노력을 기울임으로써 끝끝내 1등을 거머쥘 수 있는 사람들이다. 따라서 부모는 어릴 때부터 자녀가 낙관적인 태도를 기를 수 있게 도와줘야 한다. 그래야 어려움 앞에 용감하게 맞서고 이를 딛고 일어설 수 있다.

아동 심리학에서는 낙관적 심리가 양호한 품성일 뿐 아니라 매우 신기한 작용을 한다고 주장한다. 즉, 삶에서 유력한 무기가 되어 각종 시련을 극복할 수 있도록 도와주며 즐거운 마음과 건강한 신체를 갖게 해줌으로써 성공에 좀 더 쉽게 다가가게 한다는 것이다. 낙관적인 아이는 사교성이 풍부하며 강인하고 용감하다. 낙관적인 아이는 적응력이 강하고 자신감이 넘친다. 낙관적인 아이는 자괴감이나 자포자기에 쉽게 빠지지 않는다. 또한, 미래의 희망에 충만하며 시련 따위 별거 아니며 방법을 생각하면 극복할 수 있다고 믿는다.

자녀를 즐겁게 해주는 것은 물질적 부를 물려주는 것보다 훨씬 의미 있는 일이다. 낙관적인 아이는 자신 있고 강인하여 부모가 못생긴 외모와 가난, 뛰어나지 않은 지능을 물려줬다 하더라도 삶의 어려움을 이겨내고 행복한 인생을 살 수 있을 것이다.

모든 부모들은 자신의 자녀가 낙관적이고 자신감에 넘치기를 바란다. 이를 위해 다음의 사항을 유념하자.

부모공부

낙관적인 아이로 기르는 법

• 화목한 가정 환경을 만들자 •

가정은 자녀의 성장 과정에서 중요한 장소이며 가정 환경이 자녀에 미치는 영향은 지대하다. 부부 관계, 부모 자녀 관계는 아이의 마음에 직접적으로 관여하며 성격 형성에 큰 영향을 미친다. 늘 싸우는 집안에서 낙관적인 아이가 성장하기 어렵다. 그러므로 화목한 가정 분위기를 유지하여 즐거운 마음으로 지내게 해주면 성격 형성에 긍정적 영향을 준다. 낙관적인 아이는 화목한 가정에서 길러진다. 아이의 건강한 성장을 위해 부모는 최대한 화목한 가정을 만들어야 한다.

• 아이가 아프지 않게 돌보자 •

아이가 아프지 않게 돌봐야 한다. 몸이 아프면 마음도 약해져서 부정적인 정서에 빠지기 쉽다. 몸이 건강해야 마음도 건강하며 낙관적인 마음을 가질 수 있다. 또, 모든 일이 쉽게 느껴지면서 자신감으로 무장할 수 있다. 따라서 부모는 아이의 건강에 주의하여 영양분을 섭취할 수 있게 음식을 제공하며, 충분한 수면과 적당한 운동을 취하게 도와야 한다. 아이가 건강해야 낙관적인 마음을 유지하며 자신감 넘치는 성격을 형성하기 위한 기초를 다질 수 있다.

• 아이의 마음속 고통에 귀를 기울이자 •

아이는 어려서 아직 세상 물정을 모르며 마음도 취약하다. 선생님의 꾸중, 친구의 놀림, 공부 스트레스 등 유쾌하지 않은 일은 아이의 심리에 부담으로 작용하여 기분을 좋지 않게 만든다. 부모는 아이의 기분이 좋지 않을 때 반드시 마음속 불만을 털어놓을 수 있게 유도하고 문제의 해결 방법을 찾게 도움으로써 마음의 그림자를 걷어줘야 한다. 어떤 일이라도 해결 방법은 있으며, 스스로 해결하기 어려운 문제는 부모가 도와줄 수 있음을 알려야 한다. 어려움과 좌절은 눈덩이와 같아서 제때 해결하지 않으면 점점 커지고 사람을 짓눌러버린다. 그러므로 아이가 시련에 직면하면 반드시 그때그때 해결하라고 말해줘야 한다. 이는 자신의 앞날을 위해 부담을 줄이고 장애물을 없애는 가장 좋은 방법이다.

어른과 아이를 막론하고 누구나 기분 나쁘고 속상한 일은 있게 마련이다. 그러나 부모는 속상한 일이 있다고 해서 이를 아이에게 풀어서는 안 된다. 부정적인 정서는 바이러스처럼 전염되고 그 파급력이 크다. 부모는 낙관적인 태도로 생활에 임해야 하며 아이에게 낙관적인 생각을 심어주고 낙관적인 성격을 형성시켜야 한다.

아빠만이 가르칠 수 있는 9가지 아이 인성

3

아이를
더욱 환영받게 하는 덕목

나눔은 사회적인 관계에서 반드시 갖춰야 하는 필수 요소로서
품성 교육에서 중요한 부분을 차지한다.
나눔은 자원을 공유하는 방식이며, 다른 사람과의 자발적인
나눔을 통해 신뢰를 얻고 대인 관계에 필요한 기초를
다질 수 있다. 아이의 성장 과정에서 나눔의 미덕을 배우는 것은
매우 중요하다. 나눔은 더 많은 친구를 사귀게 하며,
함께 놀이하는 과정에서 다른 사람들과 살아가는 방식을
찾을 수 있게 도와준다. 또한, 아이의 언어 표현 능력을
키워줌으로써 더욱 환영받는 아이로 자라나게 한다.

아이가
욕심 부리지 않게 하라

"안 돼! 이건 내 거야!"

아이는 음식이나 장난감을 친구와 같이 나누려고 하지 않으며 마치 보초병처럼 모든 것을 지켜내려고 안간힘이다. 친구와 놀 때 처음 몇 분간은 사이좋게 놀다가도 금세 장난감을 서로 갖기 위한 다툼이 벌어진다. 아끼는 장난감을 양보하지 않겠다고 다투다 심지어 몸싸움이 오가기도 한다. 이는 부모 입장에서 무척 난감한 일이다. 특히 공공장소에서 떼를 쓰는 데에는 방도가 없다.

공공장소에서 욕심을 부리는 아이를 키우는 부모는 "아이 하나라고 집에서 너무 오냐오냐 길렀더니 저밖에 모르지 뭡니까? 형제가 있으면 덜할 텐데 말이죠."라고 말한다. 부모의 이러한 태도는 아이의 욕심에 핑계거리를 제공해줄 뿐이다. 어떻게 보면 아이의 욕심은 성장 과정에서 반드시 필요한 단계이며, 자아의식을 형성하는 과정이자 자신과 남을 구분하는 시작 단계라 할 수 있다.

다른 아이에게 자신의 물건을 나눠주라고 강요하면 아이는 불안감을 느낀다. 아이는 이를 거부함으로써 다른 사람으로부터 자신의 물건을 보호하려 한다. 이와 같은 행동을 이해하지 못하고 친구에게 양보하라고 강요만 한다면 아이의 불안감을 가중시켜 더욱 양보하지 않으려 할 것이다. 이럴 때는 부모가 바르게 지도하여 일상생활에서 아이 스스로 나눔을 실천할 수 있는 기회를 마련해줘야 한다. 그 과정에서 아이로 하여금 나눔의 즐거움을 깨닫도록 하면 된다. 예를 들어, 과일을 먹고 있는 아이에게 한 번 먹게 해달라고 했을 때 아이가 한입 주면 반드시 고맙다는 말을 해야 한다. 이 또한 나눔의 한 방식이다. 일정 기간 훈련을 거치면 아이가 음식을 먹을 때 자연스럽게 부모를 생각하고 부모와 나눠 먹으려 할 것이다.

아이가 욕심을 부릴 때 나눔을 일방적으로 강요하거나 어르지 말고 자연스러운 유도가 필요하다. 아울러 평소 아이 앞에서 부모가 사심 없이 나누는 모범을 보여줘야 한다. 아이는 부모의 행동을 그대로 따라 하기 때문이다. 아빠가 출장에서 돌아와 이웃에게 출장지의 기념품을 나눠주는 모습이나, 친척이 보내준 귀한 선물을 동료와 나누는 모습을 보고 자란 아이는 자신의 물건을 남과 나눌 줄 알게 된다. 자녀의 행동에 어느 정도 변화가 있을 때 부모는 그 즉시 아이를 칭찬함으로써 좋은 행동을 강화시켜야 한다. 남과 나눌 줄 알게 된 아이는 스스로를 대견스럽게 생각할 것이다.

{ …… }

유미는 승희와 날마다 같이 놀면서도 자기 장난감이나 먹을 것을 절대 양보하지 않는다. 한번은 승희가 유미의 집에 놀러왔는데, 방 안에서 둘이 잘 노는 것 같더니 승희가 거실로 나와 텔레비전을 보기 시작했다. 유미 엄마가 왜 더 놀지 않느냐고 묻자 승희는 "유미가 혼자만 장난감 가지고 놀고 나는 못 만지게 하니까 재미없어요."라고 말했다. 엄마가 장난감을 같이 가지고 놀아야 한다며 유미를 타일렀지만 유미는 한사코 양보하려 들지 않았다. 이때 엄마에게 좋은 생각이 떠올랐다. 엄마는 냉장고에서 빵을 꺼내 두 아이를 향해 "얘들아, 이 빵 먹을래?"라고 물었다.

유미가 장난감을 내려놓고 몸을 일으키더니 "나 먹을래!" 하고 외쳤다. 승희도 "저도 주세요!"라고 했다. 이때 엄마가 말했다.

"이 빵은 승희 엄마가 나 먹으라고 주신 거란다. 나도 먹고 싶은데 어떻게 할까?"

유미가 울며 자기만 먹겠다고 떼를 썼다.

"떼를 쓰고 울어도 소용없어. 이 빵은 내 것인데 너도 먹고 싶고 나도 먹고 싶다면 어떻게 해야 할까?"

"엄마가 나한테 나눠주면 되잖아."

"내가 너에게 나눠주지 않으면 네 기분이 어떨까?"

"너무 속상할 것 같아."

유미가 이렇게 대답했고 엄마는 이번에는 승희에게 물었다.

"그럼 승희 너는?"

"저도 속상할 것 같아요."

엄마는 유미에게 말했다.

"유미야, 승희도 너처럼 속이 상할 거라고 하는구나. 네가 장난감을 혼자만 가지고 놀겠다고 했을 때도 승희가 속상하지 않았을까?"

잠자코 이 말을 듣던 유미가 장난감을 승희에게 건네주며 "속상해 하지 마."라고 말했다. 엄마는 유미의 행동을 칭찬했고 두 아이와 빵을 나눠 먹었다.

유미는 다른 사람으로부터 자신이 원하는 것을 받고 싶어 하는 마음과 거절당했을 때의 실망감 그리고 다른 사람과 나누는 즐거움을 체험할 수 있었다. 유미 엄마는 매우 훌륭한 방법으로 나눔 교육을 한 것이다. 이것이 학습되면 이후에도 유미는 자발적으로 나눔을 실천하고, 또 이를 통해 지나친 자기중심적 사고를 고쳐나갈 수 있을 것이다. 이처럼 부모는 일상에서 일어나는 상황을 잘 포착하여 아이의 욕심 부리는 행위를 고쳐주는 게 좋다. 아이가 욕심을 부릴 때 부모는 말과 행동에 신중을 기하여 차근차근 지도한다.

아이의 욕심을 바로잡는 법

• 가정 내 교육 환경을 변화시키자 •

요즘은 조부모의 손에서 양육되는 아이들이 많다. 할머니, 할아버지는 손자, 손녀의 요구라면 무조건 다 들어주는 경향이 있어서 집안의 좋은 것은 결국 아이 차지가 되어버린다. 학교에 들어갈 나이가 되어서도 여전히 자신만 아는 아이는 친구들과 쉽게 어울리지 못한다. 자녀를 올바른 방향으로 지도하기 위해서는 가정 내 교육 환경에도 변화가 필요하며, 이때 부모의 역할이 더욱 중요해진다. 맛있는 음식이 있다면 아이 혼자만 먹게 할 것이 아니라 가족 모두 식사를 함께하면서 나눔의 중요성을 가르칠 수 있다. 여기에 학교의 공교육까지 병행한다면 아이는 한층 더 넓은 마음을 가진 사람으로 성장하게 될 것이다.

• 아이의 작은 발전을 아낌없이 칭찬하자 •

자신의 물건을 건드렸다는 이유로 선생님에게 고자질을 하거나 친구와 다투는 아이를 흔히 볼 수 있다. 이때 무턱대고 아이를 야단칠 게 아니라 긍정적인 방향으로 지도하여 아이의 교우 관계에 영향을 미치지 않도록 해야 한다. 또한, 자녀가 타인을 돕거나 자신의 물건을 나누는 장면을 목격했을 때에도 그 자리에서 칭찬하고 아이가 한 행동이 옳은 일이었음을 인식시켜야 한다. 부모나 주변 사람들의 인정을 받으면 이러한 행동은 자연스럽게 강화될 수 있다.

• **아이가 건강한 우정을 쌓아갈 수 있도록 격려하자** •

자녀에게 이웃 친구들과 어울리며 천천히 우정을 배워나갈 기회를 만들어주자. 부모의 친구나 직장 동료의 아이와 놀게 하면서 어른들 간의 우정을 자연스럽게 보고 배우도록 하는 것도 좋은 방법이다. 가령, 직접 담근 김치를 나누어 먹는 모습을 보여주면서 아이가 나눔을 실천해보도록 격려할 수 있다. 어른들의 영향을 받은 아이들은 자발적으로 자신의 것을 나눌 줄 알게 되고 나눔의 즐거움을 배워간다. 이러한 환경에서 아이는 점차 나눔을 실천할 줄 아는 사람으로 성장하게 된다.

• **이야기책을 통해 나눔을 맛보게 하자** •

나눔과 관련된 이야기를 들려주면서 아이가 자연스럽게

나눔의 즐거움을 알아가도록 한다. 가족들과의 역할극을 통해 나눔을 직접 경험해볼 수도 있다. 이야기를 통해 나눔을 이해하게 된 후에는 이를 좀 더 쉽게 일상생활에 적용할 수 있게 된다. 기쁨을 나누면 배가 되고 슬픔은 나누면 반으로 줄어든다. 나눔은 참한 품성이자 삶의 보물이다. 부모는 자녀가 나눔을 배움으로써 만인에게 사랑받는 아이가 될 수 있도록 이끌어줘야 한다.

다른 사람들과 어울릴 줄 아는 아이로 키워라

남들과 어울리지 않는 것이 잘못은 아니지만, 이를 즉시 바로잡지 않으면 아이의 정신 건강뿐 아니라 미래에도 부정적인 영향을 미칠 수 있다. 친구들과 어울리지 않고 단체 활동에 참여하기를 꺼리는 행동은 무엇이든 친구들과 나누는 것을 원치 않고 기쁨이건 슬픔이건 자신만 간직하겠다고 생각하는 심리에서 비롯되기 때문이다. 이 상태가 계속되면 성격이 비뚤어질 수 있으며 심한 경우에는 무관심이나 보복심으로 이어져 아이의 일생에 영향을 미칠 수 있다.

부모는 자녀가 어릴 때부터 나눔을 배우면서 또래와 쉽게 어울리고 자연스럽게 집단 속에 녹아들 수 있도록 해야 한다. 그러나 요즘은 아이들이 또래와 어울려 노는 모습을 찾아보기 어렵다. 아파트에서 생활하는 게 보편화되면서 마음까지 닫아걸고 사는 사람들이 많다. 이웃 간에 왕래가 없어졌고 아이들이 놀 공간도 줄어들었다. 아이들에게는 자유롭게 나가 놀 수 있는 시간이 허락되지 않는다. 아이들은 종일 집 안에 갇혀 텔레비전이나 컴퓨터, 게임기, 장난감 등과 시간을 보낼 뿐이다. 아이를 데리고 외출을 하더라도 어쩌다 길에서 마주친 친구와 인사만 나누고는 급하게 헤어진다. 아이들은 마치 가정이라는 큰 새장 안에 갇힌 한 마리의 새와 같다. 부모의 손에 이끌려 바람을 쐬는 때가 그들에게는 가장 신 나는 시간일 것이다.

이 아이들이 유치원에 들어가면 선생님이 자기 물건을 친구들과 나누어 쓰라고 해도 거절하며, 자신이 알고 있는 이야기를 친구들에게 들려주라는 부탁 또한 거절한다. 아이는 이렇듯 다른 친구들과 나누기를 거부함으로써 친구들이 자신에게 다가오지 못하도록 만든다. 그 결과 늘 혼자 다니게 되는데, 이는 아이의 성격은 물론 사회생활에도 부정적인 영향을 미칠 수밖에 없다. 따라서 부모는 자녀가 어릴 때부터 남과 더불어 살아가야 한다는 의식을 심어 줘야 한다. 또, 친구들과의 놀이를 통해 자연스럽게 나눔을 배우고 어울리는 즐거움을 직접 느껴볼 수 있도록 격려해야 한다.

처음 부모가 된 초보 엄마, 아빠는 아이에 대한 사랑과 기대가 지나쳐서 아이를 엄격하게 관리하며 친구들과 놀 시간조차 주지 않는다. 이러한 부모는 처음 승마를 배우는 사람처럼 극도로 긴장하여 말과 호흡을 맞추지 못한 채 몇 발자국 가다 금방 지쳐버린다. 승마 경험이 있는 사람들은 말과 호흡을 맞추며 큰 힘을 들이지 않고도 빠르게 달리는 방법을 알고 있다. 자녀 양육과 승마는 엄연히 다르면서도 공통점을 가지고 있다. 부모는 승마를 할 때처럼 긴장을 풀고 자녀에게 일정한 자유를 주는 한편, 자녀가 또래들 속에서 나눔을 배울 수 있는 기회를 충분히 제공해야 한다. 이는 자녀가 올바르게 성장하는 데 도움이 될 뿐 아니라 나눔을 보다 즐겁고 효율적으로 학습할 수 있게 한다.

{ …… }

나영이는 초등학교에 들어온 이후 줄곧 우수한 성적을 유지해왔다. 그러나 수업 시간 이외에는 늘 홀로 앉아 하늘을 바라보기 일쑤였다. 선생님이 몇몇 아이들에게 나영이와 함께 놀기를 권유해봤지만 모두들 싫어했다. 이 상황은 나영이 엄마의 귀에도 들어갔다. 걱정이 된 엄마는 주변 사람들에게 딸에 관한 고민을 털어놓았다. 누군가가 모든 에너지를 공부에만 쏟을 수 있어 오히려 좋을 수도 있다는 말을 했다. 이 또한 일리 있다 생각한 엄마는 공부만 잘하면 선생님은 물론 친구들도 모두 나영이를 좋아하게 될 거라며 딸을 위로했다. 나영이는 엄마의 말대로 더 열심히 공부해서 우수한 성적을 받았다. 그러나 여전히 아무도 나영이와 어울리려 하지 않았다. 나영이는 힘든 심정을 엄마에게 토로 했다.

"열심히 공부해서 늘 1등을 하는데 왜 나와 놀아주는 친구가 없을까?"

엄마는 나영이의 문제를 어떻게 해결해야 할지 몰랐고, 게다가 문제가 갈수록 심각해지고 있음을 느꼈다. 엄마는 나영이를 데리고 다니며 친구들 틈에 어울리게 했고 친구들과 놀면서 그들의 의견에 귀 기울이게 했다. 자신이 세상의 중심이라 생각했던 나영이는 다른 친구들이 자기 의견을 따라주길 바랐고, 그때마다 엄마는 나영이가 다른 친구들의 의견을 수용할 수 있도록 가르쳐줬다. 어느 정도 시간이 지나자 나영이도 점차 학급 친구들 무리와 어울리기 시작했고 동네 친구들과도 잘 지낼 수 있게 되었다.

친구들과의 건강한 교우 관계는 우수한 성적으로 얻어지는 게 아니라 평소에 직접 부딪치면서 배워가는 것이다. 아이가 또래와 잘 어울리기를 원한다면 아이 스스로 자신의 감정을 다스리며 친구들과 사이좋게 지내는 법을 알려줘야 한다. 아이가 친구들과 함께 놀고 싶어 한다는 것은 이미 나눌 준비가 되었음을 의미한다. 아이가 또래 집단 속에서 즐거움을 느낄 수 있도록 부모가 적극적으로 이끌어준다면 나눔의 문은 활짝 열릴 것이다.

아이의 사회성을 키워주기 위해서는 양호한 가정 환경이 전제

되어야 한다. 가족 구성원들이 지나치게 아이 중심으로 돌아가서 아이의 말 한 마디에 가족이 쩔쩔매는 모습은 없어져야 한다. 부부가 사이좋게 지내며 화목한 가정 분위기를 만드는 것도 아이의 사회성을 기르는 데 도움이 된다.

남과 잘 어울리는 아이는 사교성이 좋아 어떤 환경에서도 쉽게 협력하며, 낙천적이고 활발한 성격으로 사회의 변화에도 잘 적응한다. 반면, 잘 어울리지 못하는 아이는 성격이 비뚤어질 뿐 아니라 부정적인 정서를 갖기 쉬우며 자신의 생각을 타인과 잘 나누지 못한다. 또, 늘 자기 고집대로 행동하여 변화에 쉽게 적응하지 못한다. 사회성은 어릴 때부터 길러줘야 하며, 이는 나눔을 배우는 것에서부터 시작된다.

다른 사람들과 나누고 싶어 하는 아이만이 그 집단에 녹아들 수 있으며, 나눔의 즐거움을 느끼면서 더 큰 발전을 이룰 수 있다. 협력은 이미 시대의 기조로 자리 잡았다. 팀을 이뤄 협력해야만 성공할 수 있는 시대가 된 것이다. 그러므로 자녀가 성인이 되어 사회에 잘 적응하며 크게 성장하길 바란다면 부모는 어릴 때부터 사회성과 나눔을 가르칠 필요가 있다.

아이가 또래와 어울리지 못하더라도 조급해할 필요는 없다. 다음의 몇 가지만 주의한다면 어느 정도의 훈련을 통해 아이가 또래와 잘 어울리고 다른 사람과 협력하여 사회에 잘 적응해나가게 될 것이다.

아이가 다른 사람들과 어울릴 수 있게 도와주는 법

• 어릴 때부터 또래 집단을 만들어주자 •

어릴 때부터 자주 외출하여 또래 친구들 속에서 놀게 함으로써 다른 사람을 받아들이고 나눔을 배울 수 있게 해준다. 집단을 접한 아이들은 즐겁게 성장하며 타인과의 교류를 배워나갈 수 있다. 학교에서는 물론 어른이 되어 직장에서도 집단의 한 구성원으로서 동료들과 좋은 관계를 유지하는 데 도움이 될 것이다.

• 사회성을 길러주자 •

일부러 아이에게 어려운 과제를 준 다음, 아이 스스로 해결하지 못한다면 다른 사람과의 협력을 통해 함께 풀어나가도록 지시해본다. 이를 통해 아이가 스스로의 능력에 한계가 있음을 깨닫도록 하고, 때로는 타인의 도움을 받아야만 해결할 수 있는 문제가 있다는 것을 배우게 한다. 협동심을 경험하고 나면 다른 사람과 어울려 사는 사회성도 자연스럽게 익힐 수 있다.

• 아이 스스로 주인 또는 손님이 되어보게 하자 •

아이 혼자 근처 친구나 친척집을 방문하게 함으로써 사교력과 사회성을 학습할 기회로 삼는다. 이때 부모가 동반한다면 아이는 스스로 교류할 수 있는 기회를 얻기 힘들다. 아이에게 사회성을 가르치려면 아이 스스로 주인 또는 손님이 되어보게 하는 게 좋다. 아이의 친구가 놀러오면 부모가 나서서 대접하지 않는 것도 한 방법이다.

• 스포츠 활동에 많이 참여시키자 •

스포츠는 단체로 경쟁하는 과정에서 끊임없이 교류가 필요한 활동이다. 어떠한 스포츠든 최소 2명 이상으로 이루어지며, 체력과 지능뿐 아니라 담력까지 단련할 수 있다. 대인 관계에서 담력은 중요한 부분을 차지한다. 따라서 부모는 아이를 스포츠 활동에 더 많이 참여시킴으로써 신체를 단련시키고 흥미와 사교력을 키우는 동시에 사회성도 함께 배울 수 있게 한다.

아이에게 나눔을 가르쳐라

우리는 정보화 시대를 살아가고 있다. 다른 사람과 교류해야만 단시간에 더 많은 정보를 얻을 수 있으며, 나의 아이디어를 남과 공유함으로써 여러 아이디어를 동시에 보유할 수 있게 되었다. 교환은 자원의 가치를 가장 잘 이끌어내는 방식이자 효과적으로 나눔을 가르칠 수 있는 수단이기도 하다. 만약 아이에게 장난감을 다른 친구에게 양보하라고 한다면 아이는 틀림없이 싫다고 할 것이다. 하지만 다른 친구들과 장난감을 바꿔 놀게 한다면 아이는 기꺼이 양보한다. 이처럼 교환이라는 방식을 통해 아이는 나눔의 즐거움을 천천히 알아갈 수 있다.

아이에게 나눔을 지도할 때는 가족들과 먼저 연습해보도록 하는 게 좋다. 가족은 아이가 가장 신뢰할 수 있는 대상이기 때문이다. 아이는 가족들과 장난감을 나누면서도 그들이 아이의 장난감을 빼앗지 않을 것이란 사실을 알기 때문에 긴장하거나 걱정하지 않는다. 이때 부모는 몇 분 후에 장난감을 돌려줄지를 분명히 해야 한다. 이를 통해 아이는 교환한 물건을 반드시 돌려받을 수 있다는 정보를 얻는다. 부모와 교환이 무사히 이뤄지면 아이는 이후 다른 사람과도 흔쾌히 교환 활동을 할 수 있게 된다.

부모는 나누면 더 많은 것을 얻게 된다는 사실을 함께 지도해야 한다. 과일 씻기를 예로 들어보자. 아이에게 어떤 과일을 먹을지 물어보고 나서 다른 가족의 것을 포함하여 각각 다른 과일을 씻은 다음 이를 여러 조각으로 나눈다. 과일을 먹으면서 교환을 통해 아이가 몇 가지 과일을 먹었는지 말해보게 한다. 나눔의 장점을 학습함과 동시에 아이가 교환이라는 나눔의 방식을 받아들일 수 있게 하는 것이다.

아이의 모든 요구를 들어주는 것이 아이를 사랑하는 길이라고 착각해서는 안 된다. 이러한 행동은 오히려 아이에게 지나친 자기중심적 사상을 심어준다. 성인이 되어 사회생활을 하면서 일이 자신의 뜻대로 되지 않으면 부정적으로 변할 수 있으며 심하면 마음의 병을 앓을 수도 있다. 자신의 아이가 다른 사람의 눈에 나쁘게 비쳐지거나 마음의 병을 앓기 바라는 부모는 없다.

{ …… }

유치원에서 선생님이 아이들을 다섯 명씩 한 조로 만들어 모든 아이들에게 크기가 다른 구슬을 하나씩 나눠줬다. 그다음 각 조의 아이들이 각자의 구슬을 서로 교환한 후 구슬의 크기를 비교하여 크기순으로 나뭇가지에 꽂게 했다.

성민이는 자신의 구슬을 꼭 쥔 채 한쪽에 서서 어느 친구와도 구슬을 교환하려 하지 않았다. 다른 아이 네 명은 마음이 조급해져 결국 선생님을 불러 도움을 요청했지만 자신의 구슬을 너무 좋아했던 성민이는 놀이에 참여하기를 거부했다. 옆에서 모든 상황을 지켜보던 성민이 아빠가 성민이에게 다가가 아이를 설득하기 시작했다.

"지금은 네가 가진 구슬이 가장 멋져 보이겠지만 자세히 보지 않아서 그렇지 다른 친구들의 구슬도 멋지단다. 아빠 말을 믿고 바꿔보렴. 친구들의 구슬이 얼마나 근사한지 알게 될 거야. 한번 해보는 게 어떻겠니?"

성민이는 한 친구와 구슬을 바꾼 후 구슬을 자세히 살펴봤다. 그러더니 이렇게 말했다.

"네 구슬도 정말 예쁘구나!"

아빠의 격려에 힘입어 성민이와 같은 조의 친구들은 무사히 과제를 마칠 수 있었고 아빠는 이런 성민이를 칭찬해줬다.

"다른 친구들과 힘을 합쳐서 구슬을 꽂아야 하는 과제에서 네가 협력하지 않았다면 그룹 과제를 완성하지 못했을 거야. 게다가 선생님이 상으로 주는 예쁜 꽃도 받지 못했을걸?"

성민이 아빠는 평소 일이 바빠 아이의 행동에 신경을 쓰지 못했는데, 유치원에서의 이번 활동을 계기로 아이가 다른 친구들과 나누는 것을 싫어했다는 사실을 알게 되었다. '내 것이 가장 좋다'는 생각은 성민이의 엄마가 가르쳐준 것이었다. 성민이가 엄마와 뭔가를 교환하려 할 때마다 성민이의 엄마는 성민이에게 자신이 가지고 있는 게 가장 좋은 것이니 남의 물건을 탐내면 안 된다고 말해줬다. 이 일이 학습된 아이는 친구들과의 교환을 원치 않게 되었다. 성민이 엄마는 아이가 이것저것 탐내다 결국 아무것도 얻지 못할까 봐 우려했다. 하지만 이러한 마음이 아이가 나누는 것을 꺼리도록 만들 줄은 생각지도 못했다.

    자녀를 교육할 때 부모는 자신의 언행에 늘 주의해야 한다. 지나치게 한쪽으로 치우치는 바람에 아이의 다른 품성 발달에까지 영향을 미치도록 해서는 안 된다. 전반적인 부분을 모두 고려하여 다른 품성을 학습시키는 동시에 적당한 기회에 나눔 정신도 심어줄 수 있어야 한다.

    그렇지만 인색한 아이가 되어 대인 관계에 부정적인 영향이 미칠까 봐 걱정되어 아이에게 나눔을 강요해서는 안 된다. 내가 가장 아끼는 물건을 다른 사람이 빼앗아간다면 기분이 어떨지 상상해보라. 아이에게 나눔 의식을 길러주고 싶다면 먼저 '교환'이라는 방식을 가르쳐야 한다.

    '1+1=2'는 누구나 아는 수식이다. 그러나 수학의 범위를 벗어나면 답이 달라질 수 있다. 자신의 생각을 다른 사람과 나누는 것에 노력이 더해지면 1+1>2의 결과를 얻을 수 있지만, 자신의 것을 전혀 공유하지 않는다면 그 어떤 노력을 더하더라도 1+1<2의 결과밖에 얻지 못한다. 아이에게 교환과 공유를 가르치는 일은 적은 노력으로 더 많은 것을 얻을 수 있는 기술을 전수해주는 것과 같다. 이

는 좋은 대인 관계를 유지시켜주는 동시에 아이에게 성공의 윤활제가 된다.

아이에게 나눔을 가르치는 법

• **아이의 좋은 기분을 타인과 공유할 수 있게 격려하자** •

나눔은 음식이나 장난감 같은 물질적인 것에만 한정되지 않는다. 감정이나 생각 등 정신적인 측면도 나눌 수 있다. 아이와 나들이를 다녀오는 길에 그날의 느낌을 이야기해볼 수 있고, 아이 스스로 즐거웠던 일을 친구나 선생님과 나누도록 격려할 수도 있다. 이는 아이와 타인 간의 감정을 증진시킬 뿐 아니라 타인의 인정과 평가를 통해 아이가 자신감을 얻어 이후 더 많은 것을 나누고자 하게 만든다.

• **아이의 교환 행위를 강화시키자** •

아이가 교환 행위를 할 때마다 바로바로 칭찬해주자. 칭찬의 말이나 따뜻한 눈길, 미소 그 어떤 것도 괜찮다. 이 모든 것이 아이에게 격려가 되고, 칭찬을 통해 아이의 교환 행위를 강화시킬 수 있다. 이것이 익숙해지면 아이는 어떠한 상황에서도 자발적으로 나누고자 할 것이다.

아이가 친구를 많이 사귀게 하라

아이 주변에는 아이를 보살펴주는 어른이 늘 함께한다. 그러다 보니 아이는 점차 자기중심적인 성향을 갖게 되고, 자연스럽게 세상은 자신을 중심으로 돌아가고 좋은 물건은 모두 자기 것으로 인식하게 된다. 이러한 아이들은 나눔의 미학을 이해하지 못하며 학교에 가서도 크게 환영받지 못한다. 부모는 아이가 친구를 많이 사귀고 집으로 자주 데려와 놀 수 있게 해야 한다.

하지만 어떤 부모는 공부에 방해가 되거나 나쁜 친구들을 사귐으로써 좋지 않은 길로 빠질 것을 우려해 아이가 친구 사귀는 것을 필사적으로 막기도 한다. 아이가 집에 친구를 데려오더라도 환영하기는커녕 오히려 위압감을 조성해 자신의 아이와 다시는 놀지 못하도록 만들기도 한다. 부모의 이와 같은 행동은 아이의 자존심에 상처를 입히는 동시에 친구들 사이에서 아이의 이미지를 실추시켜 따돌림으로 이어지게 하기 십상이다.

협력과 자원의 공유가 중요해진 오늘날은 활발한 교류 능력과 옳고 그른 것을 판단하는 힘이 요구되는 시대다. 이 능력과 힘은 어릴 때부터 길러줘야 하며 나눔 의식과도 일맥상통하는 부분이다. 나눔을 잘 배우면 시대와 사회에 적응하고 살아나가는 데 큰 문제를 느끼지 못할 것이다. 가정과 학교는 하나의 작은 사회다. 아이는 이 작은 사회에서 십여 년간의 훈련을 받으며 더 큰 사회로 나갈 준비를 하게 된다. 이러한 교류 능력이 있다면 어른이 되어 어떤 직장에서 일하더라도 상사와 동료들의 환영을 받을 수 있다.

나눔을 모르는 아이는 원활한 교우 관계를 맺을 수 없으며 이로 인해 점차 외톨이가 되어간다. 갈수록 말수가 적어지고 집에 돌아와서도 자기 방에만 틀어박혀 부모와 대화하기를 꺼린다. 이러한 아이들은 맛있는 음식이든 즐거운 일이든 혼자 즐기며, 안으로는 고독하게 겉으로는 냉담한 모습으로 변해가며 타인과의 교류도 거부한다. 심각한 경우에는 정신 건강에도 악영향을 미칠 수 있다. 그러므로 부모는 어릴 때부터 아이가 친구들을 많이 사귀고 어울리면서 자연스럽게 나눔의 미학을 익힐 수 있도록 해야 한다.

{ …… }

지금 소개하는 이야기는 중국에서 실제로 있었던 일이다. 현우는 성적이 우수하고 각종 전국 대회에서 여러 번 수상하여 부모님을 자랑스럽게 했다. 사람들로부터 아이를 어떻게 교육시키느냐는 질문을 받을 때마다 현우의 엄마는 아이가 공부에 방해되지 않도록 친구를 사귀지 못하게 한다고 대답했다. 그래서인지 현우는 학창 시절 내내 우수생이면서도 친구가 한 명도 없었다.

　대학교에 진학한 후 외로움을 느낀 현우는 대학 생활 4년 동안 많은 친구들을 사귀겠다고 다짐했다. 그가 매일 만나는 사람들은 기숙사 생활을 하던 몇몇 친구들이었는데, 그중 사교성이 좋던 준서는 말수가 없는 현우를 돌봐주며 둘은 친한 친구가 되었다. 어렵게 생긴 친구여서인지 현우는 준서를 지나치게 의지했고 둘을 좋지 않게 보는 학우들은 뒤에서 수군거렸다. 이에 부담을 느낀 준서는 현우를 멀리하기 시작했다. 큰 충격을 받은 현우는 준서에게 복수하기로 마음먹었다.

　온갖 자료를 조사한 끝에 그는 실험실에서 사람을 마비시킬 수 있는 화학 물질을 몰래 훔쳤고 이를 준서가 사용하는 컵에 탄 후 마시도록 했다. 현우는 준서가 고통스러워하는 모습을 지켜본 후에야 근처 병원으로 이송했다. 의사의 추궁 끝에 현우는 사실을 털어놓았다. 준서는 곧바로 응급 처치를 받았기 때문에 다행히 생명에 지장은 없었지만, 법원은 현우에게 살인 미수죄를 적용하여 징역 10년을 구형했다.

　이러한 끔찍한 이야기는 깊은 깨달음을 준다. 현우는 우수한 아이였지만 친구가 하나도 없었다. 일상이나 공부에서 느끼는 기쁨과 근심을 함께할 마음이 맞는 친구 몇 명을 간절히 원했지만 친구를 사귀어본 경험이 없었기 때문에 어떻게 관계를 유지해야 하는

지 몰랐고 결국 범죄의 길까지 걷게 되었다. 이제 그의 부모는 자신의 교육법을 자랑하거나 누군가에게 전수해줄 수 없다. 그들은 성적만 중시하느라 아이의 사회성을 길러주지 못한 것을 뼈저리게 후회하고 있을 것이다. 한때의 잘못된 생각이 자식을 범죄자로 만들고 말았다.

사실 아이들은 공부나 생활면에서 말이 통하는 친구들과 이야기를 나누며 자신의 노력을 인정받고 경험을 공유하며 서로 격려해주고 싶어 한다. 어려움에 처했을 때 자기 이익을 돌보지 않고 나서주는 친구가 있다면 얼마다 든든할까? 자녀가 성장 과정에서 스스로 발전하기 위해서 친구는 반드시 필요하다.

사람이 살면서 지식을 쌓는 것도 중요하지만 타인과 교제하고 사회를 알아가는 일도 매우 중요하다. 공부는 자녀가 성장하는 과정의 일부분이지 전부가 될 수는 없다. 공부를 통해 이론적 지식을 습득할 수는 있지만, 처세술이나 대인 관계 기술은 실전 경험을 통해서만 배워나갈 수 있다.

타인과 교류하기 싫어하고 외골수가 되기를 고집하며 원만한 대인 관계를 맺지 못하는 사람은 사교력이 좋을 리 만무하다. 타인들과 관계 맺는 것을 꺼리며 자기중심적인 생각이 몸에 깊게 배어 버렸기 때문이다. 이 부류의 사람들은 학창 시절 자신의 노력으로 좋은 성적을 얻으며 그것으로 고독한 마음을 달래왔을 것이다. 그러나 사회에서는 자신의 능력만으로 좋은 성과를 얻기란 매우 어렵다. 때문에 점차 소극적으로 변해가고 심지어 단 한 번의 실패 경험만으로도 다시 일어서지 못하는 상황에 치닫는다. 이를 예방하기 위해 부모는 자녀가 친구들을 많이 사귀면서 나눔을 배워갈 수 있도록 격려할 필요가 있다.

어린 시절을 돌아보면 아름다운 추억과 경험의 대부분이 친구들과 놀면서 비롯되었음을 알 수 있다. 아이의 정신 건강과 친구의 존재 유무는 밀접한 관계가 있다. 아이를 진정으로 사랑한다면 아이의 친구들에게도 관심을 가져야 한다.

아이가 친구를 사귈 수 있는 환경을 만들어주는 법

• 아이가 친구를 사귀는 것을 격려하자 •

아이가 친구를 사귀면 성적이 떨어질 것이라 걱정하는 부모들이 많다. 그러나 친구가 없는 것이 성적이 나쁜 것보다 더 위험하다는 점을 인식해야 한다. 아이는 단체 생활을 하는 가운데 성장한다. 아무리 능력이 뛰어난 부모라도 아이에게 평생의 동반자가 되어줄 수는 없다. 자녀의 교제를 규제하는 것은 자녀의 건강한 발달에 나쁜 영향을 준다. 자녀의 교제를 격려하고 이를 통해 자신의 장단점을 알아가며 타인의 장점으로 자신의 단점을 보완해나가도록 지도하는 것은 아이가 균형 있게 발달하는 데 큰 도움이 된다.

• 아이가 친구를 집에 데려오는 것을 반기자 •

아이가 친구를 집에 데리고 오면 집을 어지럽힐까 봐 싫어하는 부모들이 있다. 아이의 친구를 환영해주고 반갑게 대한다면 아이들은 더 즐거운 시간을 보낼 수 있다. 반대로 이를 귀찮아하고 눈치를 주면 아이들은 마음 놓고 놀지 못할 뿐 아니라 다시는 놀러오고 싶어 하지 않을 것이다. 아이가 즐거워하는 것이 집을 깔끔하게 유지하는 것보다 훨씬 중요하다. 아이도 자존심이 있기 때문에 친구들 앞에서 아이를 지적하는 것은 옳지 않다. 이러한 행위는 아이를 무안하게 하며 부모에 대한 원망을 심어준다. 아이가 친구를 데리고 온다면 언제라도 반갑게 맞이하자. 성격이 괴팍하고 어울리지 못하는 아이일수록 친구를 데리고 와서 놀도록 격려해야 한다.

• 아이를 밖에서 뛰어놀게 하자 •

안전이 걱정된다고 해서 아이를 집에만 있게 해서는 안 된다. 성장 과정에서 부모의 사랑과 관심도 필요하지만 더 중요한 것은 자신이 직접 경험해보는 것이다. 아이는 실제 경험을 통해 많은 일을 이해하여 비로소 자신의 것으로 흡수할 수 있다. 밖에서 마음껏 뛰어노는 것은 실전에서 교제를 경험하고 친구들과 즐거움을 나눌 수 있는 최적의 기회. 친구들과 많은 시간을 보내며 성장하는 아이는 뛰어난 사교력을 갖출 수 있으며 어디서나 환영받는 사람이 될 수 있다.

아빠만이 가르칠 수 있는 　9가지　아이　인성

4

이성

아이의 미래를 성공으로 이끄는
소중한 품성

살면서 누구나 좌절과 어려움, 유혹에 직면할 수 있다.
이러한 상황에서 이성적으로 행동하지 못하면
나쁜 길로 빠지거나 돌이킬 수 없는 길을 가게 될 수 있다.
이성적인 사람만이
큰일 앞에서 정확한 판단을 내릴 수 있고
미래를 올바르게 결정지을 수 있다.

짜증 내는 아이는 환영받지 못한다

아이의 출생은 가정의 큰 기쁨이면서 동시에 걱정거리를 안겨주는 일이기도 하다. 아이가 즐겁고 자유롭게 놀 때는 부모도 행복하며 마치 하늘에서 내려온 천사를 보는 것처럼 아이가 사랑스럽다. 그러나 아이가 마음대로 되지 않고 짜증을 내며 말을 듣지 않으면 부모는 힘들고 답답해진다.

아이가 말을 듣지 않거나 짜증을 낼 때 부모는 처음에는 아이를 혼내다가 나중에는 아이를 너무 오냐오냐 키웠다며 배우자를 탓한다. 그러나 부모의 이러한 행동은 아이를 더 짜증 나게 만든다. '부드러움으로 강함을 이긴다'라는 말이 있듯이 아이를 진정시키려면 부모부터 아이를 부드럽게 대해야 한다. 아이가 화가 났을 때 부모가 더 화를 내면 상황만 악화시킨다. 부모는 아이에게 스스로 진정할 시간을 줘야 한다.

아이가 진정되고 나면 부드럽게 대화를 시도한다. 아이가 왜 화가 났는지를 함께 이야기해보고 화를 자주 내면 몸과 마음이 아플 수 있으니 이성적으로 감정을 조절해야 한다는 것을 가르쳐준다. 화가 날 때는 1부터 10까지 숫자를 세며 최대한 화를 참아보라고 가르친다. 부모도 자신의 행동을 반성하고 원칙 없이 아이의 요구를 모두 들어주지는 않았는지 돌아봐야 한다. 아이가 불합리한 요구를 할 때는 어떠한 상황에서도 원칙대로 할 것이며 합리적인 요구만 들어줄 수 있다고 아이를 이해시켜야 한다.

이밖에 집안 어른들에게도 미리 이야기를 하여 아이를 대하는 방식을 일관되게 하고, 부모가 해주지 않은 것을 조부모가 대신 해주는 일이 없도록 협조를 구해야 한다. 이와 같은 조치는 아이의 이성적 사고를 발달시키는 데 큰 도움이 된다. 이유 없이 쉽게 짜증 내는 아이는 환영받지 못할 뿐 아니라 어떠한 일에 직면해도 스스로 생각하고 처리하지 못한다. 그러나 대부분은 조부모와 부모 간에 교육관의 차이로 말미암아 자녀 교육 방식에 일관성이 부족한 실정이다. 그 틈에서 가장 큰 피해를 보는 사람은 자녀다.

{ …… }

한 젊은 부부가 설을 며칠 앞두고 부모님 집에서 명절을 보내기 위해 아이를 데리고 고향으로 내려갔다. 그런데 며칠 지나니 아이가 버릇없이 행동하기 시작했다. 매일 아침 잠을 깨면 바로 일어나지 않고 할머니에게 옷을 입혀달라고 어리광을 부렸으며, 반찬을 골고루 먹지 않고 편식하는 등 엄마, 아빠의 말을 아예 듣지 않았다. 할머니, 할아버지가 아이 말이라면 꼼짝 못하고 다 들어줘서 생긴 일이었다. 하지만 아이 부모는 어차피 며칠 있으면 집으로 돌아갈 것이고 부모님이 아이를 너무 사랑해서라고 생각하며 아이를 야단치지 않았다. 드디어 집에 돌아갈 날이 되어 준비를 하고 있는데 아이가 느닷없이 할머니네 수탉을 데리고 가겠다는 것이 아닌가. 엄마, 아빠가 안 된다고 하자 아이는 땅에 드러누워 데굴데굴 구르기 시작했고 큰 소리로 울며 소란을 피웠다. 부부는 하는 수 없이 수탉을 집으로 데리고 왔다. 하루가 지나서 아빠가 아이에게 말했다.

"수탉이 새벽부터 울어대서 이웃집 아줌마, 아저씨가 잠을 제대로 못 주무시겠대. 그리고 할아버지 댁처럼 마당이 없으니 집에 냄새가 나고 엉망이구나. 그러니 저 닭을 양계장에 맡겼다가 방학 때 보러가는 것이 어떻겠니?"

아이는 잠시 생각해보더니 "그렇게 할게요."라며 동의했다.

순순히 수긍하는 아이의 모습에서 버릇없는 모습은 볼 수 없었다. 고향집에 갔을 때는 할아버지, 할머니가 엄마, 아빠와 다르게 대해줬고 자신의 편이 되어줄 것이라 생각했기 때문에 아이가 말도 안 되는 요구를 할 수 있었던 것이다.

3대가 함께 생활하는 가정에서 어른들끼리 자녀 교육 방식을 통일하지 않으면 화목한 가정 분위기를 깨뜨리고 아이에게 피해를 줄 수 있다. 만약 위의 사례에서 아빠가 아이에게 매라도 들었다면 어른들의 기분이 상했을 것이다. 아이들이 떼를 쓰는 이유는 어른들이 귀엽다며 지나치게 과잉보호를 하기 때문이다. 그리고 대부분의 집안 어른들은 이러한 식으로 손자, 손녀를 대한다. 아이가 떼를 쓰는 습관을 고치기 위해서는 집안의 교육 방식부터 바꿔야 하며 어른들의 일관된 교육 철학이 있어야 한다.

　아이는 어려서 옳고 그름을 판단하지 못하고 이해력이 떨어진다. 그러나 어른끼리는 대화를 통해 상황을 바로잡을 수 있다. 자녀가 떼를 쓰면 당장은 원하는 대로 들어주며 달랠 수 있다. 그러나 학교나 사회에서 자신의 뜻대로 안 되는 일에 떼를 부리면 어떻게 될까? 자신의 기분을 다스리지 못하는 사람은 이성적이지 못하며, 이후에도 옳지 않은 행동을 하거나 잘못된 길로 가게 될 수 있다. 지금 아이의 불합리적인 요구를 들어주지 않는 것은 아이가 자신의 성질을 다스릴 수 있게 돕는 일이자 이성적으로 사고할 수 있게 가르치는 것이다. 집안 어른들에게 이와 같은 부분을 잘 설명하고 이해를 구하면 그들도 틀림없이 협조할 것이다.

　부모의 본보기가 아이의 교육에 중요하게 작용한다. 무턱대고 아이에게 짜증을 내지 말라고 할 것이 아니라 부모 스스로 모범이 되어 자신의 화를 다스릴 수 있어야 한다. '훌륭한 사람을 가까이 하면 자신도 훌륭하게 변하고 나쁜 사람을 가까이 하면 자신도 나쁘게 변한다'라는 옛말이 있다. 부모가 늘 불같이 화를 낸다면 이러한 모습을 보면서 자라는 아이도 화를 다스리지 못하고 짜증을 자주 낼 것이다.

부모의 격려는 아이의 자신감을 살려주며 부모의 관용은 아이에게 너그러운 태도를 길러준다. 부모는 자녀의 거울이다. 그러니 부모의 행동이 아이에게 그대로 투영될 수밖에 없다. 아이가 스스로 감정을 조절하고 쉽게 짜증 내지 않도록 하려면 감정보다 이성이 앞서야 한다는 것을 스스로 실천하고 자녀의 잘못된 행동에 이성적으로 대처하는 모습을 보여줘야 한다. 아이가 쉽게 짜증을 낼 때 부모가 어떻게 행동해야 하는지에 대해 다음 사항을 참고하자.

아이의 짜증에 대처하는 법

• 떼는 떼로 다스리자 •

아이가 자신이 원하는 것을 사주지 않는다고 울면서 떼를 쓰면 부모도 아이와 같은 방법으로 아이를 대할 수 있다.

예를 들어, 아이가 장난감 자동차를 갖고 싶어 우는 상황이라면 아이에게 이렇게 말할 수 있다.

"아빠도 차 한 대 가지고 싶은데 사줄래?"

아이가 울면 당신도 울고 아이가 떼를 쓰면 당신도 떼를 써보라. 아이는 마치 자신이 어른이라도 된 것처럼 당신을 달래며 나중에 크면 꼭 사주겠다는 등의 말을 할 것이다.

다음은 내가 길을 가다 목격한 일을 통해 배운 방법이다.

당시 엄마와 딸로 보이는 두 사람이 길바닥에 주저앉아 울고 있었고 한쪽에는 자전거가 쓰러져 있었다. 처음에는 사고가 난 줄 알았으나 주변 사람들로부터 자초지종을 들을 수 있었다. 아이는 자신이 원하는 물건을 엄마가 사주지 않자 울음을 터뜨렸다. 그러자 아이의 엄마도 똑같이 길바닥에 주저앉아 울기 시작했다는 것이다. 구경하는 사람들이 점점 늘어났고 의견도 분분했다. 어떤 사람은 아이의 엄마에게 손가락질을 했지만 엄마는 사람들의 말에는 아랑곳하지 않고 계속 바닥에 앉아 있었다. 결국 아이가 울어도 통하지 않다는 것을 알았는지 스스로 일어나서 눈물을 닦고는 엄마의 팔을 잡아끌었다.

"엄마, 이젠 사달라고 안 할게. 엄마도 울지 마. 나중에 내가 돈 벌어서 엄마 꼭 사줄게."

아이의 엄마는 바로 일어나지 않고 아이를 향해 말했다.

"앞으로는 떼쓰기 없기다. 네가 사달라는 것을 다 사줄 수는 없어."

구경하던 사람들은 아이 엄마의 방법에 칭찬을 아끼지 않았고 엄지손가락을 펼쳐 보인 사람도 있었다. 이 엄마는 자식을 제대로 교육시키기 위해 주변 사람들의 손가락질까지 감내했다. 이러한 엄마라면 틀림없이 자녀를 훌륭하게 길러낼 수 있을 것이다.

아이가 울고불고 떼를 쓴다면 이 이야기의 엄마처럼 대처해보자. 아이를 바르게 교육시키고 싶다면 창피한 것쯤은 참아내야 한다. 아이를 자기밖에 모르고 제멋대로 굴며 이유 없이 짜증 내는 사람으로 키워내는 것이 더 창피한 일이다.

• 침착함으로 떼를 다스리자 •

아이가 무리한 요구를 하며 떼를 쓸 때 부모는 반드시 침착한 태도로 아이에게 관심을 주지 않고 하던 일을 계속해야 한다. 자신이 아무리 떼를 써도 부모가 관심을 보이지 않는다는 것을 깨달았을 때 아이는 자연스럽게 울음을 멈춘다. 그러면 부모는 아이에게 울며 떼쓰는 것이 잘못된 것임을 다시 한 번 숙지시켜준다.

아이에게
자제력을 먼저 가르쳐라

생활이 풍요로워짐에 따라 자녀들이 직면하는 유혹도 많아졌다. 강한 자제력은 아이의 면역력을 키워주고 유혹에 이성적으로 대처할 수 있게 한다. 따라서 아이의 이성을 키워주기 위해서는 반드시 자제력을 먼저 길러줘야 한다.

부모는 아이가 주관이 없고 이성적이지 못해서 작은 유혹에 쉽게 넘어가고 필요도 없는 물건을 산다며 야단친다. 이는 자제력이 약한 아이들이 주로 보이는 행동이다. 부모가 이 문제를 제대로 파악하지 않고 아이가 경험이 부족해서 쉽게 현혹당하는 것으로만 간주하고 내버려두면 아이는 훗날 사회에 나가서 더 큰 피해를 입게 될 수 있다.

자제력은 스스로 통제하고 다스리는 능력으로, 사람들이 감정과 행동을 억제하고 불합리한 생각을 버리며 이성적으로 처리할 수 있게 도와준다. 따라서 아이의 자제력을 길러주기 위해 부모는 아이가 문제에 직면했을 때 이성적으로 사고하고 이성적인 판단을 내릴 수 있도록 이끌어줘야 한다.

자제력은 자연스럽게 몸에 배어야 하는 것으로 별도의 훈련을 할 필요는 없다. 부모는 자녀의 다른 능력을 길러주면서 자제력도 함께 길러줄 수 있다. 예를 들어, 아이의 생활 습관을 바로잡아줄 때, 스스로 일을 해결하거나 선택하는 능력을 익힐 때 적당한 시기를 잡아 자제력을 함께 기를 수 있다. 올바른 생활 습관을 형성하고 경중완급을 조절할 줄 알며, 스스로 일을 처리하고 선택과 판단을 할 수 있으며, 타인과 공유하고 분담하는 능력을 가진 아이라면 자제력도 자연스럽게 지니게 될 것이다. 자녀의 자제력이 얼마나 강한지는 부모가 어떻게 하느냐에 달려 있다.

{ …… }

농촌에서 나고 자란 연우는 어릴 때부터 유난히 장난이 심한 아이였다. 초등학교는 거의 놀면서 다녔고 성적도 그저 그런 편이었다. 중학교에 들어가서도 여전히 장난만 치고 부모님과 선생님의 말을 늘 흘려들었으며 고등학교 입학 성적도 좋지 못했다. 그러나 아들이 명문대에 입학해서 농촌을 벗어나길 바랐던 부모님은 돈을 들여 아이를 좋은 고등학교에 입학시켰다.

고등학교에 들어간 후 자식을 공부시키기 위해 농사를 지으며 해마다 고생하는 부모님을 보면서 연우는 열심히 공부하기 시작했다. 그러나 가끔은 자제력을 잃고 PC방과 오락실을 전전했으며 돌아서서 후회하기도 했다. 부모님은 연우가 PC방과 오락실을 드나든다는 사실을 학교로부터 전해 들었고, 어머니는 선생님 앞에서 눈물을 보이기까지 했다. 어머니의 눈물을 본 연우는 이번에야말로 열심히 공부하겠다고 마음먹었다. 그는 자제력을 발휘하여 PC방과 오락실 출입을 끊었다.

그러나 대학 입시 성적은 그다지 좋지 않았고 결국 이류 대학에 입학하게 되었다.

학교에 갈 날이 다가오자 연우는 대학교에 가면 더 열심히 해서 부모님의 기대를 저버리지 않겠다고 약속했다. 그러나 입학한 후에도 열심히 공부하지 않았고 제멋대로 행동하며 하루 종일 컴퓨터만 만졌다. 공부를 열심히 하지 않았지만 머리는 비상하게 좋았던 연우는 은행 시스템을 해킹하는 범죄를 저질러 감옥에 갇히는 신세가 되었다.

사례에 등장한 연우는 자제력이 약한 사람의 전형적인 모습을 보인다. 초등학교는 놀고 떠들며 보내고 중·고등학교 때는 게임의 유혹을 뿌리치지 못했다. 대학교에 들어가서는 전공 공부는 뒷전이고 하루 종일 컴퓨터에 빠져 살았으며 해킹이 범죄라는 사실을 알면서도 이성적으로 행동하지 못했다. 그는 자신이 은행의 돈을 훔칠 목적이 아니며 그저 호기심에 해킹을 했을 뿐이라는 핑계를 댔다. 그러나 결과적으로는 학업을 망치고 법도 위반하는 행동을 하게 된 것이다.

이성적인 행동 여부는 자제력과 밀접한 관계가 있다. 자제력이 강한 사람은 이성적인 편이다. 이러한 능력은 타고나는 것이 아니라 부모가 길러줘야 한다. 자녀의 자제력을 키워서 이성적인 품성을 지니도록 지도하는 일이 곧 자녀를 성공의 길로 이끄는 것이다. 모든 부모는 자녀가 충동이 아닌 이성으로 인생을 대하길 바란다. 그러나 이성은 비교적 강한 자기 통제력이 바탕이 되어야 한다. 그러므로 이성에 앞서서 자기 통제력을 먼저 길러주도록 하자. 모든 부모들이 자녀가 건강하고 즐겁게 성장하며, 행복하고 성공적인 인생을 추구하기를 바란다. 이를 이루기 위해서 부모도 부단한 노력이 필요하다. 자녀가 자신의 약점을 극복하고 더 크고 강하게 성장할 수 있도록 끊임없이 지도해야 한다.

아이에게 자제력을 길러주는 법

• 어릴 때부터 규칙적인 생활 습관을 심어주자 •

자녀가 학교에 들어가기 전에는 공부에 대한 부담이 별로 없고 부모도 규칙적인 생활을 중시하지 않기에 아이가 자유롭게 생활하도록 내버려둔다. 그러나 학교에 들어간 후에도 아이가 늦게 자고 늦게 일어나며 스스로를 통제하지 못하면 부모는 자녀를 야단치게 된다. 그러면서도 부모 자신의 교육 방식에 문제가 있다는 사실은 깨닫지 못한다. 아이에게 어릴 때부터 규칙적인 생활 습관을 심어줬다면 매일 같은 시간에 일어나는 것이 그리 힘들지 않다. 같은 시간에 일어날 줄 아는 아이의 자기 통제력이 강한 것은 당연하다.

• 경중과 완급을 조절하는 법을 가르치자 •

아이와 놀이를 할 때나 일상생활을 할 때, 부모는 의식적으로 아이가 경중과 완급을 조절하도록 해야 한다. 중요하고 급한 일은 즉시 해결하고 그렇지 않은 것은 나중에 하는 등 하루의 시간을 합리적으로 분배하는 법을 가르치는 것이다. 이와 같은 훈련이 된 자녀는 학교에 들어간 후에도 숙제는 반드시 해야 한다는 사실을 스스로 인식하여 부모가 아이의 감독관 노릇을 따로 할 필요가 없어진다. 이후 사회생활을 하면서 많은 일을 두고도 우선순위를 정해서 해결할 수 있게 된다. 중요하고 시급한 것과 그렇지 않은 것을 구별할 줄 안다면 자기 통제력을 습득하기가 비교적 쉬워진다.

• 시켜서 하는 것보다 스스로 하게 하자 •

아이가 자제력을 습득하기까지는 오랜 시간이 걸린다. 어린아이들은 판단력이 약하기 때문에 어떤 일을, 언제 해야 한다는 명확한 개념이 잡혀 있지 않다. 따라서 부모는 자녀를 도와 상세한 계획을 세우고, 자녀가 합리적으로 시간을 활용할 수 있도록 감독하고 이를 상기시켜야 한다. 가령, 일어나서 아침 식사를 하는 시간과 노는 시간, 휴식 시간과 자유 시간, 잠자리에 드는 시간 등을 확실히 정하고 나면 점차 습관으로 자리 잡게 된다. 단, 부모가 정하는 규칙이 너무 많으면 안 된다. 아이가 커가면서 스스로의 행동을 통제할 수 있게 되면 더 이상 타인에게 의지하지 않고도 스스로 모든 일을 해결할 수 있다.

• **긍정적인 자기 암시를 가르치자** •

연령이 높은 아이들은 자기 통제력이 약한 것이 고민이다. 이때 부모가 가르쳐줘야 할 것이 바로 긍정적인 심리 암시다. 아이가 농구공을 안고 나갈 준비를 할 때 자신의 내면과 대화를 해보라고 권유해보자.
'아직 숙제를 다 하지 못했으니 나가 놀 수 없어. 숙제부터 끝내야 농구를 할 수 있어. 이번에는 꼭 지켜야 해.'
아이가 내면의 자신과 대화를 끝낸 후 농구공을 내려놓고 책상 앞에 앉는다면 자기 통제의 승리다. 긍정적인 심리 암시를 익히면 아이는 자신감과 자기 통제력이 생기고 어떤 일을 하든 이성적으로 해결할 수 있는 힘이 생긴다.

유혹 앞에서
단호히 'NO'를 외치게 하라

최근 SNS 이용자들 사이에서 마일리지를 쌓아 작은 선물을 보내는 게 유행처럼 번지고 있다. 많은 사람들이 이에 열중하고 있으며, 친구들에게 자신의 인터넷 공간에 들어가서 '좋아요'를 눌러달라고 부탁한다. 하나의 작은 선물에도 이렇게 많은 사람들이 몰려들 정도이니 이보다 더 매력적인 것은 없을 것이다. 이와 같이 성인들조차 유혹을 뿌리치기 힘든데 하물며 경험이 부족한 아이들은 오죽할까?

인간에게는 물질적으로 풍요로운 생활을 누릴 권리가 있다. 그러나 살면서 각종 유혹을 참아내지 못한다면 잘못된 길로 빠질 수 있다. 학창 시절 학교 울타리 밖의 자유로운 생활에 혹해 학교를 그만두고 일찍 사회로 나간 사람은 바깥세상이 상상했던 만큼 아름답지 않다는 것을 뒤늦게야 깨닫는다. 돈의 유혹을 이기지 못하여 공금을 횡령하는 등 범죄의 길에 빠지는 사람들도 있다.

자신의 자녀가 사기를 당하거나 범죄에 빠지기를 바라는 부모는 없다. 그렇게 때문에 어릴 때부터 단호히 거절하는 용기를 가르쳐야 한다. 물질과 금전의 유혹 앞에서 언제나 이성을 유지해야 하며, 눈앞의 작은 유혹을 탐하다 더 큰 손해를 본다는 진리를 알려줘야 한다. 그러나 아이들은 어려서 경험이 없으며 생각이 단순하기 때문에 아이들의 눈앞에는 언제나 미지의 세계만 펼쳐져 있다. 사탕 한 개, 듣기 좋은 말, 가식적인 관심만으로도 아이들의 마음을 빼앗기에 충분하다. 따라서 아이의 안전과 행복을 위한다면 반드시 아이에게 옳고 그름을 판별하는 방법을 가르쳐주고 유혹을 단호히 거절할 수 있도록 지도해야 한다.

{ …… }

윤서는 엄마를 따라 마트에 갈 때마다 장난감이나 간식을 사달라고 조른다. 엄마는 이런 윤서를 달래느라 진땀을 뺀다. 이날도 엄마와 윤서는 장난감 진열대 앞에서 한참 실랑이를 벌였다. 이때 어떤 아이가 엄마와 함께 장난감을 보러왔다. 이 아이는 장난감을 한 번씩 살펴본 후 가장 위쪽에 있는 장난감을 가지고 싶다고 했다. 윤서와 비슷한 나이 또래로 보이는 이 아이는 물건을 고를 줄 알았고 다양한 장난감의 유혹 앞에서도 여전히 이성을 유지할 줄 아는 것 같았다. 이 아이의 행동이 부러웠던 윤서 엄마는 그 자리에서 아이의 엄마에게 고민을 털어놓았다.

"우리 아이는 마트에 갈 때마다 이것저것 다 사달라고 해요. 어떨 땐 마트에서 장난감을 샀는데도 집 근처에서 장난감을 보면 또 사달라고 해요. 정말 어떻게 하면 좋을지 모르겠어요."

아이들이 장난감을 가지고 싶어 하는 심리는 어른들이 좋아하는 옷을 사고 싶은 것과 같다. 너무 좋아 내려놓지 못하고 모든 장난감을 다 갖고 싶은 것이다. 어른들이 좋아하는 옷을 모두 사지 않는 것은 물건을 고를 때 정말 필요한 물건인지, 합리적인 구매인지 이성적으로 생각하기 때문이다. 그러나 아이들은 아직 어려서 이러한 부분까지 고려하지 못하기 때문에 아이들이 장난감을 잘 살펴보고 그중 하나만 선택할 수 있도록 도와줘야 한다. 아이가 유혹을 이겨내지 못하면 부모는 아이에게 단호히 안 된다고 말해야 한다.

윤서 엄마는 그 아이 엄마의 충고에 따라 윤서에게 가장 갖고 싶은 장난감 하나만 고르게 했다. 마침내 윤서와 엄마는 장난감 진열대 앞을 무사히 지나갈 수 있었다. 어린아이들이 분별력이 떨어지는 것은 당연하다. 장난감을 고를 때 아이들은 그저 자기 기분에 따라 행동할 뿐이다. 신기하고 화려만 색상의 갖가지 장난감은 아이들에게 그 어떤 것보다 유혹적이다. 진열된 장난감을 다 갖고 싶지만 모든 장난감을 사줄 수는 없는 노릇이다. 이때 부모의 역할이 중요하다. 아이가 유혹 앞에서 'NO'를 외치지 못한다면 부모가 아이에게 'NO'를 외칠 수 있어야 한다. 시간이 지나면 아이도 유혹 앞에서 자연스럽게 'NO'를 외칠 수 있게 된다.

일부 가정에서는 아이를 기쁘게 할 수 있다면 얼마든지 돈을 써도 상관없다고 생각하기도 한다. 아이들의 습관과 인식은 대부분 어릴 때부터 길러지는 것인데 부모가 아이 뜻에만 맞춰주는 것은 오히려 아이를 해치는 일이다. 언젠가는 아이 홀로 복잡한 사회에 맞서 살아가야 한다. 아이에게 진정으로 필요한 능력과 좋은 습관을 심어준다면 어려운 일에도 잘 대처할 수 있게 되고 각종 유혹 앞에서도 흔들리지 않을 것이다.

유혹은 대부분 탐욕과 욕망에서 비롯된다. 사람은 어떤 것을 강렬하게 원할 때 쉽게 유혹에 넘어간다. 설사 눈앞에 늪이 펼쳐져 있더라도 원하는 것을 얻기 위해 발을 내딛는다. 부모는 아이가 어릴 때부터 마음을 비워 세상의 이치를 깨닫는 지혜를 가르쳐야 한다. 또, 옳고 그름을 분명하게 교육시켜 매사에 이성적으로 대처할 수 있도록 해야 한다.

아이에게 유혹을 이겨내는 능력을 길러주는 법

• 아이가 옳고 그름을 가려 적절히 선택할 수 있도록 가르치자 •

누군가 유혹적인 조건을 제시하며 아이에게 도움을 청한다면, 부모는 아이를 도와 일의 이해관계를 함께 분석한 다음 결정은 아이 스스로 할 수 있도록 해야 한다. 어쩌면 아이는 조금 손해를 보더라도 상대방의 요구를 거절하지 않겠다고 할 수 있다. 원칙에 어긋나는 일이 아니라면 아이의 선택을 존중해주는 것이 좋다. 아이가 직접 경험해본 다음 교훈을 얻는다면 이후 같은 일에 맞닥뜨렸을 때 더 신중히 고려할 것이다.

부모가 강하게 반대할 경우, 비슷한 일이 생기면 아이는 더는 부모와 상의하지 않고 자신이 원하는 쪽으로 판단해버릴 수 있다. 하지만 아이들은 아직 미숙하고 감정적으로 일을 처리하는 경향이 있어 선택이 나쁜 결과를 가져올 수 있다. 그러므로 아이와 함께 일의 득과 실에 대해 이야기해보되 선택은 아이에게 맡겨야 한다. 직접 실패를 경험한 후 교훈을 얻는 것이 부모의 설교보다 훨씬 효과적이다.

• 민주적인 가정 분위기를 조성하자 •

일부 부모는 모든 일을 독단적으로 결정하고 아이에게 자신의 말을 그대로 따를 것을 요구한다. 그러다 보면 아이는 자신의 생각과 의사를 표현하는 능력을 점차 상실하게 된다. 비합리적인 요구 앞에서 간단한 거절조차 하기 힘들어지는 것이다. 부모는 아이가 스스로의 생각과 의견을 말하고 거절할 수 있게 지도하고 아이의 의견이 타당하다면 받아들일 줄 알아야 한다. 그래야 아이 스스로 생각하는 능력이 강화될 뿐 아니라 합리적으로 거절하는 법도 배울 수 있다.

• **아이에게 거절하는 방법을 가르치자** •

아이들이 쉽게 거절하지 못하는 것은 그로 말미암아 친구들에게 상처를 주거나 창피를 당할까 봐 두려워하기 때문이다. 부모는 아이 앞에서 거절의 본보기를 보여줌으로써 합리적인 거절이 누군가에게 상처를 주거나 창피를 당하는 일이 아니라는 사실을 아이 스스로 깨닫게 해야 한다. 거절하거나 거절당하는 것이 생각만큼 복잡하지 않다는 점을 직접 느껴보게 하는 것이다.

아이가 거절하는 방법을 모른다면, '다시 한 번 생각해볼게, 생각 좀 해보고 연락 줄게'라고 말하도록 지도한다. 이러한 거절법은 비교적 완곡하기 때문에 듣는 사람도 민망하지 않다. 유혹 앞에서 단호하게 'NO'를 말할 수 있는 사람은 이성적이고 강인한 품성의 소유자다. 용기 있게 거절할 수 있는 사람만이 성공의 길을 걸을 수 있다.

아이에게 욕구를 참고
기다리는 법을 가르쳐라

한 유치원에서 다음과 같은 실험을 했다.

선생님이 모든 아이들에게 사탕을 하나씩 나눠주고 시계의 분침이 12에서 1이 될 때까지 기다렸다 먹게 했다. 선생님의 지시에 잘 따른 아이에게는 사탕을 하나 더 주기로 약속했다. 5분이 채 되기 전에 사탕을 먹어버린 아이도 있었고 끝까지 잘 참아낸 아이도 있었다. 아이들은 기다리는 동안 장난감을 갖고 놀거나 친구와 이야기를 나누면서 사탕을 먹고 싶은 마음을 다른 곳으로 돌렸다. 끝까지 유혹을 참아낸 아이들에게서는 몇 가지 공통점을 발견할 수 있었다. 이 아이들은 선생님이 말할 때 친구들과 잡담하거나 중간에 불쑥 끼어들지 않았다. 화가 나거나 흥분한 상황에서도 스스로 감정을 조절할 줄 알았으며 학습 성과도 뛰어난 편이었다. 강한 자기 통제력이 우수한 아이의 전제 조건이라는 사실을 증명한 것이다.

욕구를 참는 훈련은 아이의 자제력을 길러주는 가장 좋은 방법이다. 이 훈련을 통해 아이는 유혹에 직면했을 때 나중의 더 큰 이익을 고려하여 눈앞의 욕망을 다스릴 줄 알게 된다. 생활 수준이 높아진 요즘에는 부모들이 아이의 요구를 되도록이면 모두 들어주려 함으로써 아이들에게 욕구를 참는 경험을 할 기회가 좀처럼 주어지지 않는다. 아이가 원하는 것을 무조건 충족시켜주는 것은 아이가

계속해서 욕망을 키우도록 내버려두는 행위다. 따라서 어릴 때부터 욕구를 참게 하고 그 끝에 만족을 체험하게 함으로써 아이로 하여금 자신이 가진 것이 얼마나 소중한지 느끼게 해야 한다. 물론 욕구를 참는 훈련을 한다고 매번 장시간 아이를 기다리게 해서는 안 된다.

{ …… }

지혜가 엄마 뱃속에 있을 때 지혜 아빠는 육아 관련 서적을 통해 아이에게 욕구를 참는 훈련이 꼭 필요하다는 사실을 알았다. 그러나 막상 지혜가 태어나자 아이가 너무 예쁘고 사랑스러운 나머지 지혜 아빠는 그 훈련을 제대로 시키지 못했다. 지혜가 조금만 칭얼거려도 엄마, 아빠는 원하는 것을 모두 들어줬다.

지혜가 갓난아기였을 때는 울고 보채는 것이 배가 고프거나 기저귀가 젖었다는 신호에 불과했다. 그러나 연령이 높아지면서 지혜는 떼쓰는 일이 잦아졌다. 원하는 것을 손에 넣지 못하면 다짜고짜 울음부터 터뜨렸으며 바닥을 데굴데굴 구르기도 했다. 지혜 아빠는 아이에게 욕구를 참는 훈련을 시키기로 했다. 지혜가 울고 떼쓸 때마다 우선 아이의 주의를 다른 곳으로 돌리고 시간이 좀 지난 후에 요구를 들어줬다. 처음 훈련을 시작했을 때는 쉽지 않았지만 지혜 아빠는 포기하지 않고 꾸준히 해나갔다. 훈련 결과는 만족스러웠다. 처음에는 떼쓰는 행동을 멈추는 일이 힘들었지만 훈련을 반복할수록 20여분을 기다릴 수 있게 되었다.

지금은 지혜가 요구를 해올 때마다 아빠가 적절한 시간 동안 기다리게 한다. 지혜가 떼쓰는 횟수는 점차 줄어들고 있다. 놀이터에서 다른 아이가 놀고 있는 놀이 기구를 타겠다고 떼쓰지 않고 자기 차례를 얌전히 기다릴 수 있게 되었다. 또한, 놀이 기구를 독차지하지 않고 어느 정도 놀다가 차례를 기다리는 다른 아이에게 양보하는 경우도 많아졌다.

부모는 아이의 요구를 무조건 들어주지 말고 합리적으로 충족시켜줘야 한다. 요즘 부모들은 자녀가 원하는 것을 모두 들어주다 보니 아이들은 자기 마음에 조금만 들지 않아도 떼쓰는 일이 습관이 되어버렸다. 자녀의 진정한 행복을 원한다면 부모가 아이의 욕구 충족을 미루는 지혜를 발휘해야 한다. 그리하여 아이로 하여금 기다릴 줄 알고 이를 통해 이성적 사고를 키우도록 이끌어야 한다. 부모는 너무 서두르지 말고, 인내심을 가지고 욕구 충족을 위해 기다리는 시간을 차츰 늘려나가도록 하자.

기다림의 지혜를 터득한 아이는 이 세상의 많은 것이 원한다고 해서 저절로 자기 것으로 변하지 않으며, 노력을 기울이고 시간이 걸려야 비로소 얻을 수 있다는 사실을 깨닫게 된다. 기다릴 줄 아는 아이는 매사에 이성적으로 대처할 수 있으며 사회에서 경쟁력을 갖춘 사람으로 성장할 수 있다. 목표를 향해 나아가는 과정에서 갖가지 유혹을 뿌리칠 수 있다. 또한, 원대한 목표를 위해서라면 단호히 거절할 줄 알아야 비로소 성공의 길로 접어들 수 있다.

아이에게 욕구 참는 훈련을 시키는 법

• 1분의 기다림에서부터 시작하자 •

원하는 것을 바로 손에 넣는 일에 익숙한 요즘 아이들에게 너무 긴 시간을 기다리게 하는 일은 불가능할 뿐 아니라 비현실적이다. 따라서 처음 훈련을 할 때는 1분 동안 기다리는 것부터 시작하는 게 좋다. 부모가 축구 경기를 보고 있거나 어떤 일을 하는데 아이가 놀아달라고 한다면 하던 것을 마칠 때까지 아이를 잠시 기다리게 한다. 그렇다고 축구 경기가 다 끝날 때까지 아이를 기다리게 해서는 안 되며 1분 이내가 가장 좋다.

이렇게 하면 그다음에는 아이가 기다림을 좀 더 쉽게 받아들일 수 있다. 일상생활에서 의식적으로 아이를 기다리게 하면서 그 시간을 점차 늘려가자. 처음부터 아이가 10여분을 기다릴 수 있으리라는 기대는 금물이다.

• 아이와의 약속을 반드시 지키자 •

욕구를 참는 훈련을 할 때는 합리적인 이유가 있어야 한다. 또, 아이와 약속을 하되 그 약속은 반드시 지켜야 한다. 예를 들어, 아빠가 급하게 출장을 가야 하는데 아이가 같이 농구공을 사러 가자고 한다. 이럴 때는 지금은 급히 출장을 가야 하니 다녀와서 농구공을 사러 가자고 약속한다. 출장에서 돌아온 후에는 반드시 약속대로 농구공을 사러 가야 한다. 그렇지 않으면 아이는 부모에 대한 신뢰를 잃어버린다. 아이와 한 약속은 반드시 지키자. 아이가 부모의 말에 신뢰를 가져야 욕구를 참는 훈련을 계속 해나갈 수 있다.

• 분명한 태도를 보이자 •

욕구 참는 훈련을 할 때 부모는 분명한 태도를 보여야 한다. 말투는 분명하고 단호해야 하며 조금도 타협의 여지를 주지 않아야 한다. 아이가 울면서 떼를 쓰면 다른 방법으로 아이의 주의를 끌거나 분산시켜서 아이가 기다릴 수 있게 만든 다음 요구를 들어준다. 어느 정도 훈련이 되면 아이도 떼쓰는 것이 통하지 않는다는 사실을 깨닫고 얌전히 기다릴 것이다.

• 때와 장소, 상황에 맞게 욕구 참는 훈련을 실시하자 •

욕구 참는 훈련은 반드시 때와 장소, 상황에 맞게 행해져야 한다. 늦은 시간에 아이가 먹을 것을 찾을 때 욕구 참는 훈련을 한다고 아이를 울리면 소음으로 이웃에 방해가 된다. 아이의 요구에 대해 바로 들어줄 수 있는지, 잠시 기다리게 해야 하는지, 아니면 절대로 들어줄 수 없는 요구인지를 판단해야 한다. 아이 교육을 위해 타인에게 피해를 주지는 말아야 한다는 점을 명심한다.

아이가 주관을 가지고 선택하게 하라

귀한 내 자식이 고생할까 봐 모든 일을 도맡아 처리하는 것은 물론 자녀의 인생 설계까지 자신들이 정해놓은 대로 따를 것을 강요하는 부모들이 있다. 이러한 부모 밑에서 자라는 아이는 자아를 상실하고 성인이 된 후에도 여전히 부모의 그늘을 벗어나지 못한다. 이 시대는 개개인의 자주적인 선택을 요구하며 주관이 뚜렷한 인재를 원한다. 부모의 말을 맹목적으로 따르는 자녀는 사회에 나가서도 남의 말을 생각 없이 추종하는 사람으로 성장하기 쉽다. 이와 같은 사람들에게 삶의 이상이나 애써 추구하려는 목표가 있을 리 없다. 그들이 늙어서 지난 삶을 돌아보면 해놓은 것 하나 없이 무의미하게 살아온 인생의 실패에 가슴만 쓰릴 것이다.

현대 경영학의 대부 피터 드러커는 다음과 같이 말했다.

"미래의 역사학자들이 주장하는 21세기의 가장 큰 변혁은 기술이나 시스템의 혁신이 아닌 인류 생존 형태의 변화다. 이 시기의 사람들은 더 많은 선택을 하게 되며 자신을 적극적으로 관리해야만 한다."

이는 시대가 변했으며 필요한 인재상도 바뀌었음을 알려주는 말이다. 예측 불가의 변화무쌍한 시대를 맞아 인재의 정의에도 변화가 생겼다. 기업에서는 많은 사람들이 결정권을 가지고, 기업을 위해 더 많은 이윤을 창출하고 기업을 성장시킬 수 있는 아이디어를 짜내느라 고심한다. 그 외의 사람들도 무엇을 하며, 어떻게 할지를 고려해야 한다. 직원들은 더 이상 어제의 업무를 반복하지 않는다. 끊임없이 사고하며 스스로 일을 기획해야 한다. 요컨대 오늘날 기업이 요구하는 인재는 적극적이고 능동적이며, 자기 주도적인 사고와 뚜렷한 주관의 소유자들이다.

자녀의 자립심을 키워주기 위해서는 부모가 자녀에게 스스로 선택할 수 있는 권리를 줌으로써 살아가면서 매사에 이성적인 선택을 할 수 있는 주관을 갖게 해야 한다. 그러기 위해서는 평소 의식적으로 아이의 선택 능력을 훈련시켜야 한다. 가령, 아이 스스로 장난감이나 옷을 고르게 하거나, 중요한 일을 아이가 스스로 선택할 수 있도록 지도한다. 대체로 독립적 성향이 있고 책임감과 판단력이 강한 아이가 선택을 할 때도 확고한 자기 주관이 있다. 뿐만 아니라 어떤 일에도 이성적으로 판단할 수 있다.

성인이 된 자녀가 아직도 매사에 결정을 잘 못 내리고 다른 사람에게 의존한다면 그는 결코 사회에서 존중받지 못할 것이다. 주관이 뚜렷하고 스스로 선택을 할 줄 아는 사람만이 치열한 사회에서 생존하며 성공할 수 있다.

{ …… }

지략이 뛰어나기로 유명했던 제갈량은 어릴 때부터 주관이 뚜렷해서 어떠한 상황에서도 해결 방법을 스스로 생각해내곤 했다. 제갈량의 스승 사마휘는 그를 매우 아꼈으며, 사마휘의 부인도 총명한 제갈량을 귀여워했다.

그때는 시계가 없어 해시계로 시간을 재던 시절이라 날씨가 흐리면 시간을 알 수 없었다. 제시간에 수업을 시작하고 마치기 위해 사마휘는 집에서 키우던 수탉을 훈련시켰다. 즉, 날마다 정해진 시간에 먹이를 주어 그 시간만 되면 울게 한 것이다. 제갈량은 더 많이 배우고 싶은 욕심에 스승에게 공부 시간을 늘려달라고 간청했으나 사마휘는 여전히 수탉의 울음소리에 맞춰 공부를 끝냈다.

영리한 제갈량은 수탉이 우는 시간을 늦추면 수업 시간을 늘릴 수 있을 거라 생각했다. 그래서 공부를 하러 갈 때마다 주머니에 곡식을 조금씩 챙겨가서 수탉이 울려 할 때마다 이를 먹였다. 배가 부른 수탉은 정해진 시간에 울지 않았다. 얼마 후 수탉이 제시간에 울지 않은 것을 수상히 여긴 사마휘는 제갈량이 닭에게 먹이를 줬다는 사실을 알게 되었다. 제갈량은 스승에게 크게 야단을 맞았다. 그러나 배우기를 좋아하고 주관 있는 제갈량을 보며 스승 사마휘는 흐뭇함을 감출 수 없었던 것도 사실이다.

어릴 때부터 주관이 뚜렷했던 제갈량은 열심히 노력해서 많은 지식을 습득한 끝에 천문학과 지리에 정통한 인재로 성장했다.

주관이 확고해야 큰일을 이룰 수 있으며, 옳고 그름을 이성적으로 판단할 수 있다. 아이가 지능이 남보다 뛰어나거나 특별한 재능을 갖추지 않았다 해도 주관이 뚜렷한 인물로 키우는 것은 충분히 가능하다. 사는 데에 좋은 머리보다 뚜렷한 주관이 훨씬 중요하다. 아무리 머리가 좋아도 주관이 없다면 잘못된 길로 빠지기 쉽다. 이와 반대로 머리는 좋지 않아도 주관이 뚜렷하다면 어떠한 유혹 앞에서도 이성적인 선택을 할 수 있다.

많은 부모들이 일방적으로 지시하는 것이 습관이 되어 자녀의 의견은 묻지 않고 자신들의 지시에 무조건 따를 것을 요구한다. 세상 물정 모르는 어린아이와 의논해봐야 소용없다 여기기 때문이다. 그러나 아무리 어려도 자녀는 어엿한 가족의 일원이다. 따라서 부모의 말만 따르도록 할 게 아니라 어릴 때부터 선택의 권리를 경험하게 해줘야 한다. 예를 들어, '오늘은 어떤 옷을 입을지, 어떤 음식을 먹을지, 누구랑 놀 것인지'와 같은 작은 선택을 아이 스스로 하도록 유도한다. 좀 더 중요한 일은 부모와 아이가 함께 의논하되, 아이의 선택이 원칙을 벗어나지 않는 한 부모는 아이의 선택을 존중해야 한다.

설사 아이의 결정이 현명하지 않거나 유치해 보일지라도 최대한 수용하고 진심으로 칭찬해야 한다. 겉으로만 칭찬한다는 느낌을 받으면 아이는 오히려 자괴감을 느낄 수 있다. 주관을 키워주는 훈련을 할 때 부모는 반드시 인내심을 가져야 하며, 조급하게 생각하거나 다른 이유 때문에 아이가 스스로 연습할 기회를 빼앗아서는 안 된다. 자녀는 언젠가 부모의 품을 떠나 스스로 살아가야 한다. 자녀가 미래에 독립적으로 생존할 수 있도록 부모는 자녀가 주도할 수 있는 기회를 많이 줘야 한다.

인생의 주인은 자기 자신이다. 사랑한다는 이유로, 또는 낳아줬다고 해서 부모가 자녀 인생의 주인이 될 수는 없다. 아이가 장차 씩씩하고 강인한 태도로 자신의 삶을 대하고 경쟁에 임하게 하려면 부모가 지나친 개입을 하지 말고 아이에게 선택권을 주어 자기 인생을 스스로 선택하게 하자.

아이의 주관을 길러주는 법

• 아이가 원하는 것을 말하게 하자 •

자녀 스스로 선택하도록 유도하는 훈련을 하는 동안에도 부모의 뜻을 따르지 않는다며 아이를 꾸짖는 경우가 많다. 그동안 부모가 아이의 모든 일을 도맡아 하던 습관이 남아 있어서다. 자녀가 부모가 원하는 대로 하지 않을 경우 자녀에게 의견을 말해보라고 격려하며 스스로 선택할 기회를 줘야 한다.

• 명령하지 말고 타이르자 •

명령조의 말투를 타이르는 말투로 바꾸고 아이와 대화를 나눠보자. 아이가 밤에 잠을 자지 않는다고 그 자리에서 텔레비전을 꺼버리고 방에 들어가 자라고 하면 아이는 강요당한다고 느껴 기분이 나쁠 것이다. 그러나 마음을 가라앉히고 "벌써 10시구나. 내일 아침 7시에 일어나서 학교에 가야 하는데 지금 안 자면 내일 일어날 수 있겠니?"라고 부드럽게 말하면 아이는 스스로 생각해본 후 판단을 내릴 것이다.

아이가 어떠한 결정을 내리든 선택에 대해 스스로 책임지도록 한다. 예를 들어, 아이가 잠을 자지 않겠다고 했다면 아침에 늦잠을 자서 지각하는 한이 있어도 절대 깨워주지 않아야 한다. 지각을 해서 선생님에게 꾸중을 들은 후 아이는 일찍 자야겠다는 판단을 스스로 내릴 것이다.

• 독립적으로 사고하는 습관을 길러주자 •

자녀가 어떤 문제에 직면하면 부모는 아이에게 독립적으로 생각할 시간을 주고 최대한 스스로 문제 해결 방법을 생각하게 한다. 사안이 중대하다면 당연히 조언을 해줘야 한다. 학교를 선택해야 하는 경우를 예로 들어보자. 명문 학교에 가면 공부에 대한 부담이 크고 힘은 들지만 더 강해질 수 있고, 일반 학교에 가면 공부 부담은 덜겠지만 자율성이 강해 다양한 일을 경험할 시간이 많을 거라고 말해준다. 이와 같은 식으로 자녀와 함께 장단점을 분석한 후에 자녀 스스로 선택하게 하면 훨씬 이성적인 결과를 이끌어낼 수 있다.

• 아이가 주도하는 기회를 많이 제공하자 •

가족 나들이나 친지를 방문하는 일은 자녀가 주도하여 계획할 수 있다. 그 대신 도중에 문제가 생기면 아이 스스로 책임을 져야 한다는 점을 알려줌으로써 충분한 시간을 두고 꼼꼼히 계획하게 한다. 여행 중 문제가 생기더라도 부모는 서둘러 문제를 해결해주려 하지 말고 아이 스스로 해결 방안을 생각하게 한다. 부모가 지도하거나 조언을 할 수는 있지만 선택은 아이에게 맡겨야 한다. 이렇게 하면 양호한 사고 습관을 기르는 데 도움이 되어 주관이 뚜렷하고 독립적인 사고 능력을 갖출 수 있다.

아이들이 태어날 때부터 주관이 없었던 것은 아니다. 부모의 통제를 받아오면서 스스로 해볼 용기가 없거나 기회가 없었을 뿐이다. 자녀를 주관이 뚜렷한 사람으로 키우고 싶다면 선택권을 아이에게 넘겨주고 스스로 결정할 기회를 많이 제공해야 한다.

아이에게 옳고 그름을 분별하는 힘을 길러줘라

아이들은 순수하고 꾸밈이 없기 때문에 그들의 눈에 비치는 세상은 언제나 아름답다. 부모는 아이의 순수한 영혼이 추한 것에 오염될까 봐 좋은 것만 보고 듣게 하려 애쓴다. 그러나 연령이 높아지고 바깥세상에 노출될 기회는 많아지는데 옳고 그름, 선과 악에 대한 개념이 형성되지 않았다면 자신은 물론이고 타인을 해치는 일을 저지르기 쉽다.

자녀를 언제까지나 동화 속에서 살게 하기란 불가능하며 언젠가는 복잡한 세상에 내보내야 한다. 자녀가 인지 능력이 생기면 옳고 그름을 분별하는 능력을 길러줘야 한다. 평소에 사물의 좋고 나쁨을 인식하게 인도하여 옳고 그름을 판단하는 기준을 세우게 한다. 확실한 분별 능력이 생기면 문제가 생겼을 때 이성적인 판단을 할 수 있으며 부모가 곁에 없어도 스스로 판단하는 힘이 생긴다.

부모는 자녀의 최초이자 평생의 스승이다. 그만큼 아이에게 모범이 되어야 하는 것이다. 과자 봉지나 아이스크림 막대기를 아무 데나 버리는 아이들을 가끔 볼 수 있다. 이는 쓰레기를 아무 데나 버리면 안 된다는 사회적 규범을 위반한 행동이다. 부모가 자녀에게 그것이 잘못된 행동이라는 것을 가르치지 않았거나 부모 자신도 아무 데나 쓰레기를 버리면서 좋은 본보기를 보여주지 않았기 때문이다. 이러한 부모 밑에서 자란 아이는 자신도 모르게 습관이 되어 쓰레기통이 바로 옆에 있더라도 아무 데나 쓰레기를 버리게 된다.

사회는 아이가 자연스럽게 분별 능력을 훈련할 수 있는 최적의 장소다. 어린 자녀는 집중하는 시간이 짧고 이해력도 떨어지기 때문에 무턱대고 옳고 그름의 개념을 설명할 것이 아니라 실제로 벌어지는 상황을 예로 들어가며 지도해야 한다.

{ …… }

　　서준이는 어릴 때부터 할아버지와 할머니 손에 자랐다. 유치원에 갈 때도 할아버지나 할머니와 함께였다. 부모님이 데려다주는 다른 친구들이 부러웠던 서준이는 자기도 엄마, 아빠가 직접 데리러오기를 바랐다. 서준이의 생각을 알게 된 엄마, 아빠는 최대한 시간을 내서 아이의 요구를 들어줘야겠다고 결심했다. 어느 날 서준이가 눈을 뜨자마자 아빠가 말했다.

　　"어서 아침 먹어. 오늘은 아빠가 유치원 데려다주마."

　　서준이는 뛸 듯이 기뻤다. 서둘러 아침을 먹고 가방도 스스로 챙겨 메고는 아빠를 재촉했다. 아빠와 서준이는 기쁜 마음으로 집을 나섰다. 그러나 이때 갑자기 비가 내리기 시작했다. 아빠가 동네 어귀에서 택시를 잡으려 했지만 비가 와서인지 지나가는 택시가 없었다. 한참을 기다려서야 겨우 택시 한 대가 보였다. 아빠는 재빨리 손을 들어 차를 세웠다. 두 사람이 막 택시에 오르려는 순간 한 젊은 남성이 차 문을 열더니 먼저 앉아버리는 것이 아닌가. 아빠는 아랑곳하지 않고 서준이를 데리고 차에 올라탔다. 당연히 먼저 탄 남자와 실랑이가 벌어졌고 마침내 그 남자가 차에서 내렸다. 유치원 입구에 도착해서 서준이가 말했다.

　　"아빠가 잘못했어요."

　　"뭘 말하는 거니?"

"아저씨가 먼저 탔으니 아저씨한테 택시를 양보했어야죠."

서준이의 반응이 의외였던 아빠가 입을 열었다.

"먼저와 나중이 뭔지 아는 것을 보니 우리 서준이 다 컸구나. 그런데 택시는 먼저 부른 사람이 타는 것이지 먼저 앉은 사람이 타는 게 아니란다. 우리가 손을 들어 택시를 세웠을 때 분명히 아무도 없었는데 차가 서자마자 그 아저씨가 나타났잖니? 만약 그 아저씨가 먼저 차를 세웠다면 아빠도 절대 타지 않았을 거야."

아빠의 설명을 듣고 나니 서준이는 그 상황을 이해할 수 있었다.

사례에서 봤듯이 아이가 어느 정도 판단 능력이 생기면 주변에서 일어나는 일에 대해 자기 생각을 말하게 된다. 이는 옳고 그름을 판단할 수 있는 좋은 출발점이다. 그러나 아이는 경험이 부족하기 때문에 문제의 전반적인 면을 판단하기 어렵다. 이때 서준이 아빠처럼 옳고 그름을 판단할 수 있는 기준을 제시하는 부모의 역할이 필요하다.

예절과 규칙을 지키는 아이는 누구에게나 사랑받으며, 이러한 자녀로 키우는 것이 모든 부모의 목표이기도 하다. 그러나 많은 부모들이 입으로는 교통 법규를 지키라고 하면서 정작 자신은 아이가 보는 데서 신호를 위반한다. 이와 같은 언행 불일치는 아이를 혼란에 빠지게 하며 옳고 그름을 분별하는 능력에 역효과를 미친다. 따라서 부모가 솔선수범하여 자신을 먼저 단속해야 한다.

자녀에게 옳고 그름을 분별하는 능력을 가르치는 것은 부모의 중요한 임무에 속한다. 분별 능력을 배운 아이는 이성적으로 일을 처리할 뿐만 아니라 일의 원인과 결과, 경중과 완급을 판단할 수 있다. 옳고 그름을 분별하는 능력은 성공을 위해 반드시 갖춰야 할 덕목이며, 자녀에게 이러한 능력을 길러주는 것은 꿈을 마음껏 펼칠 날개를 달아주는 일과 같다. 단, 부모가 엄격하게 실천한다고 해서 아이의 분별 능력이 저절로 길러지는 것은 아니며 다른 측면의 지도를 병행해야 한다. 다음의 방법을 실천해보자.

아이에게 분별 능력을 길러주는 법

• 동화책을 이용하자 •

시중에는 그림을 이용해 무엇이 옳고 그른지를 다루는 동화책이 많이 나와 있다. 부모는 자녀와 동화책을 보면서 그림 속 인물의 어떤 행동이 옳고 그른지에 대해 이야기를 나누며 아이의 분별력을 키워줄 수 있다. 쓰레기를 아무 데나 버리는 장면과 쓰레기통에 버리는 장면을 비교해보며, 그림 속의 아이가 무엇을 하고 있고 어떤 행동이 옳고 어떤 행동이 잘못되었는지 아이와 이야기해볼 수 있다. 옳은 행동과 옳지 않은 행동의 대비를 통해 변별 능력을 높이는 것이다.

• 의식적으로 상황을 연출하자 •

평소에 의식적으로 상황을 연출함으로써 부모는 아이의 옳고 그름의 분별 능력을 지도할 수 있다. 예를 들어, 버스에 탔을 때 아이가 양보하는 장면을 직접 관찰하며 분석하게 하는 것도 한 가지 방법이 될 수 있다. 자녀를 교육할 때는 몸으로 보여주는 것이 주가 되고 말은 보조 수단이 되어야 한다. 부모는 자신의 행동이 아이에게 좋은 본보기가 되고 있는지 늘 주의하며 아이에게 올바른 개념을 심어줄 수 있도록 노력해야 한다.

• 서두르지 말고 차근차근 가르치자 •

옳고 그름을 분별하는 능력은 점진적으로 강화되기 때문에 시간과 인내가 필요하다. 자녀의 행동에 대해 부모가 긍정과 부정의 태도를 확실하게 나타내야 아이는 어떤 행동이 옳고 어떤 행동이 그른지 알 수 있다. 아이가 자신의 행동에 대해 간단한 판단 능력이 생긴 다음에는 아무 데나 쓰레기를 버리거나 침을 뱉으면 안 된다는 등의 기본적인 도덕규범을 지도해야 한다. 아이는 이러한 도덕규범을 익히면서 옳고 그름에 대한 분별력을 길러나갈 것이다.

아이에게 반성하는 법을 가르쳐라

처음으로 한 아이의 아빠가 된 날부터 아빠들은 막중한 책임감을 느낀다. 아이에게 풍부한 물질적 환경을 마련하는 것은 물론 좋은 교육을 시키기 위해 최선을 다한다. 이러한 과정 속에서 아빠는 자연스럽게 아이의 첫 번째 선생님이 된다. 많은 아빠들이 아이가 건강하고 행복하게 자라게 하기 위해 가정 교육에 관해 공부하며 연구하고 있다.

그러나 부모가 아무리 열심히 해도 아이에게 가르쳐줄 수 있는 것은 이치와 방법에 지나지 않다. 자녀가 자기 인생의 진정한 주인이 되게 하려면 반드시 반성하는 법을 가르쳐야 한다. 반성은 사람이 자신을 알아가고 분석하며 발전시키는 유용한 과정이다. 반성은 자신의 생각과 행동을 깊이 있게 검토하며 부족한 부분을 고쳐나가는 것이다. 반성을 아는 사람은 즐겁고 행복해질 수 있으며 성공적인 삶을 영유할 수 있다. 하지만 반성할 줄 모르는 사람은 나이가 아무리 들어도 마음은 성장이 덜된 사람이다. 끊임없는 자아 반성만이 자신의 잘못과 부족한 부분을 즉시 발견하게 하며, 이를 개선하는 과정에서 스스로를 업그레이드하고 자신의 인생을 정확하게 파악할 수 있다.

살다 보면 뜻대로 되지 않는 일이 많다. 이럴 때 남을 원망하는 태도가 몸에 밴 사람은 아무것도 이룰 수 없다. 반면, 자신에게서 문제점을 찾고 끊임없이 반성하고 고쳐나가는 사람은 마침내 자신의 위치를 찾고 성공에 더 가까이 다가간다. 아이에게 스스로 반성하는 법을 가르치는 것은 즐겁게 성장할 수 있는 비장의 무기를 선물하는 일과 같다.

{ …… }

훈이에게 동물을 사랑하는 마음을 길러주기 위해 아빠는 금붕어 두 마리를 사다줬다. 훈이는 기뻐서 입이 저절로 벌어졌다. 물속을 자유롭게 헤엄치는 금붕어의 모습이 신기했다. 어느 날 어머니는 훈이가 거실에서 크게 웃는 소리를 들었다. 가까이 가보니 금붕어가 바닥에서 팔딱거리고 있었다. 훈이는 금붕어의 이 모습이 우스웠던 것이다. 깜짝 놀란 어머니가 훈이를 꾸짖었다.

"물고기를 바닥에 꺼내놓으면 어떡해? 이러다간 금방 죽어버린다. 어서 어항에 넣어주지 않고 뭐해!"

그러나 훈이는 아랑곳하지 않고 금붕어가 괴롭게 팔딱거리는 모습을 계속 지켜봤다. 이 소란에 아빠도 거실로 나왔다. 그리고는 훈이에게 말했다.

"지난번에 아빠와 등산 갔을 때 물병을 깜박하고 갔다가 산 중턱에서 목이 말라 혼났던 일 기억나니?"

"그럼요. 얼마나 힘들었는지 몰라요."

"금붕어도 마찬가지로 물이 있어야만 살 수 있단다. 그런데 물속에 있어야 할 금붕어를 바닥에 꺼내놓았으니 얼마나 괴롭겠니? 물고기는 물을 떠나면 금방 죽어버려. 쉴 새 없이 몸을 펄떡이는 것은 살기 위해 발버둥 치는 거야."

훈이는 그제야 자신의 잘못을 깨닫고 금붕어를 어항에 다시 넣어줬다. 아빠가 실제 사례를 차근차근 들어가며 훈이가 자신의 행동을 돌아보게 함으로써 교육의 효과를 발휘시킨 것이다.

자아 반성 능력을 갖춘 사람은 매사에 이성적으로 대처할 뿐 아니라 일의 이득과 폐단을 진지하게 분석한다. 그러나 반성할 줄 모르는 사람은 좌절과 어려움 앞에서도 생각 없이 아무렇게나 행동한다. 아이의 이성은 반성하는 능력을 바탕으로 길러진다. 그러나 이 능력도 어디까지나 부모의 지도 아래 길러지는 법이다. 부모는 아이가 미래를 성공으로 이끌 수 있도록 반성하는 방법을 가르쳐야 한다.

　아이의 잘못된 행동에 대해서는 즉시 바로잡아주되 지나치게 꾸짖어서는 안 된다. 자칫하면 자신의 행동에 대한 자책감을 심어줌으로써 비관적인 성품을 형성시킬 수 있기 때문이다. 부모가 부드러운 말투로 간단한 사례와 함께 아이의 잘못을 상기시켜준다면 아이는 자신의 잘못을 반성하면서 조금씩 철이 들어갈 것이다.

　반성은 '잘못했습니다'라는 말 한 마디로 끝나는 것이 아니며, 잘못을 인식하고 반성한 후 교훈을 얻는 것의 세 가지 과정을 거친다. 아이가 잘못을 저지르면 부모는 즉시 이를 지적하여 아이가 자신의 잘못을 인식할 수 있게 한 다음 스스로 반성할 기회와 시간을 준다. 반성은 잘못을 저지른 경우에만 하는 게 아니다. 날마다 하루를 돌아보는 일을 습관화함으로써 이후 유사한 잘못을 저지르는 일을 줄일 수 있다. 부모는 아이가 반성을 통해 자신의 장단점을 발견할 수 있도록 격려하고 잘못을 바로바로 고칠 수 있게 지도해야 한다.

　반성은 사람의 성장에서 중요한 역할을 한다. 마치 높이뛰기에서 도움닫기를 하면 힘을 모아 더 높이, 더 멀리 뛸 수 있는 것과 같다. 반성의 참뜻은 자신의 잘못과 부족한 부분을 용기 있게 인정하고 고쳐나가는 데 있다. 반성을 아는 사람은 실패를 경험하면서 더 용감하고 강인해지며 이성적으로 문제를 해결한다. 반성할 줄 모르는 아이는 열등감을 느끼거나 안하무인으로 행동하는 극단적인 태도를 보이기 쉽다. 또, 자신이 제대로 해내지 못할 것이라 생각하여 아예 포기하거나 대충 넘기려고 한다.

"제가 멍청하고 바보라서 못하겠다는데 어쩌란 말이에요?"

매사에 이와 같은 식으로 반응하는 아이라면 교육을 진행하기 어렵다. 따라서 부모는 아이가 일상의 잘못과 행동을 스스로 반성할 수 있도록 이끌어야 한다. 이러한 관점에서 날마다 하루를 돌아보게 하는 것이 가장 이상적이다. 반성은 성공의 기반이며 끊임없이 반성해야 비로소 순탄한 성장 과정을 겪을 수 있다.

아이에게 올바른 반성 태도를 길러주는 법

• 온화한 태도를 유지하자 •

직접적으로 아이의 잘못을 지적하거나 비난해서는 안 된다. 배려 있는 태도와 온화한 말투로 아이와 대화를 나누며 편안한 분위기를 조성해서 아이가 자신의 생각을 말할 수 있게 한다. 이어서 잘못된 부분을 짚어주며 아이 스스로 잘못을 깨닫고 반성할 수 있도록 지도한다.

• 아이 스스로 잘못의 결과를 감당하게 하자 •

자녀를 사랑하다 보니 아이가 잘못을 저질러도 부모가 나서서 감당하려는 모습을 보인다. 이러한 태도는 아이의 책임감을 떨어뜨리며, 나아가 잘못을 저지르는 심리를 조장할 수 있다. 아이는 자신의 잘못을 대수롭지 않게 여기며 유사한 잘못을 되풀이하게 된다.

아이가 잘못을 한 후에 스스로 그 결과를 감당하게 해야 한다. 아이는 자신의 행동이 초래한 결과를 분명히 인식하면서 비로소 자신의 행동을 반성한다.

• 부정적인 감정의 효과를 중시하자 •

우리는 주로 긍정적인 면을 강조하는 도덕 교육을 통해 아이의 올바른 태도를 길러주려 한다. 그러나 때로는 부정적인 느낌을 강조하는 교육도 아이의 반성 훈련에 도움이 된다.

아이가 창피함이나 양심의 가책을 느끼면 스스로 반성하며 자신의 행동을 정확히 인식할 수 있다. 아이에게 이러한 감정을 가지게 함으로써 아이가 옳고 그름에 대해 스스로 평가를 내리게 한다. 또한, 부정적인 감정은 긍정적인 감정보다 아이에게 더 깊은 인상을 남길 수 있다.

• 아이 스스로 처벌 방식을 선택하게 하자 •

아이가 잘못을 저질렀을 때 부모는 아이가 잘못한 점이 무엇인지 분명히 알려줌과 동시에 잘못을 하면 처벌이 따른다는 점도 인식시켜야 한다. 처벌은 아이가 잘못을 깊이 새기고 같은 잘못을 되풀이하지 않아야겠다고 스스로에게 경종을 울리는 데 그 목적이 있다. 몇 가지 처벌 방식을 제시하고 아이가 그중 하나를 직접 선택하게 함으로써 이를 받아들일 수 있도록 한다.

아이가 이웃집 아이를 때린 상황을 예로 들어보자. 부모는 아이에게 사람을 때리는 일은 잘못된 것이며 벌을 받아야 한다고 알려준다. 아이가 자신의 잘못을 깨닫고 나면 부모는 몇 가지 처벌 방식을 제시하고 아이에게 직접 선택하게 한다. 아이가 가장 좋아하는 간식을 이웃집 아이에게 선물하게 한다거나, 가장 좋아하는 장난감을 하루 동안 빌려주게 할 수도 있다. 스스로 고른 방식이기 때문에 아이는 처벌을 기꺼이 받아들일 뿐 아니라 그 효과도 크다.

아빠만이 가르칠 수 있는 9 가 지 아 이 인 성

5

독립

―――――― ★ ――――――

아이가 책임을
감당하게 하라

아이의 인생에서 부모는 일부만 함께할 수 있을 뿐이다.
나머지 여정은 아이 혼자 걸어가야 한다.
스스로 찾아낸 삶의 아름다움과 행복은 더 아름답다.
아이에게 상대적으로 자유를 주고
책임을 지게 함으로써 자립심을 키워줄 수 있다.
자립심이 큰 아이는 미래의 인생을 향해
한 걸음 한 걸음 안정적으로 내딛으며
주변의 아름다운 풍경을 감상할 수 있다.

아이가 심리적 이유기를 잘 보내도록 도와라

심리학자들은 모든 사람이 심리적 이유기를 겪으며, 이 시기는 대개 중학교 때 나타난다고 주장한다. 세상 물정 모르는 아이에서 격정의 사춘기에 들어서면서 사람들은 많은 심리 변화를 겪는다. 자신만의 비밀이 생기고 더 이상 부모 말에 고분고분한 아이가 아니다. 부모의 보호에서 벗어나 독립을 시도하는 것이다. 이는 사춘기 자녀의 뚜렷한 특징이며, 심리학자들은 이 시기를 '심리적 이유기'라 부른다.

사춘기에 들어선 자녀는 겉모습은 다 자란 어른이지만 심리적, 생리적으로 아직 미숙하며 감정 변화가 들쑥날쑥하다. 자녀의 변화로 인해 부모들은 전반적인 어려움을 겪는다. 아이들은 부모에게 자기 생각을 좀처럼 드러내려 하지 않는다. 그러면서도 한편으로는 부모가 자기를 이해해주지 않는다고 불만을 터뜨린다. 이 시기 부모의 태도는 매우 중요하다. 만약 자녀를 질책하고 관심을 기울이지 않으면 아이는 반항심만 키울 것이다.

이 시기의 아이들은 한편으로는 독립을 갈망하면서 다른 한편으로는 부모에 의존적인 심리를 나타낸다. 부모는 이러한 아이들을 어떻게 이끌어야 할지 난감하다. 반항하는 심리는 갈수록 심해지고 성격도 거칠게 변한다. 학교에서는 친구들과 싸우는 일이 잦고 집에서는 부모와 대립하여 부모가 동쪽으로 가라고 하면 자녀는 한사코 서쪽을 고집한다. 부모의 의견이 맞는지 아닌지 따져보지도 않고 무조건 반항부터 하는 것이다. 이들은 영문 모를 외로움에 사로잡혀 친구, 선생님, 부모가 자신을 이해하거나 받아들이지 않는다고 생각한다. 게다가 이와 같은 고민을 다른 사람에게 털어놓으려 하지도 않는다. 따라서 부모는 아이의 마음을 알아주는 친구가 되고 아이의 마음의 소리에 귀 기울여야 한다. 또한, 이 시기 자녀의 심리를 포착하여 아이가 심리적 이유기를 무사히 지낼 수 있게 도와야 한다.

그럼에도 불구하고 많은 부모들이 자녀의 변화에 당황하며 다 키워놓으니 부모에게 대든다며 한탄한다. 사춘기 자녀의 교육은 부모에게 큰 난제라 할 수 있다.

{ …… }

현주는 학교 성적이 줄곧 우수하여 늘 엄마의 자랑이었다. 그런데 중학교에 진학한 후 성적이 뚝 떨어졌다. 쾌활하던 성격도 변해서 엄마와는 말을 잘 하지 않았으며 친구들과도 친하게 지내지 않았다. 외부와의 소통은 거의 SNS로만 했다.

현주의 부모는 공부를 열심히 해야 좋은 대학에 갈 수 있다고 타일렀지만 현주는 묵묵부답으로 일관했다. 엄마의 잔소리가 길어지면 방으로 들어가 문을 닫아버렸다. 집에 돌아오면 손도 까딱하지 않았으며 옷을 갈아입고는 입던 옷을 아무 데나 팽개치기 일쑤였다. 무엇보다 부모님을 속상하게 한 것은 부모를 이해하지 않고 거리를 두며 마음을 열지 않는 현주의 태도였다. 학교에서 일찍 돌아온 날도 숙제를 미뤘으며 집안일을 돕지 않았다. 맞벌이를 하는 부모가 늦게 귀가해도 뾰로통한 얼굴로 대했다. 현주의 엄마, 아빠는 몇 번이나 현주와 대화를 시도했지만 그때마다 실패로 돌아갔다.

현주가 그토록 변한 이유가 무엇일까? 정서적으로 문제가 생긴 것은 아닐까? 이 고민은 비단 현주의 부모만이 아니라 사춘기 자녀를 둔 모든 부모의 고민일 것이다. 사실 현주의 상황은 심리적 이유기인 사춘기의 전형적 모습이다. 아이들은 속으로는 부모에 의존하면서도 부모의 감독으로부터 벗어나 독립을 꿈꾸는 심리를 표출하고 있다. 자녀의 이와 같은 태도에 너무 걱정할 필요는 없다. 이 시기 자녀들의 심리는 무척 취약해서 자존심이 강하지만 행동은 정반대로 나타난다. 부모에 대한 반항으로 자신의 취약함을 감추려 하며, 미래에 대한 불안감과 함께 현재 상황에 큰 불만을 품고 있기 때문이다.

곤충이 탈피의 과정을 겪듯이 사춘기는 어른이 되기를 준비하며 껍질을 벗는 변화의 시기다. 심리적으로 많은 고통을 감당해야 하는 이 시기 아이들은 정서가 매우 불안정하다. 그러므로 부모는 교육 방법에 변화를 모색해야 한다. 기존의 방법을 고집하여 아이에게 일방적으로 지시만 내린다면 아이는 반항심이 생겨 부모의 교육에 따르지 않고 자신만의 세계로 숨어버릴 것이다.

자녀가 온종일 말도 하지 않고 대화를 피하면 부모는 몹시 걱정이 된다. 이럴 때는 부모의 심정을 허심탄회하게 알리고 아이의 생각을 말해보도록 유도하거나 부모와 함께 산책을 가자고 권해보기 바란다. 온화하고 협조적인 말투로 아이와 대화를 시도하면 아이가 자신의 생각을 털어놓을 가능성이 크다.

부모는 자녀가 언젠가 품을 떠나 독립해야 한다는 사실을 인정할 필요가 있다. 아이에게는 스스로 인생을 설계할 권리가 있다. 부모는 자녀의 성장 과정에서만 보호자로서 인도할 의무와 권리를 가질 뿐이다. 그러므로 부모가 아이의 인생 전반을 설계하려 해서는 안 되며, 자녀가 매사에 부모의 생각대로 행동하기를 강요해서는 안 된다. 특히 반항기 자녀들의 행동은 독립을 갈망하며 부모의 보호를 벗어나려는 움직임인 경우가 대부분이다. 이때 부모는 아이를 이해하고 믿어주며, 아이가 심리적 이유기를 무사히 넘길 수 있도록 도와야 한다.

아이의 심리적 이유기를 무사히 보내는 법

• 아이의 심리적 특징에 따라 적절히 유도하자 •

자녀의 반항적인 모습을 발견했을 때 부모가 지나치게 강경한 태도로 나가서는 안 된다. 자녀가 말을 듣지 않고 부모에게 반항하는 것은 그들이 독립을 원하며 자신의 뜻대로 하고 싶어 함을 의미한다. 부모는 자녀의 심리와 행동을 관찰하고 아이와 평등하게 대화하며 마음속 이야기를 들어줘야 한다. 간단한 사례와 이치를 들어 아이가 특정 상황의 이점과 폐단을 분석하도록 도와주며, 실현 가능한 조언을 해주고 아이 스스로 선택할 수 있게 해야 한다.

• 아이를 이해하고 신뢰하자 •

사춘기 자녀들은 스스로 다 자랐기 때문에 부모의 손길이 필요 없다고 여기며, 생활과 학습에서의 문제를 혼자서 처리할 능력이 있다고 생각한다. 부모는 자녀의 이러한 심리를 이해하고, 아이를 가족 간 토론에 참여시키고 아이의 의견을 들어봐야 한다. 아이가 생활과 학습에서 맞닥뜨리는 문제에 대해 부모는 될 수 있으면 참견하지 말고 필요할 때 조언만 하는 것으로 끝나야 한다. 아이가 실패하면 위로와 격려를 하고 성공했을 때는 칭찬을 해야 한다.

일상생활에서 어른도 스스로 부족함이 있음을 인정하고 잘 모르는 일은 아이에게 허심탄회하게 조언을 구해야 한다. 이렇게 함으로써 아이는 성취감과 함께 존중받고 있다는 느낌을 갖게 되며, 이를 계기로 자연스럽게 부모와의 대화에 응하게 된다. 아이를 사랑한다면 아이가 건강하고 즐겁게 성장하도록 도와줘야 한다. 심리적 이유기를 겪고 있는 자녀에게는 부모의 더 많은 이해와 신뢰가 필요하다.

• 아이와의 정면충돌을 피하자 •

자녀가 잔뜩 화가 나 있을 때 부모는 냉정함을 유지해야 한다. 아이에게 불만을 다 쏟아내게 하거나 화제를 전환하여 최대한 정면충돌을 피해야 한다. 그렇지 않으면 아이에게 부모와 대립하는 정서가 생기기 쉽고, 매사에 부모의 말을 듣지 않으려 한다. 설사 자신의 생각이 부모와 같더라도 이유 없이 부모와 반대 입장에 서려 하기도 한다. 부모는 화를 내는 아이를 침착한 태도로 대해야 한다. 마음을 가라앉히고 나서 아이와 당시의 느낌에 대해 이야기함으로써 아이가 스스로 잘못을 인식하게 하며 충동적인 버릇을 고치게 해야 한다.

아이의 일은 스스로 결정하게 하라

부모는 아이가 행복한 생활을 하고 일에서도 성공하기를 바란다. 그러나 행복과 성공의 여부는 아이 자신이 느끼는 것이며, 다른 사람이 보는 것은 표면적 현상에 지나지 않는다. 자녀에 대한 사랑이 지나쳐서 부모가 매사를 도맡아 처리해주다 보면 자녀는 마치 로봇처럼 부모가 하라는 대로만 따르게 된다. 아무리 큰 성과를 내도 자신이 원하는 결과가 아니기 때문에 아이는 시큰둥하다. 그러므로 부모는 아이에게 스스로 결정할 권리를 주고 자녀가 좋아하는 방식으로 살게 해야 한다. 그렇다고 해서 부모가 뒷짐 지고 방관하라는 의미는 아니다. 부모가 자녀를 올바르게 인도하여 어릴 때부터 독립적으로 사고하는 습관을 길러주라는 것이다.

그러나 현실은 부모들이 자녀를 지나치게 사랑하는 나머지 모든 일을 나서서 해주며 매사를 부모에 의존하게 만들어버린다. 자녀가 할 수 있는 일도 힘들다며, 혹은 공부에 방해될까 봐 부모가 대신해주는 실정이다. 아이들의 임무는 그저 잘 먹고 공부만 열심히 하면 된다. 용맹스러운 독수리로 태어났으나 부모가 주는 것만 받아먹다 보니 누군가 먹여주지 않으면 굶어 죽는 아기 참새에 머무르고 있는 것이다. 나중에 넓은 하늘로 날려 보내도 바람과 비를 견디지 못한다. 이 아이들에게 어떻게 자립심과 강인함을 기대할 수 있을까? 대학생이 되어도 여전히 부모의 그늘에서 못 벗어나는 아이들은 시험 점수만 높고 생활 능력은 형편없는 '어른 아이'에 불과하다.

    이러한 결과는 아이를 잘못 키운 부모가 초래한 것이다. 아이가 아침에 일어날 때도 부모가 서너 번은 재촉해야 겨우 이부자리를 빠져나온다. 씻고 옷을 입고 책가방을 챙기는 것도 부모가 도와주며, 아침밥도 아이 앞에 대령한다. 다 먹은 후에는 학교에 데려다주며 책가방은 으레 엄마가 메고 있다. 십대가 되어서도 부모가 집에 없으면 제 손으로 밥 한 끼 챙겨먹지 못하는 아이가 된다. 심지어 대학에 들어간 후에도 제힘으로는 아무것도 처리하지 못하여 무슨 일이라도 생기면 부모에게 전화해서 물어보는 경우가 많다. 부모의 이와 같은 사랑은 독이 되어 아이의 자립심을 헤치고 아이의 장래에 걸림돌로 작용한다. 아이는 부모가 해주는 모든 일을 당연하게 받아들이고 부모의 노고도 모르는 사람으로 자란다.

아이를 진심으로 사랑한다면 내려놓을 줄도 알아야 한다. 그리하여 아이가 자기 인생을 스스로 결정할 기회를 줘야 한다. 부모가 자녀에게 스스로 결정할 기회를 많이 줄수록 아이는 자립심과 자주성이 강해지며, 사회의 치열한 경쟁에서 밀리지 않고 자신만의 성공적 인생을 가꿀 수 있다.

{ …… }

미국의 제40대 대통령을 지낸 로널드 레이건이 어렸을 때 일이다. 어느 날 레이건은 새 구두를 맞추러 구둣방에 갔다. 구둣방 아저씨는 레이건의 발 치수를 잰 뒤 물었다.

"구두 끝을 둥글게 해줄까, 아니면 각지게 해줄까?"

레이건은 쉽게 결정을 내리지 못하고 망설였다. 그래서 집에 가서 생각해보겠다며 돌아갔다. 며칠 후 구둣방 아저씨가 구두 모양을 결정했는지 물었다. 하지만 레이건은 아직도 어느 쪽이 좋은지 결정하지 못했다.

"정 그렇다면 사흘 후에 오너라. 내가 알아서 만들어놓으마."

그 말에 레이건은 차라리 잘 됐다고 생각했다. 며칠 후 구두를 찾으러 간 레이건은 완성된 구두를 보고 할 말을 잃었다. 한쪽은 끝이 둥글고 다른 하나는 뾰족한 짝짝이 구두였던 것이다.

"이게 어떻게 된 거죠?"

당황해서 묻는 레이건에게 구둣방 아저씨가 말했다.

"이 구두는 네가 맞춘 구두가 맞아. 네가 며칠이 지나도록 결정을 못하기에 내가 모양을 결정했지. 애야, 네 일을 결정하지 못하고 있으면 다른 사람이 대신 결정해버린다는 사실을 명심해라. 스스로 결정을 내리는 일은 참으로 중요하단다."

레이건은 이 일을 계기로 스스로 결정을 내리지 않으면 다른 누군가가 엉뚱한 결정을 해버릴 수도 있다는 사실을 크게 깨달았다. 뒤늦게 후회해봐야 소용이 없다는 교훈도 함께 얻었다.

아이가 남의 말이나 지휘에 복종하기를 바라는 부모는 없다. 선택을 쉽게 하지 못하고 우유부단하기를 바라지도 않는다. 아이가 어릴 때부터 독립성과 자주성을 길러줌으로써 문제를 스스로 결정하게 해야 한다. 자기 일을 스스로 결정할 수 있어야 독립적으로 생존할 수 있으며 책임감이 있고 자신을 믿으며 다른 사람에게 감사할 줄도 안다. 서양의 부모들이 어릴 때부터 자식이 스스로 용돈을 벌어 쓰게 하는 것은 가정 형편이 좋지 않아서가 아니다. 아이에게 결정할 권리를 주고 노동의 가치를 스스로 깨닫게 하려는 목적에서다.

부모는 물고기를 주기에 앞서 물고기 잡는 법을 가르쳐야 한다. 우리가 할 일은 늘 아이의 요구를 충족시켜주는 게 아니라 아이에게 자급자족하는 방법을 가르쳐주는 것이다. 아이가 어릴 때는 사탕이나 장난감으로 아이의 욕구를 충족시켜줄 수 있다. 그러나 연령이 높아지면서 자녀가 원하는 것이 다양해지며 때로는 부모 능력 밖의 것을 요구하기도 한다. 그러므로 부모는 아이가 어릴 때부터 자립 능력을 길러줌으로써 자기 일을 스스로 결정할 수 있게 도와줘야 한다.

아이들의 세계는 어른들의 세계와는 다르다. 그들에게는 그들만의 방법이 있다. 부모는 아이가 자기 일을 처리할 수 있도록 자유를 제공해야 한다. 아이들끼리 다툼이 있을 때도 부모가 나서지 말고 스스로 처리하도록 지켜봐줘야 한다. 부모가 나서면 아이 편을 들게 되고 최악의 경우 아이는 친구를 잃게 될 수 있다. 그러므로 부모는 아이에게 결정권을 주어 자기 방식으로 일을 처리하게 맡겨야 한다.

가정 교육은 자녀의 일생에서 가장 중요하다. 부모는 손을 떼야 할 때는 적당히 내려놓고 아이에게 맡겨야 한다. 아이는 스스로 결정하고 처리하면서 뜻밖의 기쁨을 느낄 것이다. 부모가 한 발 물러나는 것은 아이를 신뢰한다는 표현이며, 아이는 더욱 자신감을 갖고 좀 더 확고한 주관을 형성할 수 있다.

아이가 스스로 결정하도록 도와주는 법

• 매사를 대신해주지 말고 아이 스스로 할 수 있게 하자 •

아이의 능력 범위 내에서 스스로 할 수 있게 해준다. 가령, 장난감을 가지고 논 후 정리하게 한다든가, 숙제를 마치고 나면 스스로 학용품을 정리하고 자기 방을 치우게 한다. 아이가 하는 것이 못 미덥다고 해서 대신해주다 보면 아이는 의존성이 커져서 부모의 도움 없이는 아무것도 못 하게 된다.

자기 일을 스스로 처리하게 하면 자립심뿐 아니라 자신감도 길러줄 수 있다. 여기에 부모의 칭찬이 더해지면 아이는 성취감과 보람을 느끼며 혼자 힘으로 하려는 욕구가 더 커진다. 이는 일종의 선순환으로 이어져 아이의 심신 건강에 도움이 된다.

• 질서 있는 사고를 갖추도록 훈련시키자 •

인간의 행동은 사고의 지배를 받는다. 조리 있는 사고를 하면 행동도 영향을 받는다. 부모는 아이가 질서 정연한 사고를 할 수 있게 유도해야 한다. 그렇게 해야 아이가 어떤 일에도 체계적인 태도로 임할 수 있다. 예를 들어, 물건을 고정된 위치에 놓도록 시킬 때는 장기적인 훈련을 통해 물건을 제자리에 갖다두는 습관을 길러줘야 한다. 아이의 연령이 높아지면 물건을 종류별로 분류하여 정리할 수 있게 유도해볼 수도 있다.

• 독립적으로 생존을 모색하는 길을 단련시키자 •

방학을 이용해 아르바이트를 체험하며 스스로 용돈을 벌게 하자. 아이는 뭔가를 얻기 위해서는 노력이 필요하다는 진리를 깨달을 것이다. 이 세상에 공기와 햇빛을 제외하고는 공짜가 없다. 나머지는 모두 고된 노동을 해야 얻을 수 있는 것이다. 그러므로 스스로 노력하는 습관을 길러주는 일은 매우 중요하다. 독립적인 정신을 갖춰야 사회에 적응할 수 있다.

아이에게
계획 세우는 습관을 길러줘라

매사를 부모에 의존하는 것은 요즘 아이들의 공통된 현상이다. 공부할 때도, 평소 생활에서도 아이들에게는 자기 주도성과 계획성이 부족하다. 공부는 선생님의 계획에 따라 진도를 나가면 된다고 생각하며, 일상생활은 부모가 계획을 세워주고 어릴 때부터 의식주를 전담하므로 자신은 잘 먹고 잘 놀고 부모의 말만 잘 들으면 그만이라고 여긴다.

그러나 선생님의 계획은 전체 학생을 상대로 하기 때문에 전반적인 면은 고려되지만 학생 개개인의 상황은 반영되기 어렵다. 따라서 개인의 계획은 각자가 세우지 않으면 학습 효과가 떨어질 수밖에 없다. 자신에게 맞는 계획을 세워 교실에서 선생님의 수업을 듣고 나서 스스로 분석하여 자기 것으로 만들어야 한다. 이것이 진정한 지식이다.

계획 없이 무엇을 해야 할지 모르는 사람은 성공하기 어렵다. 부모는 자식이 남보다 뛰어나고 성공하기를 바란다. 이로 인해 아이의 의사와는 상관없이 어릴 때부터 이런저런 과외에 열을 올리며, 아이의 일과는 부모가 짜놓은 시간표에 따라 바쁘게 돌아간다. 자녀의 앞날을 걱정하는 부모의 심정은 이해할 수 있다. 그러나 이와 같은 방식의 생활에 길들여지면 아이의 자기 주도성이 부족해진다. 부모의 철저한 계획에 따라 자란 아이는 스스로 계획을 세울 줄 모르며 모든 일에 두서가 없다. 일을 처리하는 방법을 배울 수 있는 황금 시기를 놓쳐버렸기 때문이다.

사실 아이들은 생활 계획을 스스로 세워서 자기가 원하는 시간표에 따라 생활하기를 원한다. 따라서 부모는 아이들에게 자기 시간표를 스스로 작성하게 하여 아이의 독립성과 자주성을 단련시키고 철저한 시간관념을 심어줘야 한다. 이러한 일이 거듭되면 계획 짜는 습관을 자연스럽게 형성할 수 있다.

　계획을 지켜 생활하는 것은 좋은 습관일 뿐 아니라 세상을 살아가는 올바른 태도이며 성공의 필수 요소이기도 하다. 매사에 계획을 세워 임하는 사람의 얼굴에는 자신에 찬 미소가 떠나지 않으며, 이러한 사람의 생활과 삶은 기쁨으로 충만하다. 반면 계획 없이 닥치는 대로 사는 사람은 늘 바쁘게 살고, 같은 일이라도 남보다 많은 노력을 쏟지만 결과는 썩 좋지 않다. 이러한 사람들의 삶은 항상 피곤함에 젖어 있으며 열심히 노력하는데도 불구하고 실패와 좌절의 연속이다. 또한, 자기 자신의 생활 태도는 생각하지 않은 채 운이 나쁘다고 한탄하며 자포자기하는 일도 있다.

{ …… }

　지은이 엄마, 아빠는 아이가 태어난 날을 기념하여 피아노를 장만했다. 그들은 딸이 피아노를 배우면 교양을 쌓을 수 있고 음악에 취미를 가질 수 있을 것이라 판단했다. 유치원을 다니기 전부터 지은이는 피아노 학원에 다녔으며, 주말과 쉬는 날에도 열심히 피아노를 연습했다. 학교에 들어간 후 엄마, 아빠는 지은이를 위해 각종 학원에 등록했다. 그러나 지은이에게는 친구가 없었으며 학교 성적도 별로 좋지 않았다. 그렇다고 피아노 실력이 눈에 띄게 느는 것도 아니었다. 초조해진 지은이 엄마가 아이를 다그쳤으나 지은이는 묵묵부답이었다. 아이의 마음을 편안하게 해주고 대화를 시도하자 그제야 지은이가 입을 열었다.

"날마다 열심히 공부하고 피아노를 연습했는데 시험을 보면 성적이 나쁘게 나오고 피아노도 선생님이 지적하는 부분을 고칠 수 없어요. 전 정말 멍청한가 봐요. 아무리 노력해도 나아지지 않으니…."

아이가 이렇게 큰 열등감에 시달리고 있다는 사실을 알고 엄마는 충격을 받았다. 때마침 학교에서 학부모 회의가 열렸고 지은이 엄마는 담임선생님에게 이 문제를 상의했다. 담임선생님은 지은이와 이야기를 나눠보기로 했다. 우선 사소한 것에 관해 물어보면서 지은이의 마음을 편하게 해준 다음 화제를 조금씩 지은이의 일상과 학습으로 옮겨갔다. 선생님의 따뜻한 태도에 지은이는 마침내 마음을 열고 속내를 털어놓았다. 자신은 피아노를 좋아하지 않는데 부모님의 강요로 어쩔 수 없이 피아노 레슨을 받아야 한다는 것이다. 주말에 친구들이 자유롭게 놀 때도 자신만 피아노 레슨을 받아야 하므로 마치 부모님을 위해 공부하는 기분이라 했다.

문제의 원인이 어디 있는지 파악한 담임선생님은 지은이 엄마에게 연락했다. 그리고는 아이가 싫어하는 과외와 피아노 레슨을 당장 그만두게 했다. 그 결과 지은이는 밝은 성격을 되찾았으며 늘 혼자 다니던 아이가 친구들을 집에 데려오기도 했다. 선생님의 조언에 따라 지은이 엄마, 아빠는 지은이가 자신의 주말 계획을 직접 설계하도록 했다. 어른들의 노력에 보답이라도 하듯 지은이는 기말고사에서 성적이 쑥쑥 올라갔다. 엄마, 아빠는 아이가 자신의 계획을 스스로 세우게 하고 시간표를 직접 짜게 하는 것이 아이의 성장에 더 적합하다는 것을 깨달았다.

위 사례를 통해 지은이의 문제는 부모가 만들어준 계획을 그대로 따르기만 하는 데 있었음을 알 수 있다. 자기 계획이 없으니 공부에 대한 의욕이 떨어지고 심지어 공부도 부모를 위해 하는 일로 여기게 되었던 것이다. 부모가 방법을 바꿔 아이가 계획을 세우고 자기 시간을 스스로 정하자 지은이는 공부에 대한 의욕과 흥미가 되살아났다. 계획을 세우는 아이는 생활의 즐거움을 발견할 수 있으며 건강하게 성장할 수 있다. 부모는 아이가 스스로 계획을 세울 수 있게 이끌어야 하며, 부모가 나서서 계획을 세워주는 일은 없어야 한다.

부모가 모든 일을 도맡아 해주는 습관을 버리고 아이가 자기 스케줄을 스스로 배치하도록 기회를 주자. 처음에는 요령이 없어서 많은 시간을 낭비할지 모른다. 그렇다고 해서 부모가 아이가 스스로 시도할 기회를 빼앗아서는 안 된다. 물론 팔짱 끼고 내버려둬서도 안 되며 올바른 방향으로 지도하는 게 중요하다. 가령, 방학을 맞은 아이가 아무 계획을 세우지 않고 낮에는 놀고 저녁 때가 되어서야 겨우 숙제를 할 경우, 부모는 숙제는 끝마치기는 했으니 그

걸로 된 거라 생각하기 쉽다. 그러나 하루 중 오전이 가장 원기가 왕성하고 두뇌 활동이 활발한 시간이므로 숙제는 오전에 하는 게 좋다. 그 시간을 노는 데 허비하고 있다면 부모는 아이가 합리적인 계획을 세우도록 이끌어줌으로써 중요한 일은 가장 적당한 시간에 해야 한다는 사실을 깨닫게 해야 한다.

계획을 세우면 아무리 복잡하고 많은 임무라도 큰 부담을 느끼지 않으며 오히려 자신감으로 무장할 수 있다. 계획한 일을 성공적으로 수행하면 마치 적을 무찌른 전쟁의 영웅처럼 아이는 점점 더 용감해질 것이다.

아이에게 계획 세우는 습관을 길러주는 법

• 아이에게 모든 일에는 계획이 있어야 함을 일깨워주자 •

모든 일에는 계획이 선행되어야 한다. 부모는 계획의 중요성을 아이에게 일깨워줌으로써 어릴 때부터 계획을 세우는 습관을 길러줘야 한다. 무턱대고 일부터 벌이는 것을 피하고 계획을 세우도록 지도해야 하는 것이다. 예를 들어, 축구를 하려고 생각했다면 부모는 아이에게 어디에서, 누구와 축구를 할 계획인지, 옷과 신발은 어떤 것을 착용할 것인지 등을 물어본다. 이는 아이의 논리적 사고 능력을 길러주는 훌륭한 방법이다. 이와 같은 방식으로 계획을 세우는 습관이 형성되면 아이는 모든 일을 신중하게 생각하게 된다.

• 아이에게 어떻게 계획을 세울 것인지 물어보자 •

어린 자녀는 문제의 전반적인 부분을 고려하기 어렵다. 따라서 계획을 세울 때 부모의 도움이 있어야 한다. 이때 명심할 것은 계획의 주체는 자녀 자신이며, 부모는 인도자의 역할에 머물러야 한다는 점이다. 부모의 목적은 아이가 계획을 세우는 것을 도와주는 것이지 부모의 뜻대로 움직이게 하는 데 있지 않다. 따라서 아이가 어떻게 계획을 세울지를 먼저 물어본 후 아이의 생각과 실제 상황에 따라 조언을 해주며 합리적인 계획을 세울 수 있게 도와야 한다.

• 계획은 아이의 능력 범위 내에서 세우자 •

아이가 세운 계획에 대해 부모는 아이의 실제 능력과 비교해 실행이 가능하도록 도와야 한다. 지나치게 높은 목표를 잡으면 실행하기 어려우며 자칫 아이의 의욕을 꺾고 자신감에 상처를 입힐 수 있다. 반대로 지나치게 느슨한 계획은 의미가 없다. 합리적인 계획은 아이의 능력이 미치는 한도 내에서 세워야 하며, 아이가 차근차근 계획을 실행에 옮기는 것을 도와줌으로써 아이의 능력이 더 잘 발휘될 수 있도록 해야 한다.

아이가 할 수 있는 일은 스스로 완성하게 하라

요즘 아이들은 부모가 일거수일투족을 돌봐주기 때문에 아이 스스로 할 수 있는 일도 부모가 도맡아하는 경우가 흔하다. 아이가 하겠다는데도 부모는 자녀 사랑을 앞세워 한사코 자신이 대신하며 "넌 아직 어려서 제대로 못해. 널 위해서 이렇게 해주는 거야." 하는 식이다. 자식을 사랑한다는 명분으로 아이가 할 수 있는 것까지 부모가 나서서 해주는 바람에 아이는 경험할 기회를 빼앗긴다. 그 결과 점점 부모에게 의존하게 되며 옷 입기, 세수하기, 밥 먹기 같은 일상의 기본적인 일마저 부모의 보살핌을 받아야 한다.

그러나 간단한 일상생활도 제 손으로 못하는 사람이 사회생활을 제대로 해낼 리 만무하다. 사회생활에 적응하지 못하며 인간으로서 존엄성을 잃고 평생 남의 눈치나 보고 살아야 할 수도 있다. 자식이 그렇게 되기를 바라는 부모는 없다. 그렇기에 자녀의 성장 과정에서 부모는 반드시 자립심을 길러주고 당당하게 살아갈 수 있게 해야 한다.

아이의 능력이 미치는 한도 내에서 스스로 해내게 하는 것은 자립심을 길러주는 가장 좋은 방법이다. 나의 경우, 아이의 자립심 교육에서 가장 큰 훼방꾼은 아이 엄마였다. 어차피 다 크면 할 줄 알게 될 텐데 지금부터 고생시킬 필요가 있느냐는 것이 와이프의 지론이었다. 내가 아이에게 스스로 옷을 입고 밥도 혼자 먹게끔 훈련시키려 할 때마다 와이프가 나서서 옷을 입혀주고 밥을 먹여주는 것이었다. 그러다 보니 아이의 눈에 나는 나쁜 아빠로 비쳐졌고 아이와의 관계는 자연히 소원해지게 되었다. 안 되겠다고 생각한 나는 와이프와 대화를 나눴고 장시간에 걸쳐 그녀를 설득했다. 그리고 마침내 와이프의 협조를 얻어내는 데 성공했다.

우리는 아이에게 이제 다 자랐으니 밥을 먹거나 옷을 갈아입는 것 같은 간단한 일은 스스로 해보라고 말했다. 그리고 아이가 충분히 해내리라 믿는다고 덧붙였다. 와이프와 나의 전폭적인 응원 아래 아이는 간단한 일부터 스스로 하기 시작했다. 얼마 지나지 않아 아이 혼자 옷을 입고 신발을 신게 되었으며 이불을 스스로 개서 정리할 줄도 알게 되었다. 아이는 자신을 대견하다고 생각했으며 자신감이 커졌고 성격도 명랑해졌다. 얼마 후에는 설거지라든가 바닥

청소 같은 난이도가 높은 일에도 도전했다. 아이의 변화는 눈에 띄게 드러났다. 와이프도 기뻐하며 나에게 진심 어린 말투로 말했다.

"아이 교육은 아빠인 당신이 전문가네요. 앞으로 당신에게 아이 교육을 일임하고 나는 옆에서 돕기만 해도 되겠어요."

{ …… }

하루는 저녁 식사를 하는 도중 아이가 설거지를 하겠다고 자청했다. 나는 그러라고 했고, 밥을 다 먹고 난 후 식탁을 정리하려는 와이프의 손을 잡고 거실로 이끌었다. 그리고 아이를 향해 "자, 이제 약속대로 설거지를 하렴. 아빠는 네가 반드시 잘 해내리라 믿는다."라는 말과 함께 격려의 손짓을 보였다.

아이가 부엌에서 설거지를 시작한 지 얼마 안 되었을 때 와이프는 아이가 그릇을 깰까 봐, 주방을 엉망으로 해놓을까 봐 걱정이 되었는지 아이에게 이제 그만하라고 했다. 저지를 당한 아이는 기분이 상한 얼굴로 주방을 나오더니 나에게 말했다.

"엄마 나빠요. 설거지도 못하게 하지 뭐예요."

와이프의 걱정을 모르는 바는 아니지만 나는 아이의 심정이 더 이해가 갔다. 그래서 아이를 주방으로 데리고 가 앞치마를 손수 매주며 설거지를 계속하게 했다. 이번에는 와이프도 자기 실수를 깨달은 모양인지 들고 있던 그릇을 내려놓고 나를 따라 거실로 와서 텔레비전을 봤다. 드라마가 끝나자 나는 아이에게 설거지가 어떻게 되었는지 물었다.

"설거지는 다 했는데 싱크대 물이 잘 안 빠져요."

아이의 말에 주방에 들어가보니 다 씻은 수저와 식기가 아무렇게나 포개져 있었으며 부엌 바닥까지 물이 흥건했다. 그러나 나는 아이를 책망하지 않고 싱크대 물을 빼는 방법을 알려줬다. 그리고는 설거지를 깨끗이 했다며 칭찬하고 다 씻은 그릇을 어떻게 정리하는지 말해줬다. 아이와 함께 주방을 정리하고 와이프를 불러 검사를 받았다. 와이프는 무척 만족스러워했고 다 커서 집안일을 도울 줄 알게 되었다며 아이를 칭찬했다.

이처럼 아이가 할 수 있는 일을 스스로 하게 두면 아이의 호기심을 충족시킴과 동시에 다른 가족 구성원도 만족하므로 가정 분위기는 더욱 화목해진다. 가장 중요한 성과는 그 과정에서 아이의 노동 기능이 단련되고 독립적으로 생활하는 능력을 기를 수 있다는 것이다.

자녀가 게으른 것은 전적으로 부모 탓이다. 어릴 때부터 모든 것을 대신해주면서 아이를 사랑하기 때문에 돕는다고 하지만, 부모의 맹목적 사랑이 아이를 망친다. 독수리를 우리에 가두면 주인이 주는 먹이만 받아먹는 작은 새로 변해버리며, 아무리 훌륭한 나무도 화분에서 키우면 위용을 잃어버린다. 아이가 자신의 가치를 실현하고 재능을 발휘하게 하기 위해 부모는 과감하게 손을 떼고 아이가 할 수 있는 일을 하도록 지켜봐야 한다.

자녀를 진정으로 사랑한다면 아이에게 적당한 집안일을 시켜야 한다. 아이가 문제에 직면했을 때는 아이를 도와 해결할 수 있게 인도한다. 아이의 성장 과정에서 능력이 미치는 일을 하게 함으로써 독립적인 생활력을 키워줄 수 있다. 아이의 장래를 위해 물질적으로 풍요롭게 해주는 게 전부가 아니다. 이보다는 아이가 독립적으로 살아갈 수 있는 능력을 길러줘야 한다. 돈은 써버리면 그만이지만 아이에게 길러진 생존력은 사라지지 않고 남는다.

 **아이 스스로 할 수 있게 돕는 법**

• 아이가 집안일을 돕게 하자 •

아이에게 아무것도 시키지 않고 공부만 하라고 한 부모들은 어느 날 자기 자녀가 스스로 일을 처리하는 능력과 독립적으로 생활하는 능력이 현저히 뒤떨어짐을 알게 된다. 평소 가르치지 않은 자신의 탓을 하고 늦었다고 생각할 수도 있다. 하지만 늦었다고 생각할 때가 이를 때다. 지금부터 아이에게 집안일을 가르쳐도 늦지 않다.

아이가 학교에서 돌아와 공부를 하지 않는 시간에 채소를 다듬고 씻는 일을 시켜보자. 발을 닦는 김에 양말도 빨게 한다. 설사 제대로 때가 가시지 않더라도 부모는 이를 질책하지 말고 천천히 가르쳐야 한다. 자주 하다 보면 저절로 숙련될 것이다.

• **차츰차츰 난이도를 높이자** •

작은 일부터 시켜보고 어느 정도 능력이 생기면 좀 더 강도 높은 요구를 해야 한다. 가령, 속도나 질적으로 좀 더 높은 능력을 요구한다. 처음에는 자고 나서 이불을 개는 것으로 만족했다면, 이제는 단계를 높여서 이불을 단정히 개고 정리하도록 해본다. 이때 아이의 성장 단계에 맞춰 진행해야 하며 능력 밖의 일을 요구해서는 안 된다. 자칫 아이의 자신감에 상처만 줄 수 있기 때문이다.

할 일을 뒤로 미루지 않는 아이로 키워라

밥을 먹기 싫은데 부모의 꾸중이 두려워서 억지로 식탁에 앉아 꾸역꾸역 밥을 밀어 넣는 아이들이 많다. 이는 시간 낭비일 뿐 아니라 밥을 거의 남겨서 버려야 한다. 또, 방학을 맞아 숙제를 미루고 실컷 놀다가 개학을 불과 며칠 앞두고 부랴부랴 밀린 숙제를 한다고 야단이다. 이러한 식으로 할 일을 뒤로 미루는 행동은 공부에 나쁜 영향을 줄 뿐 아니라 아이의 장래를 위해서도 좋지 않다.

사실 아이가 할 일을 뒤로 미루는 것은 부모의 교육 방식이나 성격에서 기인한다. 가정 교육이 지나치게 엄하고 고압적인 부모 밑에서 자란 아이들 중에 이러한 아이들이 많다. 그들은 아이에게 지시를 내리지만 아이의 실제 상황은 고려하지 않는다. 아이는 모든 일을 부모를 위해 수행한다고 생각하게 된다. 보여주기 식으로 억지로 하는 일은 성취감이나 만족감을 주지 못하며 부모의 압박에 못 이겨 하는 의무일 뿐이다. 또한, 아이의 잠재의식에 자신은 부모와 선생님의 지시에 따를 뿐이라는 생각이 있다. 밥을 남기거나 숙제를 다 하지 못하면 어른들로부터 꾸중을 듣기 때문에 마지못해 수행하는 것이다. 따라서 제대로 해야지 하는 마음보다는 야단만 맞지 않으면 그만이라는 생각에 꾸물대며 할 일을 미루게 된다.

아이의 건강에 지나친 관심을 갖고 교육을 중시하는 부모들은 자신의 역할에만 충실하면 된다고 생각하여 아이에게 억지로 밥을 먹이고 숙제를 하는지 감독한다. 그러나 아이가 진정으로 원하는 것이 무엇인지는 고려하지 않아 집중을 못하는 현상이 일어난다. 예를 들어, 아이들이 숙제나 공부를 할 때 몇 분이 멀다 하고 물을 마시러

방 밖으로 나오거나, 책이나 공책을 찾느라 부산을 떤다. 또, 화장실은 왜 그렇게 자주 가는지 도무지 공부에 집중을 하지 못한다. 부모들은 아이들을 야단치거나 아예 옆에 붙어 앉아 감시한다.

사실 아이들은 그 당시 공부를 하기 싫었을 뿐이며, 아니면 다른 것을 하고 싶지만 부모의 눈초리가 무서워서 억지로 하는 것뿐이다. 마음은 딴 데 있으면서 말이다. 부모가 아이를 이해한다면 아이에게 자유 시간을 충분히 줘야 한다. 부모의 감독 아래 한 시간 걸려 했던 숙제가 아이에게 자유 시간을 준 후에 자율적으로 하게 하면 30분 안에 끝날 수도 있다. 아이는 즐거운 마음으로 자기가 하고 싶은 일을 할 때 의욕이 생기며 효율이 높고 만족스러운 결과를 내놓는다. 반면, 강압에 못 이겨 하는 일은 효율이 낮을 뿐 아니라 그 결과도 좋지 않다.

할 일을 미루는 아이에게는 비슷한 심리가 존재한다. 즉, 할 일을 미루면서 그 시간을 즐기지만 다 마쳐야 할 시간이 닥치면 어른들로부터 벌을 받을까 두렵다. 그래서 끊임없이 자책을 한다. 이는 일종의 악순환이며 오래 계속되다가는 아이의 장래를 망칠 수도 있다.

{ …… }

영우는 어릴 때부터 할머니, 할아버지와 함께 살았다. 아빠는 외부 출장이 잦고 엄마는 직장일로 바빠 평소 생활과 음식, 교육은 조부모가 담당했다. 공무원으로 퇴직한 조부모는 학식이 높았지만 다른 조부모와 마찬가지로 아이를 응석받이로 키웠다. 영우가 하는 것이 성에 차지 않은 할머니는 매사를 도맡아 해줬다. 결국 영우는 게으르고 자기 일을 뒤로 미루는 습관이 들어버렸다.

중학교에 들어간 후에도 아침이면 엄마가 이불을 걷어내면서 자고 있는 영우를 깨운다. 그리고는 아침 식사를 아이 방으로 대령하고 다 먹기를 재촉하며, 집을 나설 때는 아빠가 학교까지 데려다줬다. 학교에서도 영우는 동작이 굼떴다. 시험을 볼 때 반에서 가장 늦게 시험지를 제출하는 아이가 영우였다. 문제를 다 풀지도 않았는데 시간이 되어 그냥 내야 할 때도 있었다. 수업 시간에 문제를 풀 때 선생님이 다 못한 학생은 손들어보라고 하면 어김없이 영우가 끼어 있었다. 집에 돌아와 숙제를 할 때 멍하니 있거나 텔레비전을 보고 음료수를 마시는 등 한 시간에 마칠 숙제를 서너 시간을 붙잡고 있기 일쑤였다.

어릴 때부터 꾸물대던 영우의 습관이 체화되면서 학교생활에도 지장을 주게 되었다. 이 습관을 고치려면 부모가 인내심을 발휘해야 한다. 아이가 하는 것이 느리다고 재촉만 해서는 안 된다. 옆에서 격려하고 지도해주면서 아이가 그 일을 제대로 하는 방법을 찾게 해야 한다. 그러다 보면 아이는 점점 익숙해지고 당연히 속도도 빨라질 것이다. 꾸물대는 습관이 있는 아이는 자신감도 떨어진다. 스스로 멍청하고 제대로 하지 못한다고 생각하여 매사에 흥미를 잃기도 한다. 이러한 아이들은 다른 사람이 일을 맡겨도 쉽게 포기할 수 있으니 주의하자.

어떤 부모는 아이가 공부에는 적극적이지 않지만 놀 때는 적극적이라고 말한다. 아이가 공부를 할 때도 놀 때의 절반만 적극성을 가지면 성적이 쑥 올라갈 것이라고 하기도 한다. 아이가 놀 때는 왜 그토록 적극적일까? 그것은 놀 때 자유롭기 때문이며, 아무도 감독하거나 독촉하지 않고 규제도 하지 않기 때문이다. 아이가 놀 때와 같은 흥미를 공부에도 갖게 하려면 부모가 지나치게 개입하지 말고 아이에게 자율적으로 학습하고 놀 수 있는 시간을 줘야 한다. 그리고 아이의 모든 것을 도맡아 해주지 말아야 한다.

우리는 아이가 할 일을 미루는 것이 부모의 독촉과 관계가 있음을 알았다. 부모의 의사에 따라 아이가 움직여주기를 바라는 마음이 아이에게 악영향을 끼친 것이다. 따라서 아이의 습관을 고쳐주기 위해서는 부모 자신부터 변해야 한다. 사실 아이의 게으름은 겁낼 것이 아니다. 부모가 어떤 태도로 임하고, 어떤 방법으로 이를 변화시키느냐가 더 관건이다. 부모가 인내심을 가지고 자신부터 고쳐나간다면 아이의 습관을 고치는 일은 어렵지 않을 것이다.

아이가 할 일을 뒤로 미루지 않게 하는 법

• 부모가 인내를 가지고 기다리자 •

아이들이 뭔가를 할 때 행동이 굼뜬 것을 보편적인 현상으로 인정하며 다음의 내용에 귀 기울이자. 우선, 부모는 아이를 재촉하거나 꾸중하지 말고 자세히 관찰하여 아이가 굼뜬 행동을 하는 원인을 찾아야 한다. 그다음 아이를 지도하여 어떤 일을 해내는 기술을 익히게 해야 한다.

또한, 부모는 아이에 대한 기대치를 낮춰야 한다. 많은 기교를 빠르게 익혀 꾸물대는 습관을 금세 고칠 수 있다는 기대를 버려야 한다. 아이의 습관을 고치는 일은 아이의 성장과 마찬가지로 긴 과정이 필요하다. 부모는 반드시 인내심을 가지고 아이가 아주 작은 변화만 보여도 이를 격려하고 칭찬해야 한다. 그렇게 해야 아이가 마침내 꾸물거리는 습관과 작별하고 효과적인 자립심을 기를 수 있다.

• 아이의 시간관념을 강화하자 •

시간관념이 철저하지 않으면 매사에 꾸물거리는 습관이

생기기 쉽다. 오늘 저녁까지 마쳐야 할 일이 있는데 내일이 일요일이라면 아이는 내일 어차피 할 일도 없으니 그때 해도 늦지 않을 거라 생각한다. 또, 아침 일찍 일어나보니 아직 알람이 울리지 않았다면, 조금 더 누워 있다 일어나도 지각하지 않을 것이라 생각하기도 한다.

아이의 이러한 행위는 시간관념이 철저하지 않아 초래된 것이다. 이때 간단한 훈련을 통해 아이의 시간관념을 강화할 수 있다. 1분 동안 글씨 쓰기 시합은 아이가 1분 동안 해내는 일을 통해 성취감을 느끼게 해주며, 이를 통해 시간관념을 강화할 수 있다.

• **부모가 아이의 모범이 되자** •

사람에게는 누구나 게으른 습성이 있다. 어른들도 가능하면 할 일을 미루는 것이 보통이다. 그들은 아이에게는 행동을 고치라고 하면서 자신은 게으름의 실제 사례를 보여준다. 가령, 매일 아침 늦게 일어나 급히 준비하고 손에는 미처 먹지 못한 아침 대용 샌드위치를 들고 문을 나선다. 이러한 부모를 보면서 아이가 무엇을 배우겠는가? 그러므로 부모는 자신의 습관부터 극복해서 아이에게 모범을 모여야 한다.

꿈을 통해
아이의 독립을 격려하라

부모들에게 자녀가 어떤 사람이 되기를 희망하는지 물어보면 다양한 대답이 돌아온다. 그렇다 하더라도 결론은 사회적으로 성공하고 행복한 가정을 일구는 것으로 귀결된다. 하지만 정작 아이의 꿈이 무엇인지 진지하게 물어본 적이 있는가? 대부분의 부모들은 아이가 아직 철이 없으므로 그들에게 꿈이란 것은 큰 의미가 없고 현실에 맞지 않는 것이 대부분이라고 생각한다. 게다가 부모가 아이의 미래에 개입해서 꿈을 심어줘야 할 필요가 있다고도 한다.

이러한 생각은 그야말로 손바닥으로 하늘을 가리는 격으로 아이의 권리를 빼앗아버리는 것과 같다. 부모가 내세운 꿈은 순전히 그들의 의사에서 비롯된 것이며, 자신이 이루지 못한 꿈을 아이를 통해 이루겠다는 허상에 지나지 않다. 이와 같은 부모의 자녀들은 어릴 때부터 부모가 짜놓은 틀에 따라야 한다. 결국 강한 의존성이 생긴 자녀들은 성인이 되어서도 부모의 품을 떠나지 못한다.

부모가 아이를 위해 설계한 인생이 아무리 훌륭한 것이고 하물며 아이가 이에 따라 큰 성공을 거둔다 해도, 아이가 제대로 독립하지 못한다면 아이의 인생은 완벽하지 못하며 성공도 자신의 것이 아니다. 부모는 아이의 성공에 흐뭇해할지 몰라도 정작 아이 자신이 즐거워할지는 의문이다. 오히려 자립심이 부족한 자신의 모습에 부끄러워할 수 있으며, 자기의 꿈을 실현하지 못했다는 회한에 빠질 수도 있다.

{ …… }

지후의 부모님은 모든 수단을 동원하여 지후를 비싼 사립 초등학교에 보냈다. 이후에는 국제 중학교에 보내기 위해 퇴근 후에도 아이를 붙잡고 공부를 하고 과외를 시켰다. 지후는 부모님의 기대를 저버리지 않고 열심히 공부하여 상위권 성적을 유지했으며 바라는 학교에 들어갔다. 세월이 흘러 지후는 대학 입시를 앞두게 되었고 부모님은 대학 입시가 일생을 좌우한다고 강조하며 아들에게 더 열심히 할 것을 주문했다. 그들은 늘 그랬듯이 지후가 갈 대학까지 정해놓고 공부를 시켰다.

시험 결과가 나왔고 지후는 부모님의 희망대로 명문 대학에 합격했다. 부모님은 그동안의 뒷바라지가 헛되지 않았다고 기뻐했다. 4년의 대학 생활이 거의 끝나갈 무렵 부모님은 이번에도 지후를 앉혀놓고 말했다. 국가 공무원이 가장 좋은 직업이니 준비하라는 것이었다. 지후는 부모님의 말대로 수많은 참고서와 씨름한 끝에 국가 기관의 공무원 시험에 합격했다.

부모님은 이제 자식의 인생이 안정되었으니 꿈을 이뤘다고 생각했다. 그러나 뜻밖에도 지후는 6개월 만에 사직서를 냈다. 부모님의 동의도 얻지 않은 채 말이다. 그 나이 되도록 처음으로 부모님의 말을 거역하고 스스로 선택한 일이었다. 이 일로 지후의 부모님은 큰 충격을 받앉다.

　지후는 국가 기관을 그만두고 작은 IT 회사에 취직했다. 얼마 되지 않아 팀장으로 승진한 그는 하루하루가 즐거웠다. 그전에 국가 기관에서 일할 때는 부모님이 깨워야 일어나고 부모님이 준비해둔 옷을 입고 출근했다. 그런데 이 회사에 다니면서 지후는 전처럼 부모님의 보살핌을 받지 않고 스스로 생활을 꾸려나갔다. 옆에서 지켜보던 부모님은 지후가 안정된 직장을 버리고 나왔다며 더 이상 속상해하지 않았다.

　주변에 지후 부모 같은 사람들이 많다. 자녀의 자립심은 부모에 의해 완전히 사라지고 없으며 부모의 도움에 익숙해진 그들은 스스로 자신감을 잃어버린다. 이러한 아이들은 자립할 힘을 잃고 부모의 우산 아래 보호받으며 살아간다. 이와 같은 현상은 동양의 전통 사고방식에서 기인하는 면도 있다. 부모는 자식을 언제까지나 옆에 두고 싶으며, 결혼해서 자기 가정을 가진 자식이라도 곁에 끼고 살고 싶어 한다. 자식이 독립을 원하면 다 키워놓았더니 부모를 모른 척하는 불효자라며 비난받기 일쑤다.

　그러나 둥지 안의 새가 다 크면 부모 곁을 떠나야 창공을 날아다닐 수 있으며, 어른 새가 되어야 독립할 수 있다는 사실을 알아야 한다. 부모는 아이가 스스로 자신의 뜻을 펼치고 독립적으로 사고할 수 있게 적당한 거리를 둬야 한다. 그리하여 부모의 꿈이 아닌 자녀의 꿈을 실현할 수 있도록 해야 한다. 부모는 자녀가 생각하는 꿈을 토대로 독립적 사고를 갖추도록 이끌어줌으로써 앞으로 나아갈 방향을 찾고 자신의 꿈을 실현할 수 있게 해야 한다.

연령이 높아짐에 따라 자녀의 독립하고자 하는 심리도 두드러진다. 부모는 아이의 자립심을 존중해야 하며, 부모의 뜻대로 조종해서는 안 된다. 자칫 하다가 아이는 부모가 그랬던 것처럼 자신의 꿈을 자기 자녀를 통해 실현하려는 악순환을 초래한다.

부모가 선택한 인생이 아이의 삶을 행복하게 만든다는 보장은 절대 없다. 따라서 아이에게 선택권을 주고 아이가 원하는 생활을 할 수 있게 해야 한다. 자신의 꿈을 스스로 선택하게 하면 아이의 자립심을 키워줄 뿐 아니라 아이 스스로 삶을 설계하고 행복한 생활을 영위할 수 있다.

아이의 꿈을 통해 자립심을 길러주는 법

• 아이의 꿈이 무엇인지 제대로 파악하자 •

부모는 자녀의 꿈이 무엇인지 파악하여 꿈이 없는 아이라면 꿈을 갖도록 유도해야 한다. 그리하여 이를 토대로 아이의 자립심을 길러줘야 한다.

아이가 커서 경찰이 되고 싶다는 꿈을 가졌다면, 부모는 경찰의 직무가 사람들을 돕고 사회를 위해 봉사하는 것임을 아이에게 인식시켜야 한다. 그러고 나서 "○○야, 넌 네 일도 제대로 잘 하지 않고 미루는데 과연 훌륭한 경찰이 될 수 있겠어?"라고 넌지시 물어보자. 이렇게 함으로써 아이의 꿈을 통해 아이가 독립적으로 임무를 완수할 수 있게 격려할 수 있다. 뿐만 아니라 이는 아이의 자립심을 키워주는 데 대단히 효과적이다.

• 아이의 꿈과 이상을 존중하자 •

아이의 꿈이 합리적이라 생각하면 부모는 이를 지지하고 존중해야 한다. 더 나아가 적당한 인도와 계도를 통해 아이가 계속 노력하면서 꿈에 다가가게 해야 한다. 중요한 점은 이 과정에서 어디까지나 아이가 주체자이며 부모는 조력자의 역할에 머물러야 한다는 것이다. 그래야 아이가 독립적 사고 능력을 키울 수 있다.

부모가 아이의 꿈이 불합리하다고 판단하더라도 아이에게 꿈을 바꾸라고 강요해서는 안 된다. 따뜻한 말로 아이와 대화를 나누며 이상의 실현 가능성을 아이가 분석할 수 있게 도와줘야 한다. 이를 통해 아이는 부모의 생각을 이해할 수 있다. 하지만 최종 결정권은 여전히 아이의 손에 있어야 한다.

• 지나치게 높은 요구를 하지 말자 •

아이가 꿈을 실현하는 과정에서 부모가 조급하게 서둘러 아이에게 지나친 압박을 가해서는 안 된다. 자칫하면 아이의 의욕과 자신감에 상처만 생기며 꿈을 포기해버릴 수도 있기 때문이다. 이상의 실현은 마치 육수를 약한 불에서 천천히 우려내듯 점진적으로 이루어져야 한다.

사람은 누구나 자신의 인생 궤적과 생활 방식이 있다. 사회는 다양한 인재를 필요로 하며 직종마다 필요로 하는 인재상이 다르다. 연구실에 틀어박혀 연구만 하는 인재만이 국가와 사회를 위해 봉사하는 것이 아니다. 평범한 직종에 종사하는 사람도 훌륭한 성과를 냄으로써 국가와 사회에 기여할 수 있다. 그러므로 부모는 자녀의 상황과 특기를 살펴 이에 따라 지도해야 한다.

아빠만이 가르칠 수 있는 9 가 지 아 이 인 성

6

관용

―――――― ★ ――――――

넓은 아량으로
세상은 더 아름다워진다

관용은 너그러움이며 다른 사람을 배려하는 마음이다.
너그러운 태도는 세상을 더 아름답게 만든다.
너그러운 마음은 주변에 대한 원망을 줄어들게 한다.
어릴 때부터 배려와 역지사지의 태도를 가르치고
타인과 갈등을 해소하는 방법을 알려줌으로써
자녀가 행복한 어린 시절을 갖게 해주자.
아이가 배려하는 마음을 가지면,
사회생활에서 다른 사람과 조화롭게 살아갈 수 있으며
양호한 대인 관계와 낙관적인 생활 태도를 가질 수 있다.

아이에게
너그러움을 가르쳐라

부모는 자식이 남들보다 뒤처지고 무시당할까 봐 걱정한다. 한편으로는 아이가 일을 저지르고 다니지는 않는지 걱정이 된다. 어떻게 교육해야 적정함을 유지하여 남들에게 무시당하지 않으면서도 남을 괴롭히지 않는 아이로 키울 수 있을까? 부모는 아이의 단점을 수용하고 아이의 일부 행위에 대해 찬성하지 않더라도 최소한 받아들이는 자세를 가져야 한다. 또, 자녀 앞에서 모범을 보여 배려하는 마음을 갖도록 이끌어야 한다.

아이를 과잉보호하지 말고 모든 사람이 평등하다는 사실을 가르쳐야 한다. 자녀가 요구하는 것을 부모가 다 들어줄 수는 없다는 사실을 가르치고, 집에 있는 음식은 모조리 자기만을 위해 사놓았을 거라는 마음부터 바꿔야 한다. 아이의 마음에 다른 사람의 존재를 자리 잡게 함으로써 유아독존 사상이 형성되는 것을 피해야 한다. 자녀가 손해를 볼 수도 있게 하여 양보하는 순간의 기분을 체험하게 한다. 친구와 실랑이 끝에 별수 없이 장난감을 양보해야 할 때도 있다. 그러한 경험이 한 번도 없다면 아이는 모든 것을 독차지하려고만 든다. 아이는 배려를 해야 같이 놀 수 있다는 사실을 터득한다. 이는 아이의 자제력을 단련하는 데 있어 좋은 기회다.

배려는 미덕이며 지혜이기도 하다. 배려하는 태도를 가르치면 아이는 다른 사람과 잘 지내는 방법을 알게 된다. 마음이 너그러운 사람이 비로소 좋은 인간관계를 맺고, 살아가면서 맞닥뜨리는 각종 문제를 낙관적인 태도로 받아들이게 되며, 괴로움을 해소하고 즐거운 마음으로 살아갈 수 있다.

자녀가 친구와의 사이에서 불쾌한 일을 겪고 있을 때 부모는 가급적 개입하거나 나서서 도우려 하지 말아야 한다. 아이에게 시간을 줌으로써 스스로 해결하도록 하는 게 좋다. 물론 이때 너그러운 마음으로 상대를 용서하도록 아이를 유도한다. 불쾌한 일에도 너그러운 태도로 대하는 것이 아이들 간의 갈등을 해결하는 가장 좋은 방법이다. 물론 아이가 해결하기 어려운 문제가 생기면 언제라도 부모나 선생님을 찾아 도움을 요청할 수 있게 해야 한다.

{ …… }

어느 날 선생님이 교실에서 나와 교무실로 들어섰다. 자리에 앉아

물을 한 모금 마시려는 순간 나이가 지긋한 노인 한 분이 들어섰다.

"2학년 3반 담임선생님이 어떤 분입니까?"

"제가 3반 담임인데요. 무슨 일로 오셨는지요?"

노인은 화난 얼굴로 선생님을 노려보며 말했다.

"선생님 반에 사고가 생긴 걸 알고 계신지요?"

'방금 교실에서 나왔는데 무슨 사고란 말인가?'라는 얼굴로 의아해 하는 담임선생님에게 노인이 바짝 다가서며 말했다.

"아직 모르시는 모양이군요. 오늘 교실에 가보긴 하신 겁니까?"

"그럼요. 지금 막 교실에서 나온 참입니다."

"그런데도 학생이 다친 걸 못 보셨단 말입니까?"

노인의 질책하는 말투에 선생님은 어쩔 줄 몰랐다. 여태 교실에 있었고 아이들에게는 어떠한 이상도 감지되지 않았는데 대체 누가 다쳤단 말인가?

놀란 선생님이 할아버지와 함께 교실에 들어가자 할아버지가 자신의 손자를 불러냈다. 자세히 보니 아이 얼굴에는 상처가 나 있었다. 어찌된 일이냐고 묻자 아이는 어제 친구랑 싸움을 해서 생긴 상처라고 했다. 왜 알리지 않았느냐고 묻는 선생님에게 아이는 자기들끼리는 이미 화해를 했으며 가해 아이를 용서했기 때문에 선생님에게 말씀드리지 않았다고 대답했다. 선생님은 아이의 너그러운 태도에 감명을 받았다. 그러나 할아버지는 상대 아이의 부모를 학교로 불러 따져야겠다고 했다. 결국 상대 아이의 부모가 학교로 와서 할아버지와 아이에게 사과하고 자기 아이를 따끔하게 혼내준 후에야 할아버지는 집으로 돌아갔다.

　　두 아이가 싸움을 한 후 자기들끼리 화해하고 일단락 지은 다음 선생님에게 알리지 않았기에 일어난 일이었다. 손자를 아끼는 할아버지는 상대방 아이의 부모를 불러 따지지 않고는 직성이 풀리지 않았다. 다친 아이의 부모는 아이가 너그러운 태도와 상대의 잘못을 용서하는 태도를 배웠다는 데에 의의를 두었다. 하지만 아이의 할아버지는 귀한 손자를 품 안에 두고 마냥 감싸기만 해서 아이들끼리 화해를 하건 말건 무조건 사과를 받으려 했다.
　　부모는 아이에게 타인에 대한 관용과 이해, 존중하는 태도를 가르치고, 다른 사람과 조화롭고 우애 있게 지내며 배려하는 마음을 알려줘야 한다. 이러한 분위기에서 자란 아이는 부모의 영향을 받아 상대를 배려하는 태도가 자연스럽게 몸에 밴다. 요즘 대부분의 아이들은 자기만 알고 상대방의 작은 잘못에도 넘어가지 못한다. 친구와 작은 일로 다툼이 벌어지면 미안하다는 말을 먼저 하지 않는다. 그 결과 작은 다툼이 큰 갈등으로 변하는 경우가 많다. 사실 '미안해, 괜찮아'와 같은 간단한 말 한 마디가 심각한 갈등을 작은 것으로 만들 수도, 작은 갈등은 없는 것으로 만들 수도 있다. 그러므로 자녀에게 배려하는 마음을 길러주는 것은 아이가 문제를 해결할 수 있게 도와주는 효과적인 방법이다.

자녀에게 배려할 줄 아는 마음을 가르치면 너그럽고 우호적인 태도를 길러 타인을 대할 때 배려와 용서를 베풀 줄 아는 아이로 자란다. 마음이 좁은 사람은 크게 성공할 수 없으며 가정생활도 행복할 수 없다. 하지만 좁은 마음은 선천적인 게 아니라 부모의 과잉보호가 초래한 것이다. 따라서 아이에게 배려하는 마음을 길러주려면 부모부터 지나친 보호를 하지 않아야 한다. 배려하는 마음은 마치 불도저처럼 아이의 앞날에 방해되는 것을 모조리 치워준다. 또, 자녀 앞에 펼쳐지는 길을 넓고 평탄하게 만든다.

아이에게 너그러움을 길러주는 법

• 다른 사람의 입장을 이해하게 하자 •

사람은 누구나 단점이 있으며 남의 잘못만 보려 해서는 안 된다고 가르치자. 누구나 잘못을 할 수 있다는 사실을 인정하되, 다른 사람의 이해를 구해야 함을 깨닫게 해주자. 다른 사람의 입장을 이해해야 잘못을 너그럽게 용서할 수 있으며, 자기가 잘못했을 때도 상대의 용서와 이해를 구할 수 있다. 남을 이해하지 못하는 사람은 다른 사람으로부터 자신이 이해받기 어려우며, 주변에 친구도 없이 외롭게 살아가야 한다.

• 다른 사람을 배려하게 하자 •

'장미를 건넨 손에는 향기가 남아 있다'라는 말이 있다. 다른 사람을 배려하는 일은 결국 자신을 배려하는 것과 같으며, 남을 돕는 것은 자신을 돕는 것과 같다. 부모는 자녀에게 다른 사람을 배려하는 마음을 길러줘야 한다.
한 아이가 산속에서 큰 소리로 외쳤다.
"산아! 안녕?"
그러자 똑같은 소리가 메아리로 돌아왔다. 아이는 산속의 다른 사람이 자기 말을 흉내 내는 줄 알았다.
"넌 누군데 내 말을 흉내 내는 거니?"
이번에도 똑같은 메아리가 울려 퍼졌다. 아이는 화가 났다.
"넌 앵무새처럼 남의 흉내만 낼 줄 알지 대화를 할 줄 모르는 바보구나."
상대방은 이 말마저 그대로 따라 했다. 집에 돌아온 아이는 아빠에게 산에서 있었던 일을 들려줬다. 아빠는 이렇게 말했다.
"네가 친절한 목소리로 말을 걸었다면 상대방도 예의를

갖춰서 대답했을 거야. 사회생활도 마찬가지란다. 네가 다른 사람을 배려해야 다른 사람도 너를 배려할 수 있어."

• 대자연에서 너그러운 마음을 배우게 하자 •

자녀와 함께 대자연을 접하여 자연의 넓은 품 안에서 뛰놀며 산과 강, 바다의 아름다움을 느끼게 해야 한다. 이를 통해 시야를 넓히고 마음가짐을 도야할 수 있다. 직접 체험하는 것이 열 마디 설교보다 효과적이다. 대자연은 내용이 풍부한 교과서와 같이 사람들에게 책에서 배울 수 없는 지식을 알려준다. 시간이 없거나 환경이 여의치 않다면 가까운 공원에 가서 자녀와 산책하는 것도 훌륭한 방법이다.

"괜찮아!"라는 한 마디를 가르쳐라

진심에서 우러나온 사과는 책임감의 표현이다. "괜찮아!"라는 한 마디에는 넓은 도량이 묻어난다. 상대방의 실수를 용서하는 것은 자신에 대한 부담을 털어내는 행위이기도 하다. 남의 잘못을 용납하지 못하고 늘 분노 속에서 살아간다면 그 원한이 쌓이고 커져서 결국 스스로의 건강에도 좋지 않다.

어른과 아이를 막론하고 우리는 많은 사람들과 섞여서 살아간다. 그러다 보니 크고 작은 갈등을 피할 수 없다. 더구나 사람은 성인(聖人)이 아니기 때문에 누구라도 잘못을 하게 마련이다. 그러므로 부모는 자녀에게 상대방의 잘못을 너그럽게 대하도록 가르쳐야 한다. 남의 잘못을 용서하는 아이는 즐겁게 지낼 수 있으며 큰 성과를 낼 수 있다. 너그러움은 훌륭한 인격 수양의 결과이며 너그러운 마음으로 보는 세상은 아름답다. 세상 모든 부모는 자신의 자녀가 날마다 즐겁게 지내며 평생을 아름다운 세상에서 살기를 희망한다. 그럴수록 아이에게 너그러운 태도를 가르치고 다른 사람의 사과에 괜찮다는 말을 해줄 수 있게 교육해야 한다. 다른 사람의 잘못을 용서하는 것은 자신에 대한 너그러움의 또 다른 모습이기 때문이다.

자녀가 친구와 다툼을 벌였는데 자기 자녀에게 잘못이 있는 경우, 자녀가 잘못을 인식하도록 이끌어주고 상대방에게 사과하고 용서를 구하게 해야 한다. 잘못이 상대방에게 있는 경우, 그 아이가 우리 아이에게 사과를 했든 안 했든 상관없이 상대방을 용서하게 해야 한다. 또, 잘못을 용서하지 않으면 친구를 잃게 될 것이며, 게다가 나쁜 기분으로 지내면 건강을 해칠 수도 있음을 알려준다. 아이는 친구가 자기와 놀지 않을까 봐 걱정이 될 것이다. 게다가 건강이 나빠져 약을 먹고 주사를 맞는 일은 더 무섭다. 부모는 아이의 이와 같은 심리를 이용하고 여기에 올바른 지도를 더하여 아이가 친구를 용서할 수 있도록 한다.

배려심을 지닌 아이는 누구에게나 환영받고 마음이 건강하며 대인 관계가 원만하다. 좁아터진 밴댕이 마음씨를 소유한 아이는 환영받지 못하여 주변에 사람도 없이 늘 외롭다. 배려심은 부모의 가정 교육에서 비롯된다. 아이가 학교에서 괴롭힘을 당할까 걱정하는 부모들 중에는 아이에게 남이 때리면 너도 참지 말고 때리라고 가르치는 사람도 있다. 심지어 차라리 피해 보상을 해주더라도 때리고 들어오는 자식이 더 낫다고 생각하기도 한다. 이와 같은 교육 태도는 아이를 친구들과 잘 지내지 못하게 하며 미래의 대인 관계에 악영향을 미친다. 즐거운 어린 시절을 보낸 아이가 자라서도 행복한 생활을 가꿀 수 있다.

{ ...... }

동남아의 한 리조트에서 다음과 같은 일이 있었다. 휴가철을 맞아 각 지역에서 부모들이 아이들을 데리고 휴가를 즐기러 리조트에 왔다. 신이 난 아이들은 리조트 직원들의 인솔하에 테니스 수업을 하러 갔다. 엄마들은 모래밭에서 여름의 태양을 즐기며 이야기를 나눴다. 테니스 수업이 끝나고 아이들을 인솔하여 리조트 로비로 돌아온 인솔자는 아이 한 명이 사라진 것을 발견했다. 부랴부랴 되돌아가보니 5세 아이가 테니스장 구석에서 울고 있었다. 아이들의 인솔자는 아이에게 진심으로 사과했다. 그러나 놀란 아이는 계속 울기만 했다. 큰 테니스장에서 홀로 10분 이상을 기다리는 동안 아이는 매우 무섭고 겁이 났던 것이다.

이때 아이의 엄마가 나타났다. 이 상황에서 대부분의 부모들은 인솔자를 나무라고 욕하며 심지어 윗사람을 찾아가 한바탕 소란을 피운 후 아이를 데리고 그곳을 떠나는 것이 보통이다. 다시는 이런 데 데리고 오지 않겠다는 다짐과 함께 말이다. 그런데 아이 엄마는 예상과 달리 아이를 보며 이렇게 말했다.

"무사히 돌아왔으니 됐어. 인솔하는 누나도 네가 없어져서 놀랐을 거야. 게다가 너에게 미안하다고 사과도 했잖니. 누나에게 괜찮다고 말해주렴."

아이는 작은 입을 오므려 인솔자의 뺨에 뽀뽀했다. 그리고는 이렇게 말했다.

"걱정하지 말아요. 이젠 괜찮아요."

위와 같은 교육을 하는 부모는 아이를 너그러운 품성을 가진 사람으로 기를 수 있다. 살다 보면 기분 나쁜 일을 많이 겪게 된다. 이를 너그러운 마음으로 대하지 않으면 상황이 더 힘들어진다. 짜증 나도 참고 단순히 미소를 짓는 것만으로도 힘든 순간을 모면할 수 있다. 웃으면 복이 온다고 하지 않는가. 웃으면 원망도 해소된다. 이것이 곧 너그러운 마음이다. 너그러운 태도는 일을 잘 해결하게 도와주며 사람을 기분 좋게 해준다. 너그러움은 성격을 온순하게 만들며 너그러운 사람은 모든 사람의 환영을 받고 원만한 대인 관계를 수립할 수 있다.

예로부터 원대한 이상을 품은 사람은 너그러운 마음씨를 가졌다. 그들은 작은 일은 웬만하면 따지지 않고 타인의 실수를 감싸주는 태도를 보여줬다. 삼국지에 등장하는 유비, 관우, 장비 세 사람에게는 저마다 단점이 있었다. 그러나 그들이 도원결의로 맺은 우정이 그것 때문에 깨지지는 않았다. 큰 이상과 포부를 품은 아이로 키우려면 우선 넓은 아량부터 길러줌으로써 타인의 잘못을 용서할 수 있는 사람으로 키워야 한다.

큰 바다는 더러운 물이 흘러와도 거절하지 않고 받아주며, 큰 산은 돌이 못생겼다고 마다하지 않는다. 사람은 큰 바다와 산처럼 많은 것을 품는 너그러움을 가져야 비로소 큰일을 할 수 있다.

아이에게 배려심을 길러주는 법

• 세상에 완벽한 사람은 없다는 사실을 깨우치게 하자 •

완벽한 사람은 없다. 아이가 좋아하고 따르는 연예인이나 가장 존경하는 선생님, 가장 신뢰하는 부모님, 가장 사랑하는 할머니, 할아버지도 예외가 아니다. 사람은 누구나 단점이 있게 마련이고 모든 일을 완벽하게 처리할 수 없다. 그러므로 타인의 작은 실수 하나하나를 마음에 담아 둬서는 안 된다.

아이가 잘못을 저질렀을 때 얼마나 걱정이 되는지 생각해 보게 한다. 여기에 부모의 꾸중까지 더해지면 아이는 더욱 견디기 어려울 것이다. 이때 부모가 너그럽게 용서해 주면 고마움과 함께 다음부터 더 조심해야겠다는 생각을 하게 된다. 다른 사람을 이해하고 배려하는 자세를 아이에게 가르쳐야 한다.

• 잘못을 인정하는 용기와 마음속 원망을 털어내는 법을 가르치자 •

많은 경우 아이들은 잘못을 인정하지 않으려 한다. 다른 사람의 잘못으로 일어난 일이라며 그에 대한 원망을 터뜨린다. 부모는 의식적으로 아이가 잘못을 발견하도록 이끌어 용기 있게 잘못을 인정하고 마음속의 원망을 털어내도록 해야 한다. 또한, 상대방에게 사과하여 쌍방이 화해할 수 있는 상황을 만든다. 누구나 잘못을 할 수 있으며, 타인을 용서함으로써 상대가 잘못을 고칠 수 있는 기회를 주고 서로의 관계를 더욱 돈독하게 할 수 있다는 사실을 깨닫게 해야 한다.

• 아이가 변화를 받아들이도록 이끌자 •

관용은 사람에게만 베푸는 것이 아니라 사건과 사물에도 베풀어야 한다. 사물은 계속 변화하면서 발전하므로 부모는 사물의 변화를 아이가 받아들일 수 있게 교육해야 한다. 아이가 특정 사실이나 사물에 대해 인식을 한 후에는 일종의 고정 관념이 형성된다. 따라서 이후 발생한 변화를 받아들이기가 힘들기에 인정하지 않으려는 심리가 생긴다.

집에서 날마다 달걀을 낳아주는 닭을 기른다고 생각해보자. 아이가 매일 닭장에서 달걀을 꺼내오면 엄마가 프라이를 해줬다. 그러던 어느 날 닭이 알을 낳지 않았다. 그 다음 날, 또 그다음 날도 마찬가지였다. 닭이 늙어서 더는 달걀을 낳을 수 없었던 것이다. 아이가 변화를 잘 받아들이는 편이라면 마음에 상처를 받지 않고 지나간다. 그러나 이를 받아들이지 못하면 닭을 원망하는 마음이 생기고 심하면 닭을 걷어차는 과격한 행동을 할 수 있다.

이와 같은 일을 방지하기 위해 부모는 자녀가 변화를 받아들일 수 있게 지도해야 한다. 변화를 받아들이는 아이는 모든 일에 관용적인 태도를 가지게 된다.

작은 일에
지나치게 연연하지 마라

사람들의 생활이 풍요로워짐에 따라 부모는 자녀들의 욕구를 대부분 충족시켜줄 수 있게 되었다. 그러나 어른, 아이 할 것 없이 우리는 여전히 작은 일에 연연하고 손해 보지 않으려 한다. 이것은 인간의 본성이다. 다른 사람과 지내면서 자기 이익이 침해당하면 오랫동안 불만을 터뜨리며 앞으로 그 사람과 더 이상 왕래하지 않겠다고 다짐한다.

　살다 보면 이런저런 충돌이 일어나며 사람과 사람 사이에 오해도 생긴다. 그때마다 이를 받아들이지 못하고 시시콜콜 따지면 사는 게 피곤해진다. 하늘은 모든 구름을 수용하기에 그토록 넓으며 바다는 세상의 모든 강물을 받아들이기에 그토록 깊다. 바다는 맑은 강물도 흙탕물도 가리지 않고 품는다. 장관을 이루는 산의 경치도 갖가지 모양의 바위를 다 품었기에 가능하다. 가치의 높고 낮음과 형상의 미추를 따지지 않는다. 사람도 즐겁게 살아가려면 관용을 품어 지나치게 따지지 말고 넘어갈 줄 알아야 한다.

　매사 지나치게 따지다 보면 마음이 좁아지고, 단순한 문제도 복잡하게 만든다. "미안해." 한 마디면 끝날 문제를 이리저리 재다가 더 큰 갈등으로 번져 관계에 금이 가기도 한다. 그 반대로 관용은 문제 해결을 쉽게 해주며, '무기'를 '비단'으로 만들어 삶에 즐거움을 더해준다. 그러나 우리 주변에는 지나치게 따지고 연연하는 사람이 많다. 월급이 얼마인가에 따라 일의 양을 정하고, 직책에 따라 업무 범위를 정해놓는다. 그 결과 많은 기회를 잃게 된다.

{ …… }

　자전거 수리점에서 일하는 젊은이가 있었다. 그는 자전거를 수리하고 나서 고객의 자전거를 깨끗하게 닦아줬다. 동료들은 그런 그를 순진하다고 비웃었다. 자전거를 닦는 것은 그의 고유 업무에 속하지 않을뿐더러 그렇게 한다고 해서 사장이 월급을 더 주는 것도 아니라는 이유에서였다. 그러나 이 청년은 그런 비아냥거림에도 미소로 일관하며 자전거를 깨끗하게 닦았다. 어느 날 한 손님이 젊은이를 찾아왔다. 평소 그가 하는 일을 눈여겨보다가 자기 회사에 특별 채용한 것이다. 젊은이는 예전보다 훨씬 많은 월급을 받게 되었다. 동료들은 "우직하게 일하더니 복을 받았네…."라며 그를 부러워했다.

　사실 젊은이가 이러한 기회를 갖게 된 것은 평소 자기에게 주어진 일만 고집하지 않은 그의 성품 덕분이었다. 동료들은 자기에게 주어진 일만 해도 월급은 똑같기 때문에 효율적으로 일하는 자신들이 더 똑똑하다고 생각했다. 대하기 어려운 까다로운 손님이 오면 그들은 이 젊은이에게 응대를 미뤘다. 그러나 손해 보지 않으려는 마음이 그들로부터 많은 기회를 빼앗아갔음이 사실로 증명되었다.

　젊은이의 동료들이 생각하는 것은 현실에서 많은 사람들의 생각을 대변한다. 이와 같은 행동이 언뜻 생각하면 더 영리하고 이익인 것 같지만 사실은 가장 피해야 할 마음가짐이다. 우리는 사회생활을 할 때 지나치게 따지지 말고 관용으로 타인을 대해야 한다. 그렇게 함으로써 생활은 즐거워지고 행복해지며, 사람과 사람 사이의 껄끄러운 관계도 자연스럽게 해결된다.

　모든 사람의 가정, 생활의 경험, 취미, 성격은 다르다. 사회는 각양각색의 사람들이 모인 집단이다. 우리는 어릴 때부터, 또 어른이 된 후에도 이렇게 복잡한 집단 속에서 살아가야 하며, 날마다 다양한 사람들과 만나며 지낸다. 지나치게 따지며 매사를 받아들이지 않는 태도는 곤란하다. 장난감을 친구에게 빼앗겼다고 화를 내고, 엄마로부터 꾸중을 들었다고 짜증을 내는 등 하루에도 서너 번은 화를 낸다면 어떻게 즐거운 생활을 할 수 있겠는가. 화를 내면 건강에도 좋지 않다. 게다가 화낸다고 일이 해결되지 않으며 오히려 속만 상하고 건강을 해친다. 지혜로운 사람은 상대방의 잘못을 너그럽게 용서한다. 그렇게 함으로써 나쁜 기분이 자신의 건강과 생활을 해치지 않도록 할 수 있다.

{ …… }

무남독녀 외동딸인 소민이는 집안에서 모든 어른들의 귀여움을 독차지한다. 모든 것이 자신을 중심으로 돌아가며 어른들은 소민이가 원하는 것은 뭐든지 다 들어준다. 그러나 유치원에 들어가면서 사정이 달라졌다. 친구들은 소민이 말대로 하지 않았으며 소민이 자신도 선생님의 말을 들어야 했다. 기분이 상한 소민이는 유치원에서 돌아오면 짜증을 냈으며 화가 난다며 밥을 안 먹는 일도 있었다.

소민이의 부모는 이러한 소민이가 걱정이 되었다. 저렇게 화를 내면 심신의 건강에 해로울 것이 틀림없었다. 평소 아이에게 화내면 자주 아프고 병원에 가서 주사를 맞아야 한다고 말해도 소용이 없었다. 아이의 투정은 점점 심해져서 밥을 먹지 않겠다고 버티기도 했다. 결국 병원에 가서 검사한 결과 소화 불량이라는 진단이 나왔고 약을 먹어야 한다고 했다.

소민이 아빠는 이 기회에 아이의 버릇을 고쳐주기로 했다. 화가 날 때는 일단 숫자를 세면서 최대한 화를 참아보라고 가르쳤다. 그렇지 않으면 계속 약을 먹고 주사를 맞아야 한다고 덧붙였다. 이후 아이에게 변화가 찾아왔다. 부모가 교육 방식을 바꿔 아이가 다른 사람에게 배려하는 마음을 갖게 한 게 효력을 발휘한 것이다.

관용과 너그러움은 사람을 즐겁게 하고 모두의 환영을 받게 하는 요소다. 자녀가 즐겁게 지내기를 바란다면 부모는 아이가 어릴 때부터 주변 사람들에게 지나치게 따지는 태도를 버리게 하고 그들의 장점을 찾도록 유도해야 한다. 우리는 일상생활과 직장에서 자신을 엄격히 단속하고 타인에 대해서는 너그러운 마음으로 대하며, 속 좁은 생각을 머릿속에서 영원히 몰아내야 한다.

인생의 행복은 많은 돈을 버는 데에 있지 않고 어떤 가치를 창조하느냐에 있다. 인생의 의의는 삶의 길이가 아니라 그 내용에 있다. 매사에 시시콜콜 따지고 양보하지 않는 사람은 남보다 많은 부를 축적할 수 있을지는 몰라도 삶이 행복하다는 보장은 없다. 이와 반대로 너그러운 사람은 물질적으로 얻는 것은 적더라도 삶이 즐겁다.

사람은 어차피 죽을 때 맨손으로 간다. 지나친 물질에의 집착은 아무 의미가 없다. 타인을 관용으로 대하는 것은 즐거운 삶을 위한 방식이다. 남을 이해하고 용서하는 사람은 자신의 삶도 즐겁게 만든다.

아이가 넓은 마음을 갖게 하는 법

• **자기중심적인 사고를 버리게 하자** •

어릴 때부터 타인에 대한 존중과 이해심을 길러주고, 사람은 모두 평등하다는 진리를 깨닫게 해야 한다. 부모는 아이의 요구를 거절할 권리가 있으며, 반대로 부모의 요구가 불합리할 때는 아이도 이를 거부할 수 있다는 점을 말해줘야 한다. 유치원에서는 친구들의 단점을 수용해야 그들과 잘 지내며 함께 놀 수 있다. 자기중심적 사고가 습관이 된 아이는 다른 사람에게 명령하며 자기 말에 따를 것을 요구한다. 상대방이 이를 거절하면 마음속으로 원망하며 매사에 그 사람과 대립한다.

• **타인의 실수를 용서하는 마음을 가르치자** •

누구나 잘못할 때가 있다. 그러므로 아이에게 타인의 실수를 받아들이는 태도를 길러줘야 한다.

"친구가 실수로 네 책을 살짝 쳐서 떨어뜨렸다고 이를 가지고 싸워서는 안 된다. 네가 실수로 친구의 물건을 떨어뜨렸다면 너는 미안한 마음이 들 거야. 그런데 친구가 이를 용서하지 않고 자꾸만 따지려 한다면 네 마음이 어떻겠니? 그러니 다른 사람을 배려하고 용서해야 하는 거야."

• 다른 사람을 칭찬하는 법을 지도하자 •

다른 사람을 칭찬할 줄 아는 사람이 가장 지혜롭다. 사회생활을 하는 과정에서 누구나 상대의 장점을 볼 수 있으며 상대를 칭찬하게 된다. 상대방이 나를 믿고 존중하게 하려면 먼저 상대방을 인정해야 함을 가르치자.

역지사지로 생각하고
다른 사람의 기분을 이해하라

다음은 농촌에서 태어난 한 아이에 대한 이야기다.

{ …… }

부모는 아이를 공부시키기 위해 열심히 농사를 지었다. 아이는 어릴 때부터 금년에는 비가 많이 와서 풍년이 들어야 할 텐데 하는 부모의 말을 듣고 자랐다. 아이는 도시의 학교로 전학을 오게 되었다. 어느 날 비가 내리자 다른 친구들은 집에 어떻게 가느냐며 울상이었다. 그런데

이 아이는 창밖을 내다보며 기뻐했다. 친구들은 촌뜨기라서 뭘 모른다고 놀렸으나 아이는 상관하지 않았다.

글짓기 시간에 선생님은 자기가 가장 좋아하는 날씨를 주제로 글짓기를 해보라고 했다. 아이는 '비'라는 제목으로 글짓기를 하여 선생님의 칭찬을 받았다.

"비는 나와 부모님의 꿈을 안고 내린다. 비는 우리의 희망이다…."

아이의 마음을 알 리 없는 도시 아이들은 여전히 아이를 시골뜨기라고 놀렸다.

사실 이 이야기에서 우리가 알 수 있는 게 있다. 사람이 처한 상황이 다르면 사물을 보는 시각이 달라진다는 것이다. 농촌에서 온 아이가 비를 자신과 부모의 희망이라고 표현한 것은 비가 내리면 땅이 촉촉해지고 농작물의 수확이 풍성해지기 때문이다. 그러면 부모는 아이를 공부시킬 돈을 많이 벌고 아이는 더 큰 세상으로 나가는 꿈을 이룰 수 있다. 도시의 아이들은 비가 오면 밖에 나가 놀 수가 없으니 비 오는 날이 싫은 것이다. 그러니 농촌 아이의 마음을 이해할 리 만무하다.

친하게 지내는 또래 아이들이더라도 저마다 가정 형편과 생활환경, 교육 방식, 성격이 다르다. 따라서 그들이 하는 말과 하는 행동을 다 이해하기는 어려우며, 때로는 다른 사람의 마음에 상처를 주는 일도 있다. 이때 입장을 바꿔서 생각해본다면 상대방의 기분을 이해할 수 있으며, 서로 우호적인 관계를 유지할 수 있다. 또한, 아이도 상대방의 인정을 받으므로 불필요한 다툼을 피할 수 있다.

그러나 요즘 아이들은 부모의 과잉보호 속에서 자기중심적인 사고에 빠지기 쉽다. 말이나 행동에서 다른 사람의 느낌을 고려하지 않고 자기 이익만 생각하면 상대방에게 상처를 주기 쉽다. 또, 당장은 자신의 이익을 보호할 수 있을지 몰라도 결과적으로 상대방으로부터 신뢰와 존중을 잃어버린다는 것을 명심하자.

{ …… }

학교에서 돌아온 동혁이가 문을 들어서자마자 이렇게 말했다.

"오늘 정말 재수 없는 날이었어요. 아침에 버스가 고장 나서 다음 버스를 기다려 겨우 타는 바람에 하마터면 지각할 뻔했거든요. 게다가 생물 시간에 우리 조의 어떤 아이가 수업 시간에 떠든다고 선생님이 우리 조 전체의 점수를 10점씩이나 깎아버렸지 뭐예요."

아이들의 평소 태도는 성적에 반영된다. 반에서 1, 2등을 다투는 동혁이는 10점을 깎이면 타격이 크다. 아마 기말 시험에서 1등은 물 건너갈 것이다. 동혁이가 화를 내는 것도 무리는 아니다.

아빠도 아이에게 10점이 얼마나 중요한지 잘 알고 있었다. 평소에 좋은 일을 하면 겨우 1점을 받을 수 있었으며, 선생님의 질문에 열심히 대답해도 1점이었다. 이번에 10점이나 깎였으니 아이가 얼마나 속이 상할지 이해되고도 남았다. 그러나 아이가 현실을 받아들이고 다른 사람을 이해하는 품성을 갖게 하기 위해 아빠는 이렇게 말했다.

"오늘 선생님이 좀 심했던 건 사실이야. 그러나 선생님에게도 어려움이 있을 거다. 엄격한 규율이 없으면 교실의 질서를 어떻게 유지하며 수업을 어떻게 진행할 수 있겠니? 선생님이 유독 너에게만 그런 것도 아니고 조원 전체의 점수를 깎은 것이니 선생님의 입장에서 이해하렴."

이 말을 듣자 동혁이도 억울한 마음을 조금씩 가라앉힐 수 있었다. 아빠가 덧붙였다.

"동혁아, 선생님도 신이 아닌 이상 실수를 할 수 있으며 전체적인 모습을 살피지 못할 때도 있는 법이란다. 그러니 선생님을 이해해드려야 해. 아빠는 네가 노력하면 높은 성적을 유지할 거라 믿어."

그제야 동혁이의 얼굴에 미소가 번졌다.

살다 보면 어려운 일이나 좌절을 겪을 때가 있으며, 불공평한 일을 당할 때도 있다. 아이들의 여린 마음은 이러한 일로 큰 상처를 받는다. 이때 부모가 한술 더 떠 아이를 비난하거나 야단쳐서는 안 되며, 아이와 함께 상대를 비난해서도 안 된다.

만약 동혁이 아빠가 선생님의 행동이 지나쳤다며 아이와 함께 선생님을 비난했다면 어떻게 되었을까? 아이 마음속에 있던 선생님의 이미지는 와르르 무너질 것이며, 아이는 그 과목에 흥미를 잃어버리고 결과적으로 성적에 더 나쁜 영향을 미칠 수 있다. 이러한 일이 반복되면 시간이 가면서 아이는 더욱 나약한 성격을 갖게 된다. 따라서 우리는 동혁이 아빠처럼 아이에게 선생님의 입장에서 문제를 생각하도록 지도하고, 선생님의 어려움을 헤아려보게 해야 한다. 그리하여 눈앞의 현실을 직시하고 받아들임으로써 아이가 건강한 마음으로 자라게 해야 한다. 아이의 성장 과정에서 아빠는 입장을 바꿔 생각하게 이끌어 아이가 타인의 입장을 받아들이고 환영받는 사람으로 자라게 하자.

많은 사람들이 자신의 이익을 우선하며 타인의 입장에서 생각해보려 하지 않는다. 그렇게 함으로써 자기 이익은 지켰을지 몰라도 상대방에게는 상처를 입힌다. 따라서 부모는 아이가 어릴 때부터 입장 바꿔 생각하는 일을 통해 자신이 싫은 것은 다른 사람도 싫어한다는 것을 깨닫게 해야 한다. 역지사지로 생각할 줄 알아야 타인의 기분을 이해하고 너그러운 태도를 갖게 된다.

아이에게 역지사지를 가르치는 법

• **아이에게 입장을 바꿔 생각하는 환경을 마련하자** •

자녀 교육에서 가정 교육은 매우 중요하며, 부모의 일거수일투족은 아이에게 영향을 미친다. 많은 부모들이 아이에게 잘하라고 주문하면서도 정작 자신의 행동을 돌아보지 않는다. 그 결과 말로는 아이의 교육에 힘쓰지만 행동으로는 스스로 반면교사 역할을 하는 경우가 많다. 행동으로 보여주는 교육은 백 마디 말보다 효과적이다. 아이의 교육을 위해서라도 부모는 언행에 주의해야 한다. 부모가 직장 동료의 흉을 자주 보면 아이가 은연중에 영향을 받아 굳이 말하지 않아도 속으로 그 동료를 같이 욕하게 된다. 이는 심리적인 건강에 좋지 않다. 가정을 이끄는 책임이 있는 아빠는 아이에게 입장을 바꿔 생각할 환경을 마련해주고 다른 사람을 이해하는 품성을 길러줘야 한다.

• **아이에게 다른 사람의 기분을 느껴보게 하자** •

다른 사람을 이해하는 간단하고 효과적인 방법은 자녀로

하여금 다른 사람의 기분을 느껴보게 하는 것이다.

오늘은 온 가족이 놀이공원에 놀러가기로 한 날이다. 잔뜩 들떠 있는 예나에게 친구가 같이 놀자며 찾아왔다. 예나는 엄마, 아빠가 자기를 데리고 가지 않을까 봐 걱정이 되었다. 그래서 친구를 문밖으로 황급히 데리고 나갔다. 분명히 문밖에서 말소리가 들렸는데 아빠가 나가 보니 아무도 없었다. 예나에게 물으니 친구가 찾아왔는데 돌려보냈다고 하는 것이었다. 베란다를 통해 예나의 친구가 걸어가면서 고개를 돌려 이쪽을 쳐다보는 모습이 보였다. 외출에서 돌아오는 길에 아빠가 예나에게 물었다.

"네가 친구 집에 갔는데 들어오지도 못하게 하고 그냥 가라고 하면 기분이 어떻겠니?"

"그야 당연히 기분이 나쁘겠지요. 다음부터는 그 애와 놀지 않겠다고 다짐할 거예요."

예나의 대답에 아빠가 말을 이었다.

"그렇다면 오늘 네 친구도 널 찾아왔는데 문밖에서 거절당해 기분이 나빴겠구나. 그럼 좋은 친구를 잃게 되지 않을까?"

예나는 고개를 푹 숙이고 말이 없었다. 자기 잘못을 알게 된 것이다. 잠시 후 예나는 아빠의 전화기를 빌려 친구 집에 전화했고 그 친구에게 사과했다. 그러고 나서 다음 주에 놀러오라고 청했다.

아이들은 단순해서 자신이 잘못을 저질렀다는 것과 자신의 행위가 상대에게 상처를 줄 수도 있다는 것을 알면 몹시 괴로워한다. 아빠는 상대방의 기분을 아이에게 체험하게 함으로써 자신의 말과 행동이 상대에게 상처를 줬음을 깨닫게 한다. 이렇게 입장 바꿔 생각해보는 과정을 통해 상대방을 이해하고 존중하는 법을 배울 수 있다.

한 걸음 물러나면 더 큰 것을 얻을 수 있다

사람들은 꽃이 만발한 정원을 걸으며 꽃의 아름다움을 찬미하지만 어느 누구도 푸른 잎을 거론하지 않는다. 그러나 푸른 잎은 한 번도 원망하지 않으며 꽃과 그 위치를 놓고 다투는 법이 없다. 그저 묵묵히 한 걸음 뒤로 물러나 꽃의 아름다움을 빛내고 아름다운 세상을 완성하는 데 일조한다.

도요새와 조개가 서로 싸우다 둘 다 어부에게 잡혔다는 이야기는 고사성어 어부지리의 유래가 되었다. 어부에게 잡혀가느니 조금 양보하는 것이 낫다는 사실은 누구나 인정한다. 사람이 살아가면서 서로 잘났다고 싸우는 것은 무의미한 일이다. 한 걸음 양보하면 더 큰 것을 얻을 수 있다.

아이는 한 걸음 양보함으로써 자신의 감정을 조절할 줄 알게 될 뿐 아니라 자존심도 높일 수 있다. 친구와 다투는 아이에게는 양보의 미덕을 가르쳐야 한다. 상대방이 전적으로 잘못했을 리 없으며 자신의 잘못도 조금은 있다. 어떤 면에서, 또는 어떤 시점에 적당한 양보만 했다면 다툼이 일어나지 않는다. 아이는 이렇게 자신의 잘못을 인식하면서 상대를 용서하게 된다. 그렇게 해야 다툼이 아이의 정서에 부정적인 영향을 미치지 않는다.

한 걸음 양보하면 세상이 넓게 보이고 한때를 참으면 마음의 평화가 찾아온다. 너그러운 마음으로 상대를 대하고 득과 실을 지나치게 따지지 않으면 더 멋진 삶을 살 수 있다. 양보는 일종의 전략이며, 결코 나약한 모습이 아니다. 한 걸음 물러나는 것은 타협이 아니라 앞으로 나아가기 위한 전략이다. 굴복이나 항복이 아니며 더 멀리 뛰기 위해 잠시 호흡을 고르고 기운을 모으는 과정이다. 더 멀리, 더 높이 뛰기 위해서는 도움닫기가 필요하다. 자녀의 성공적인 삶을 원한다면 한 걸음 물러서는 지혜를 가르쳐야 한다.

{ …… }

채린이는 성격이 좋고 말도 잘 듣는 아이다. 교우 관계 또한 좋다. 그런데 이날은 잔뜩 골이 난 표정으로 집에 돌아왔다. 아빠가 학교에서 무슨 일이 있었느냐고 묻자 볼멘소리로 대답했다.

"오빠가 선물로 준 연필깎이를 영미가 망가뜨렸지 뭐예요. 반드시 물어내라고 할 거예요."

"그 아이가 일부러 그랬어?"

"그건 아니지만 사용법을 제대로 몰라서 너무 힘을 줘서 돌리다 그런 거예요."

"저런, 속상했겠구나. 하지만 일부러 그런 게 아닌데 연필깎이가 망가졌으니 그 아이도 당황했겠네. 네가 이해해주렴. 오빠한테 고쳐달라고 하면 되잖아. 고쳐도 안 되면 아빠가 새 걸로 하나 사주마. 그러니 그만 용서하는 게 어떻겠니?"

아빠가 타이르는데도 채린이는 좀처럼 화가 풀리지 않았다.

"그 연필깎이는 오빠가 생일 선물로 준 거라 제가 제일 아끼는 물건이었단 말이에요. 친구라 하더라도 망가뜨렸으면 책임지고 물어내야지 미안하단 말로 끝나는 법이 어디 있어요?"

채린이의 항변에 아빠가 말을 이었다.

"채린아, 만약에 네가 친구의 물건을 실수로 망가뜨렸는데 그 친구가 물어내라고 하면 너도 속상하지 않겠니? 무엇보다 친구와 사이가 멀어지지 않을까?"

아빠의 설득에 채린이는 친구의 사과를 받아들이기로 했다.

위와 같은 상황을 만나면 부모는 아이로부터 자초지종을 들어보고 먼저 아이를 위로해야 한다. 그 후에 사건의 원인을 분석하여 어느 쪽의 잘못인지 판단한 다음, 아이에게 누구나 실수를 할 수 있으며 상대의 실수를 용서하라고 타이른다. 친구는 이미 자신의 잘못을 알고 있고 게다가 사과까지 했으니 용서해야 마땅하다. 자칫하면 친구 간의 우정에 금이 갈 수 있으며 좋은 친구를 잃을 수도 있다는 점을 인식시켜야 한다.

아이가 끝까지 '눈에는 눈 이에는 이'와 같은 식의 결과를 요구하고 나설 경우, 부모는 참을성을 가지고 아이를 이끌어야 할 필요가 있다. 또, 남을 용서하는 것은 곧 자신을 용서하는 것이자, 타인에게 잘못을 고칠 기회를 주는 일이라고 가르쳐야 한다. 아이가 용서하면 상대방은 감동하며, 그렇게 되면 둘 사이의 우정이 더 돈독해진다고 말해주자.

요즘 아이들의 지나친 자기중심적 사고는 사회적으로 문제가 될 정도다. 타인에 대한 배려와 양보심이 부족한 아이들이 많다. 부모가 나서서 아이에게 다른 사람을 용서하는 법을 가르쳐야 한다. 한 사람만 지나갈 수 있는 좁은 통로에서 두 친구가 마주쳤다고 가정하자. 둘 중 하나가 양보하지 않으면 시간만 지체될 뿐이다. 이때 먼저 나서서 양보하면 둘 다 지나갈 수 있음은 물론이거니와, 이를 통해 친구와 좋은 관계를 형성할 수 있다. 아이가 친구와 다투고 속상해할 때 부모는 기분 좋게 양보하도록 해주자.

동서고금을 막론하고 양보는 많은 기적을 가져왔다. 염파와 인상여 사이의 미담은 유명하다. 염파가 인상여에게 수차례 모욕을 주었으나 인상여는 그때마다 참고 양보했다. 나라의 안위가 더욱 중요하다고 생각했기에 취한 행동이었다. 뒤늦게 모든 사실을 안 염파는 자신의 행위를 부끄러워하며 회초리를 한 묶음 지고 인상여를 찾아가 용서를 빌었다. 이 일로 두 사람의 사이가 가까워진 것은 물론이다. 다른 예로, 중국의 유명한 사교육 기관 신둥팡의 위민훙 회장은 재수, 삼수 끝에 꿈에 그리던 베이징대학교에 합격했다. 졸업 후 학교에 남았으나 2년도 안 되어 해고되었다. 그는 성공을 위해 한 걸음 물러선다는 각오로 더욱 분발하여 신둥팡을 설립했다.

　한 걸음 양보하면 더 멀리, 더 높이 도약할 수 있다. 엄동설한의 추위를 견뎌야 따뜻한 봄이 오는 것과 같다. 양보하면 고민을 떨쳐버리고 즐거운 마음으로 살 수 있다. 또, 어려움을 극복하고 성공을 향해 더욱 정진할 수 있다. 부모는 자녀에게 한 걸음 양보하는 법을 반드시 가르쳐야 한다. 아이는 고민을 털어버리고 어려움을 두려워하지 않게 되며, 모든 시련을 극복하고 성공과 마주할 수 있다. 비바람이 그친 후 무지개가 뜨듯이, 한 걸음 물러서며 노력을 아끼지 않는 사람만이 희망을 볼 수 있으며 삶의 가치를 실현할 수 있다.

아이에게 양보를 가르치는 법

• 득과 실에 대한 올바른 인식을 심어주자 •

득이 있으면 실이 있게 마련이다. 운 좋게 남의 덕만 보는 사람은 당장은 이익인 것 같지만 가장 소중한 것을 잃어버리고 있다는 사실을 잊기 쉽다. 그것은 타인으로부터의 신뢰다. 한 걸음 양보하는 것이 미덕이라는 사실쯤은 누구나 알고 있다. 그러나 실제 행동으로 옮기기란 좀처럼 쉽지 않다. 부모는 자녀에게 당장 손해를 보는 것 같은 일도 결과적으로는 이익이라는 삶의 이치를 깨닫게 해야 한다. 즉, 그 자리에서 남에게 양보하면 당장은 이익을 뺏기는 것 같아도 타인으로부터 신뢰를 얻을 수 있다. 신뢰야말로 우리를 성공으로 안내하는 통행증이며 성공의 윤활유라 할 수 있다.

• 일상생활에서 양보를 경험하게 하자 •

자녀 교육은 일상생활의 사소한 부분에서 이루어져야 한다. 이를 통해 아이가 무의식중에 깨닫고 변화한다. 부모는 평소 언행에 주의하고 타인을 배려심으로 대해야 한다. 가령, 버스 안에서 몸이 부딪혔다는 이유로 언쟁이 벌어진 경우, 우리가 이 상황을 잠재울 능력까지는 없어도 아이를 교육시키는 기회로 삼을 수 있다. 쌍방이 조금만 양보하면 싸움이 일어나지 않을 것이라고 아이에게 가르쳐보자. 아이는 친구와 싸움이 벌어졌을 때 자신이 우세에 처하더라도 기분이 썩 좋지는 않을 것이라는 데에까지 생각이 미치게 된다. 그렇다면 굳이 다툴 필요가 없다. 결국 타인의 잘못을 이용해 자신에게 벌을 주는 것과 다름없기 때문이다.

조금만 양보하면 타인을 용서할 뿐 아니라 자신에게도 관용을 베푸는 결과가 온다. 타인을 배려할 때 우리는 그들로부터 신뢰를 얻을 수 있으며 친구가 될 수 있다. 우리가 사는 세상은 결코 외롭지 않으며, 언젠가 결정적인 순간에 도움의 손길을 받을 수 있다.

아빠만이 가르칠 수 있는 9 가 지 아 이 인 성

7

책임

책임감이 강해야
떳떳할 수 있다

책임은 자기의 맡은 바 임무이며, 사람은 책임을 다해야
자신의 포부를 실현할 수 있다. 책임감이 강한 사람은
자신의 행위에 책임을 질 줄 알며, 가정과 사회에도 책임을
질 줄 안다. 책임감이 있어야 다른 사람의 신뢰를 얻을 수
있으며 떳떳한 사람이 될 수 있다. 자신이 한 말을
행동으로 옮기고 그 결과에 책임을 져야 한다. 자신의 잘못을
솔직히 인정하는 것이 진정으로 책임 있는 태도이며,
이러한 사람이라야 행복한 가정과 사회적 성공을
이끌어낼 수 있다.

핑계 대는 습관을 버려라

우리 주변에는 그럴듯한 말로 자신의 잘못을 변명하는 사람들이 많다. 그러나 그들 중 99%는 바로 이와 같은 핑계 때문에 성공의 대열에 끼지 못한다. 부모들은 아이가 핑계 대는 습관을 갖지 않도록 지도해야 한다. 일을 핑계로 이리저리 빠지지만 정작 일에 임할 때는 다른 핑계를 대며 책임을 회피하는 사람이 되지 말아야 한다. 변명은 책임을 회피하는 행위에 지나지 않는다. 변명을 늘어놓는 것이 습관이 되면 책임감도 실종되어버린다. 변명하지 않는 것이야말로 책임을 다하는 자신 있는 태도이며, 과감하게 도전하는 정신의 표현이기도 하다.

어떤 문제에 부딪혔을 때 변명거리를 찾지 않는 것은 스스로 달아날 구멍을 차단하겠다는 의미다. 따라서 열심히 노력해 문제를 해결할 방법을 찾아야만 한다. 이때 사람의 잠재력이 발휘되며 어렵기만 한 문제도 쉽게 해결할 수 있다. 요즘 아이들은 집안 어른들의 사랑만 받아서 그런지 용기가 없고 문제에 부딪히면 도망갈 구실만 찾는다. 이러한 식으로 변명이 생활화되면 결국 성공을 가로막는 걸림돌로 작용하고 말 것이다.

자식을 사랑한다면 변명할 기회를 주지 않아야 한다. 아이는 변명이 통하지 않아 속상한 나머지 눈물을 보일 수 있다. 그러나 이러한 시련을 겪어야 더 강한 아이로 자라날 수 있다. 변명을 하지 않는다는 것 자체가 매력적인 인격체로 성장할 수 있는 조건이다. 그러나 아이들은 이런저런 핑계를 대는 데 이골이 나 있다. 무슨 잘못을 해도 그럴듯한 핑계를 대서 부모와 선생님의 질책으로부터 벗어나고 책임을 회피하려 한다.

{ …… }

경서는 초등학교 때까지만 해도 부모님과 선생님의 말을 잘 듣고 공부도 잘했다. 그런데 중학교에 들어가더니 노는 데 정신이 팔려 공부는 뒷전이었다. 그러면서도 늘 핑계를 댔다. 학교에 지각하면 선생님에게 그럴듯한 핑계를 댔다. 어느 날은 알람 시계가 고장이 났고, 어느 날은 엄마가 아침밥을 늦게 차려줬고, 심지어 어느 날은 숙제를 놓고 와서 도중에 집에 다녀오느라 늦었다는 등 핑계도 다양했다.

중간고사 결과 경서는 형편없는 성적표를 받았다. 특히 평소 자신 있는 과목인 국어 점수가 70점대로 떨어졌다. 반 아이들은 국어 점수가 대부분 80점 이상이었다. 엄마의 걱정에 경서는 핑계를 댔다.

"이번에 바뀐 선생님이 시골 출신이라 사투리 억양이 너무 강해서 알아듣기 힘들어요. 게다가 수업 시간에 반 아이들이 하도 떠들어서 수업 분위기도 엉망이라 집중하기 어려웠어요."

엄마는 경서가 핑계를 대는 것이라 직감했다. 반 전체의 평균 성적으로 볼 때 선생님의 수업 방식에 문제가 있었다고 보기는 어려웠다. 오히려 수업 분위기를 잘 이끌어가고 있음이 분명했다. 사실 여부를 확인할 가치가 없다고 생각한 엄마가 입을 열었다.

"똑똑한 아이는 핑계를 대지 않는 법이란다. 잘못했으면 당당하게 인정하면 될 일이다. 시험 한 번 잘 못 봤다고 큰일이 나지는 않아. 중요한 것은 이번 경험을 거울삼아 다음 시험에서 같은 실수를 되풀이하지 않는 거야."

엄마의 말에 경서는 부끄러웠다. 선생님의 사투리가 심한 것은 사실이지만 알아듣지 못할 정도는 아니었고, 반 분위기도 자신이 말한 정도로 산만하지 않았기 때문이다. 공부를 게을리한 자신의 잘못을 다른 핑계로 덮으려 했던 것뿐이었다. 자신의 문제점을 확실히 인식한 경서는 앞으로는 이 버릇을 고쳐야겠다고 다짐했다.

자녀가 변명을 자주 하는 편이라면 부모는 자신의 행동부터 반성해야 한다. 평소 변명으로 자신의 책임을 미루는 것은 아닌지,

또는 자녀가 잘못을 저질렀을 때 지나친 질책과 꾸중을 하는 것은 아닌지 돌아보고 양육 방식을 바꿔야 한다.

　잦은 질책과 꾸중을 듣고 자라는 아이는 이를 면하기 위해 잘못을 은폐하려 한다. 부모는 아이가 거짓말을 한다며 한바탕 호된 꾸중을 한다. 이렇게 되면 아이는 잘못을 인정하지 못할뿐더러 자신이 댄 핑계에 허점이 많아 부모에게 들켰다고 생각한다. 결국 다음에는 더 그럴듯한 변명거리를 대는 악순환이 반복된다. 지나친 처벌과 꾸중이 아이를 변명의 고수로 만든다는 사실을 알아야 한다. 아이가 잘못을 인식하고 다음에는 유사한 잘못을 저지르지 않게 이끄는 게 부모의 역할이다. 일방적인 처벌과 꾸중은 역효과를 낳는다는 사실을 기억하자.

　아이가 변명을 하는 가장 큰 이유는 책임 의식이 없기 때문이다. 부모는 자녀의 책임감을 길러줘야 한다. 그래야 문제에 부딪히거나 잘못을 저질렀을 때 핑계를 대지 않게 된다.

핑계 대지 않는 아이로 키우는 법

• **스스로 책임지는 법을 알려주자** •

문제에 부딪혔을 때 움츠러들지 말고 아이 스스로 해결 방법을 생각해보게 하자. 또, 잘못을 저질렀을 때는 회피하지 말고 자신의 행위에 책임을 지게 해야 한다. 사람은 누구나 잘못에 대해 책임을 질 의무가 있으며, 남에게 책임을 미뤄서는 안 된다. 이것이 바로 자신에 대해 책임을 지는 삶의 태도다.

작은 일에서부터 책임감을 키워주며 잘못을 했을 때 핑계를 대는 습관을 버리게 해야 한다. 시간이 지나면서 아이는 자신의 잘못을 용기 있게 인정하게 된다. 부모는 아이의 잘못을 용서해주고 스스로 시정할 기회를 줘야 한다.

• **실패에 대한 변명이 아니라 성공을 위한 방법을 찾게 하자** •

성공한 사람들은 무수한 실패의 경험을 갖고 있다. 그들은 실패를 교훈 삼아 성공으로 일궈낸 사람들이다. 사람들은 대부분 실패를 겪은 후 상실감과 패배감에 사로잡힌다. 고통의 나날 속에서 자신을 위로할 합리적 핑계를 찾아내고는 그제야 마음이 편해진다. 그러나 이는 실패한 자의 소심한 행동이다. 성공하고 싶다면 실패한 현실을 직시하고 그 원인을 분석해 이를 경험 삼아 교훈을 도출해내며 성공하기 위한 방법을 찾아내야 한다.

- **일의 결과에 책임을 질 수 있게 아이를 지지하고 격려하자**

자녀가 잘못을 저질렀을 때 아이가 아직 어리다고 책임을 면하게 해서는 안 된다.
"친구의 장난감을 망가뜨렸지만 넌 아직 어리니까 엄마가 알아서 할게."
"넌 아직 아이니까 그럴 수도 있어. 괜찮아."
이와 같은 식의 태도는 부모 스스로 아이 대신 핑계를 대주는 것으로, 아이의 책임감을 약화시키는 결과를 초래한다. 부모는 아이가 자신의 잘못을 용감하게 인정하고 응분의 책임을 질 수 있게 자녀를 지지하고 격려해야 한다.
자녀를 사회의 당당한 구성원으로 자라게 하고 싶다면 자신의 잘못을 인정하는 책임감부터 길러줘야 한다. 무슨 일에나 핑계부터 대는 사람들이 있다. 그들은 늘 이렇게 말한다.
"내가 게을러서 그렇지 마음먹고 나서면 엄청난 일을 할 수 있을 거야."

"내가 살이 쪄서 그렇지 살만 빼면 어떤 영화배우보다 더 예쁜 얼굴이지."

이러한 사람들은 어떤 일도 이룰 수 없다. 아이가 이 사람들처럼 되는 것을 바라지 않는다면 지금부터라도 아이의 책임감을 길러주자. 그리하여 아이가 실패와 좌절에 핑계를 대지 않고 성공을 위한 방법을 찾아가게 해야 한다.

책임감을 가지고 끝까지 해내라

어떤 일을 중도에서 포기하거나 대충 하지 않고 끝까지 해낸다는 것은 책임감의 또 다른 모습이다. 물론 아직 어린 자녀가 어떤 일을 끝까지 해내기란 쉽지 않다. 그렇다고 아이가 쉽게 포기하도록 내버려둬서는 안 된다. 부모의 이러한 태도는 자녀의 책임감을 길러주는 데 방해가 된다.

세상을 깜짝 놀라게 할 큰 성과를 거둬야만 성공은 아니다. 어떤 일을 한번 시작했으면 끝까지 해내는 것도 성공이다. 그러기 위해서는 적극적이고 진지한 태도로 주변의 작은 일부터 해내야 한다. 학생이라면 선생님의 수업을 열심히 듣고 숙제를 빠짐없이 해가는 일이 해당될 것이다. 작은 일을 날마다 되풀이하다 보면 저절로 습관이 된다. 자녀가 어리기 때문에 매사에 완벽하게 할 수는 없겠지만 부모가 참을성을 가지고 지도하면 이러한 부분이 조금씩 고쳐질 것이다.

부모는 적당한 시기에 자녀를 격려해야 한다. 자녀가 유치한 생각을 피력할 때, 부모는 절대 비웃거나 부정적인 태도를 보이지 말아야 한다. 자칫 하면 아이의 의욕을 꺾고 자존심에 상처를 줄 수 있기 때문이다. 부모가 자신의 생각을 비웃고 있음을 눈치챈 아이는 하던 일을 계속할 수 없거나, 설사 계속하더라도 부모의 생각대로 따르게 된다. 그 결과 하던 일에 스스로 책임을 지겠다는 의식이 실종되고 만다. 따라서 이러한 면에 서툰 부모는 자신의 문제를 인식하고 고쳐야 한다. 자녀에게 자신의 생각을 강요해서는 안 되며 아이 스스로 결정할 수 있도록 지켜보고, 최선을 다해 그 일을 해낼 수 있게 격려해야 한다.

간단한 일이라도 끝까지 해내는 사람은 이미 훌륭하다. 부모는 크든 작든 한 가지 일을 끝까지 해내는 법을 자녀에게 가르쳐야 한다. 우물가에서 숭늉 찾듯이 서두르거나 중도에 포기해서는 안 되며 건성건성 해서도 안 된다. 한 가지 일을 완성한다는 것은 꼼꼼하게 제대로 해낸다는 것을 의미하며, 이 태도는 책임감에서 비롯된다.

어떤 일을 잘 해내려면 적극적이고 진지한 태도와 열심히 하는 정신이 필요하다. 학력과 직업을 막론하고 일을 끝까지 해내는 습관은 필수적이다. 단순한 직업과 일이라도 진지하게 임하고 과정을 중시하다 보면 그 일은 더 이상 간단한 직업이나 일이 아닌 것이 된다. 이러한 진리를 극명하게 설명해주는 사례를 소개한다.

{ …… }

학교를 졸업한 지 얼마 안 되어 윤희 씨는 고속도로 요금소에서 일하게 되었다. 날마다 하는 일은 통행료를 받는 극히 단순한 작업이었다. 일을 시작한 지 일주일 만에 윤희 씨는 동료들과 친해졌다. 그들은 단순노동이 너무 무료하고 금방 싫증이 난다며 푸념했다. 그러나 모든 일에 진지하게 임하는 태도가 몸에 밴 윤희 씨는 동료들의 의욕을 잃은 업무 분위기에 휩쓸리지 않았다.

일을 하다 보니 통행료 받는 일이 단순해 보이지만 반드시 지켜야 할 부분이 많다는 사실을 발견했다. 자신이 맡은 요금소를 지나는 차량의 모델, 차량 번호와 특이 사항의 처리 등을 일일이 기록해야 했다. 주의를 집중하지 않으면 실수할 가능성이 컸다. 윤희 씨는 그 일을 더 빨리 효과적으로 할 수 있는 방법을 연구했다. 차량이 몰리는 시간대에는 차량이 요금소로 진입하는 순간 차량 모델과 번호를 재빨리 기록하여 차량의 정체 현상을 줄였다.

일을 한 지 1년이 지난 후 윤희 씨는 그동안 작업한 내용에 관해 업무 일기를 작성했다. 업무에 적극적이고 퇴근 후에도 피곤함을 무릅쓰고 일기를 쓰며 찌푸린 얼굴을 보인 적이 없는 윤희 씨를 보고 동료들은 그녀를 타고난 낙관주의자라고 평가했다. 윤희 씨는 업무 일기에 이렇게 썼다.

"열심히 일하는 것은 나의 태도이며 업무를 잘 해내는 것이 나의 목적이다. 하루하루의 업무를 잘 해내는 것은 나의 책임이다. 나의 소홀함으로 말미암아 업무에 차질을 빚어서는 안 된다. 그런 일이 있으면 마음이 불안하고 자책감이 든다."

요즘 젊은 세대들은 인내와 끈기가 부족하다. 또, 거창한 포부와 높은 이상을 품고 있기에 단순한 업무를 하찮게 여긴다. 그들에게는 윤희 씨 같은 정신이 부족하다. 그래서 자기 마음에 차지 않는 직업을 구하지 못하면 삶 자체가 안 풀린다고 생각한다. 학력은 높지만 단순한 업무도 제대로 해내지 못하는 사람들도 있다. 그들은 자신에 대한 회의를 느끼기 쉽다. 자녀가 행복하고 즐거운 삶을 누리기 원한다면 부모는 아이가 어릴 때부터 매사를 끝까지 해내는 습관과 책임감을 길러줘야 한다.

성공은 오랜 세월 쌓아온 노력의 결과이며, 순간의 노력으로 얻어지는 것이 아니다. 부모는 아이가 어릴 때부터 어떤 일이든 포기하지 않고 해내는 습관을 길러줘야 한다. 그리고 책임감을 가지고 끝까지 완수하기 위해 진지하게 최선을 다해야 한다. 이러한 태도야말로 가장 현명한 생각이며, 성공할 수 있는 가장 간단한 방법이기도 하다.

한 가지 일을 진지하게 해내는 습관이 어느 정도 자리 잡으면 질적인 면에서 도약할 수 있는 계기가 된다. 성공은 끊임없는 축적이 필요하며, 주어진 일을 열심히 해야 성공은 비로소 자신만의 것이 된다.

• 고정된 시간을 정해 지도하자 •

부모는 고정된 시간을 정해 아이를 교육시켜야 한다. 즉, 매일 같은 시간에 같은 일을 하도록 지도한다. 그렇게 하면 일종의 습관이 형성되어 날마다 그 시간이 되면 주도적으로 자기 할 일을 하게 된다. 비록 이 동작이 기계적이라 하더라도 자녀의 책임감을 길러주는 최적의 시기임을 명심해야 한다. 아이의 단순한 심리는 매일 그 시간을 자기가 할 일을 할 때라고 생각한다. 따라서 아이가 어릴 때부터 부모는 아이와 동일한 시간에 동일한 일을 하도록 인도해야 한다. 도중에 포기하거나 다른 사정이 있다는 구실로 아이의 습관을 흐트러뜨려서는 안 된다.

• 아이가 흥미를 느끼는 일부터 지도하자 •

어느 정도 연령이 되는 아이에게는 흥미를 느끼는 일부터 시도하여 스스로 좋아하는 일을 선택하게 한다. 또, 반드시 완성할 것, 제대로 해낼 것, 도중에 포기하지 않을 것을 아이와 약속한다. 예를 들어, 여름 방학 때 부모는 아이의 의사에 따라 특별 활동반이나 학원에 등록해주되 싫다는 아이에게 절대 강요하지 않는다. 아이가 방학 계획을 스스로 정하도록 하고, 계획대로 하고 있는지 살펴본 다음 필요한 도움을 줄 수 있다. 아이의 의사를 존중하지 않고 부모 생각대로 아이를 학원에 등록할 경우, 아이가 끝까지 해내더라도 좋은 효과를 보장하기 어렵다.

• 부모가 일관성 있게 밀고 나가자 •

일관성은 자녀를 교육하는 과정에서 가장 엄격히 요구되는 덕목이다. 자녀 교육은 어떠한 사정으로도 미루거나 방해받아서는 안 된다. 아이가 숙제를 절반밖에 안 했는데 갑자기 친구들과의 모임이나 다른 할 일이 생각났다며

> 숙제를 서두르라고 독촉해서는 안 된다. 급한 나머지 대충 아무렇게나 하는 것을 보고도 그냥 지나가면 나중에 숙제할 때도 대충 빨리하려 한다. 부모의 일관성 부족은 아이에게 나쁜 영향을 미친다.

아이에게 잘못을 인정하는 용기를 가르쳐라

연령이 높아지면서 자녀는 조금씩 거짓말을 하게 되며, 잘못을 저지르고도 좀처럼 인정하지 않기도 한다. 이는 부모의 꾸중과 선생님의 비난이 두려워서다. 자녀가 잘못을 용기 있게 인정할 수 있는지의 여부는 잘못을 저질렀을 때 부모의 반응과 처리 태도에 달려 있다. 사람은 누구나 실수를 할 수 있다. 그러나 많은 부모들이 자녀의 심리를 고려하지 않고 아이의 자존심에 상처를 입히는 방식으로 대처하고 있다. 결국 잘못을 저지르고도 이를 인정하지 않고 책임을 회피하는 결과를 가져오게 된다. 부모는 자신이 무의식중에 한 말이나 화내는 표정이 아이에게 공포심을 주지는 않았는지 돌아봐야 한다. 아이는 잘못을 인정하면 부모로부터 심한 처벌을 받을까 두려운 나머지 요행 심리로 잘못을 인정하지 않고 넘어가기를 바라게 된다.

생각해보라. 아이가 처음 잘못을 저질렀을 때는 사실대로 고백하지 않았던가? 그들은 부모가 눈앞에 벌어진 문제를 해결해주기를 바라고 솔직히 말했는데, 뜻밖에도 호된 꾸중을 받았을 것이다. 부모는 다음에 같은 실수를 하지 않게 하기 위해 아이를 꾸짖는다. 그러나 부모의 이러한 태도는 문제를 더욱 악화시킬 뿐이다. 자녀들은 잘못을 저지르고도 더 이상 자발적으로 잘못을 인정하지 않게 된다.

현명한 부모는 아이가 잘못을 저질렀을 때 엄하게 꾸짖지 않고 부드럽게 말한다.

"앞으로도 잘못한 일이 있으면 반드시 아빠에게 말해야 해. 물론 아빠는 네가 잘못하기를 바라지 않지만 그래도 정직하게 잘못을 털어놓으면 기분이 좋을 거야."

이러한 교육 방식은 엄격한 훈계보다 훨씬 효과적이다.

{ …… }

미국 초대 대통령 조지 워싱턴의 아버지는 농장주였다. 과수원에는 많은 나무들이 있었는데 아버지는 바다 건너에서 구해온 체리나무를 가장 아꼈다. 체리나무는 봄이 되면 연분홍 꽃을 피웠으며 아름다운 향기를 뿜었다. 꽃이 진 자리에는 체리 열매가 맺혔다. 어느 날 아버지는 조지에게 과수원의 불필요한 나무들을 솎아내라고 시켰다. 체리나무가 상하지 않게 주의하라는 당부까지 덧붙였다.

"걱정 마세요. 체리나무는 건드리지 않을게요."

과수원에 도착한 조지는 과일나무의 생장을 방해하는 잡목을 도끼로 베어냈다. 햇살은 점점 따가워졌고 조지는 어느덧 나무 베는 일에 신이 나 있었다. 그 순간 실수로 단 한 그루밖에 없는 체리나무를 베어버렸다. 아버지에게 혼이 날까 봐 걱정된 조지는 베어낸 잡목들을 체리나무 옆에 쌓아놓았다. 뒤늦게 과수원에 도착한 아버지는 체리나무가 베어진 것을 발견했다. 그러나 아들을 추궁하지 않았으며, 오히려 조지가 시킨 일을 잘해놓았을 뿐 아니라 베어낸 잡목을 정리까지 해놓았다고 칭찬했다.

혼날까 봐 조마조마해하던 조지는 아버지의 칭찬에 부끄러운 생각이 들었다. 양심의 가책을 느낀 그는 자신이 실수로 체리나무를 베어버렸으며, 잡목을 한곳에 쌓아놓은 것도 자신의 잘못을 숨기기 위해서였다고 아버지에게 털어놓았다. 그의 이야기를 들은 아버지는 껄껄 웃으면서 그를 용서했다. 크게 혼날 줄 알았던 조지는 아버지의 반응에 놀랐다. 아버지는 이렇게 말했다.

"네가 체리나무를 베어버려 속이 상한 것은 사실이다. 그러나 네가 먼저 잘못을 고백하니 아버지는 그 사실이 기쁘구나. 체리나무 한 그루보다는 잘못을 용기 있게 인정하는 아들이 소중하단다."

조지 워싱턴은 이날의 일을 마음 깊이 간직했다. 그는 아버지의 태도를 통해 정직함과 책임감의 중요성을 깨달았다. 그리고 이러한 그의 품성이 그를 많은 사람들의 존경을 받는 국가 지도자로 만들었다.

아이가 실수하는 것은 대수로운 일이 아니다. 더 큰 일은 부모의 반응과 태도다. 아이가 자신의 잘못을 인식하고 자발적으로 인정할 수 있게 지도하는 것이 중요하다. 자녀가 잘못을 하고도 인정하지 않고 거짓말로 모면하려 든다면 이는 좋지 않은 행동이다. 부모가 이 행동을 제때 바로잡지 않으면 책임을 회피하는 태도가 습관이 된다. 그리고 거짓말로 잘못을 은폐하는 습관은 자녀의 일생에 부정적 영향을 미친다.

일부 부모는 지나치게 강경한 태도로 아이에게 잘못을 인정하라고 강요한다. 그러나 아이는 자신이 무엇을 잘못했는지 전혀 의식하지 못하며, 나중에 똑같은 잘못을 되풀이하게 된다. 아이가 잘못을 저질렀을 때는 부모가 차분한 태도를 유지하고 아이가 자신의 잘못을 인식하도록 지도하여 이를 고칠 기회를 줘야 한다. 이러한 과정을 통해 아이는 마음으로부터 자기 잘못을 인식하고 이에 책임을 지는 정신을 제대로 배우게 된다.

사실 잘못을 솔직히 인정하게 하는 일은 쉽다. 부모가 온화한 표정과 친밀한 행동을 보이면 아이는 마음을 터놓고 잘못을 인정하며 책임을 지는 것에 대한 공포감을 없앨 것이다. 책임감은 잘못을 용기 있게 인정하는 것에서부터 시작된다. 잘못을 인정하지 않는 것은 아이가 자신의 몸에 종양을 심어놓는 것과 다름없다. 여기에 부모의 꾸중이 촉매 역할을 하여 원래 양성 종양이었던 것이 악성 종양으로 변하며 전신으로 번져 아이의 일생을 망치는 것이다.

책 임

아이에게 잘못을 인정하는 방식을 가르치는 법

• 아이를 신뢰함으로써 부모에게 마음의 문을 열게 하자 •

사람과 사람 사이에서 서로 신뢰하는 것은 관계를 유지하는 기본 요소다. 아이가 잘못을 인정하지 않는 것은 부모에게 혼이 날까 두렵고, 다른 사람에게 무시당하게 될까 걱정되기 때문이다. 어떤 부모는 아이가 잘못을 털어놓기만 하면 혼을 내지 않겠다 말하고, 막상 아이가 잘못을 털어놓으면 180도 돌변하여 호되게 야단친다. 이러한 일이 되풀이되다 보면 아이가 더는 부모를 믿지 못하고 잘못을 털어놓으려 하지 않게 된다.

잘못을 인정하는 데는 용기가 필요하다. 부모로부터의 신뢰는 아이에게 보내는 가장 큰 격려다. 부모가 아이를 신뢰해야 아이는 비로소 마음의 문을 열고 잘못을 인정하게 된다. 부모는 이를 토대로 아이의 잘못된 행동을 고칠 수 있게 지도함으로써 올바른 습관을 형성할 수 있다.

• 훈계도 사실에 입각해서 진행하자 •

자녀가 어려서 철이 없고 세상 물정을 모른다는 이유로 아이와 지키지도 못할 약속을 해서는 안 된다. 부모라는 이유를 들어 아이에게 어떤 짓을 해도 상관이 없으며, 아이를 함부로 야단쳐도 괜찮다는 생각은 잘못된 것이다. 일의 앞뒤 사정을 들어보지 않고 아이를 야단부터 치는 부모가 있다. 억울한 꾸중을 들은 아이는 핑계를 대며 절대로 잘못을 인정하지 않으려는 경향이 생길 수 있다.

아무리 어려도 사리를 식별할 수 있다. 부모가 참을성 있게 이치를 설명하여 아이가 잘못을 인식하게 하면 잘못을 인정하고 이를 시정할 것이다. 자녀로 하여금 잘못을 인정하고 책임 있는 사람으로 성장시키는 것이 부모의 목적이며, 아이를 야단치거나 처벌하는 것이 능사는 아니다. 따라서 자녀가 잘못을 저질렀을 때 부모는 자신의 성미를 조절해야 하며 자존심과 자신감에 상처를 주는 말을 해서는 안 된다. 과격한 행위는 더욱 금물이다.

일의 결과에 책임을 져라

아이는 이 세상의 모든 것이 아직 낯설고 모든 일에 궁금증을 보이며 스스로 체험하고자 한다. 그러나 늘 부모의 저지를 받는다. 아이의 적극성, 능동성, 책임감은 사랑한다는 이유로 모든 것을 가로막는 부모에 의해 사라져버린다. 아이가 실수로 병을 깨뜨렸을 때 부모의 반응은 두 가지로 나뉜다. 그중 한 유형은 아이를 야단치며 깨진 유리를 치우는 부모이며, 또 하나의 유형은 겁내지 말라고 아이를 달래준 후 깨진 유리를 치우는 부모다. 언뜻 보면 두 번째 유형이 아이를 보호하며 아이가 놀라지 않게 잘 처리하는 것으로 보인다. 그러나 둘 다 아이의 책임감을 감소시키는 잘못된 처리 방법이다.

부모는 아이가 책임감이 없다고 나무라면서도 자신의 과잉보호가 아이의 책임감을 달아나게 한다는 사실은 인식하지 못한다. 아이는 어릴 때부터 옷을 입고 밥을 먹는 간단한 행위도 스스로 할 수 없게 부모의 저지를 당한다. 부모는 아이에게 어떻게 하는지 알려주지 않고 자신이 나서서 해치워버린다. 사실 아이가 시도하는 과정이야말로 책임감과 자신감을 강화하는 가장 좋은 시기인데 말이다. 밥 먹고 옷 입는 것마저 부모가 맡아서 해주는 아이가 어떻게 자기 인생에 책임을 질 수 있겠는가.

부모는 자녀가 훈련할 수 있는 기회를 빼앗지 말고 독립적으로 할 수 있게 기회를 마련해야 한다. 아무리 어려도 자녀는 어엿한 가족의 일원이므로 일정한 책임을 부여하여 자신도 가족의 일원임을 의식하고 집안일을 돕겠다는 생각을 하게 한다. 예를 들어, 부모가 식사 준비를 할 때 아이에게 식탁을 닦거나 수저 놓는 일을 시킴으로써 간단한 일이라도 자신의 역할을 발휘하게 한다. 이때 부모의 칭찬은 자녀의 자신감을 배가시킨다. 이와 같은 훈련을 통해 자녀의 책임감을 강화시키고 지나친 자기중심적 사고를 피할 수 있다.

아이가 잘못하면 이에 대한 책임을 지게 해야 한다. 요즘은 부모가 자녀의 책임까지 떠맡는 것이 습관으로 굳어짐으로써 자녀가 성년이 된 후에도 부모가 대신 사과하고 나서서 책임을 지는 경우가 많다. 사실 자녀의 잘못에 부모의 책임론이 대두되는 것은 자녀를 잘 단속하라는 의미일 뿐이며, 자녀의 책임감을 강화하는 데는 별 효과가 없다. 아이가 잘못을 저질렀을 때 부모는 자녀 스스로 사과하고 잘못에 대한 결과에 책임지게 해야 한다. 그 일을 교훈 삼아 비로소 아이는 잘못을 시정할 수 있다.

{ …… }

"할머니, 물 또 쏟았어요. 어서 나와봐요!"

어릴 때부터 응석받이로 자란 진희가 바닥에 물을 쏟자 이렇게 할머니를 부른다. 할머니의 대답 소리가 들리자 장난감이 있는 곳으로 가더니 아무 일도 없다는 듯 놀이를 계속했다. 일은 진희가 저지르고 뒤처리는 어른이 도맡는 일이 이 집에서는 다반사다. 그러나 어른들은 아무도 이것이 문제라고 의식하지 않았으며, 오히려 다른 사람들 앞에서 칭찬하기 바쁘다.

"우리 집 아이는 정말 착해요. 일이 생기면 바로 어른들에게 알린답니다."

오늘도 진희 엄마가 직장 동료들 앞에서 위와 같은 말로 딸을 칭찬했다. 그런데 한 동료가 "우리 아이는 자기가 직접 처리하는 걸요." 하는 것이다. 이 한 마디에 진희 엄마는 문득 정신을 차렸다. 자신이 아이의 책임감을 없애고 있었다는 생각이 든 것이다. 그날 저녁 진희 엄마는 가족회의를 열고 집안 어른들에게 진희가 일을 저질러도 아이가 직접 처리하게 지켜보라고 당부했다.

그 후 몇 번의 시행착오를 겪고 나서 진희의 행동에 변화가 생기기 시작했다. 물을 엎지르거나 음식을 쏟았을 때 전처럼 어른을 부르지 않고 자신이 직접 처리하기 시작했다.

사실 아이가 책임감이 있는지 여부는 전적으로 부모의 교육 방식에 달려 있다. 책임감을 가진 자녀로 교육하고 싶다면, 어릴 때부터 자신의 행위에 스스로 책임을 지고 그 일의 결과에도 책임을 지게 해야 한다. 부모가 나서서 자녀의 책임까지 도맡아 처리하는 일은 없어야 한다.

책임감은 반드시 갖춰야 할 기본 품성이며 성실한 대인 관계와 일의 기본이다. 자녀의 책임감을 길러주는 것은 시대적 요구이며, 자녀의 성공을 바라는 부모라면 이를 더욱 중시해야 한다. 자녀는 성장하는 과정에서 무수한 잘못을 하며, 부모는 이를 책임감 교육의 계기로 삼아야 한다.

"며칠 전에 사준 연필을 벌써 잃어버렸니?"

부모들이 아이에게 자주 하는 꾸지람이다. 아이는 왜 똑같은 잘못을 되풀이할까? 그것은 그 결과에 책임을 지게 하지 않았기 때문이다. 연필을 잃어버린 아이에게 부모는 즉시 새 연필을 사줄 게 아니라 잃어버린 행위에 대한 책임을 지게 해야 한다. 아이는 연필이 없어서 숙제를 하지 못하고 선생님에게 벌을 받고 나서야 다시는 연필을 잃어버리지 않아야겠다고 다짐한다. 이러한 식으로 교육을 지속하면서 아이는 물건을 자주 잃어버리는 습관을 고칠 수 있다.

아이가 의미 있는 인생을 살 수 있는지 여부는 부모가 책임감 있는 사람으로 교육시키는지 여부에 달려 있다. 책임감 있는 사람만이 자신의 모든 행위에 책임을 지며, 자신의 인생에 책임을 질 수 있기 때문이다. 책임감 있는 인생의 태도는 가정의 행복과 일의 성공에 있어서 기본 조건이다.

아이가 책임감을 실천하게 하는 법

• 게으른 부모가 되자 •

아이가 일정한 행동 능력을 갖추고 어떤 일을 주도적으로 할 수 있게 되면 부모는 "엄마가 알아서 할 테니 그냥 둬." "만지지 말고 저리 가!"와 같은 말을 하지 말고, 아이의 능력 한도 내에서 일을 처리하도록 시켜야 한다. 가령, 아이가 화분을 깨거나 의자를 넘어뜨렸을 경우, 부모가 서둘러 수습하려 하지 말고 "네가 알아서 치울 수 있지?"라며 기회를 준다. 게으른 부모는 아이가 독립적으로 일을 처리하고 책임을 질 수 있는 기회를 줄 수 있다. 아이는 차츰 자신의 행동에 책임을 지는 습관을 갖게 될 것이다.

부지런한 부모는 언뜻 보면 아이를 돕고 사랑하는 것 같지만, 아이가 독립적으로 처리할 기회를 빼앗음으로써 책임감을 약화시킨다.

• 아이의 연령에 맞는 책임 범위를 설정하자 •

규칙은 지키라고 있는 것이지만 그것도 사람이 정한다.

부모는 아이의 연령이 어떤 일의 결과를 감당할 수 있는지 고려하여 책임 범위를 정해야 한다. 능력을 벗어난 책임을 강요하면 아이가 감당할 수 없을 뿐 아니라 자칫 자신감을 떨어뜨리는 역효과만 가져올 수 있다. 5세 아이가 전등의 전원 스위치에 관심이 있어 끊임없이 켰다, 껐다를 반복하다 전등을 고장 냈다. 그렇다고 아이에게 전등을 갈아 끼우라고 할 수는 없다. 그러나 전등이 고장 나 불을 켤 수 없으니 그 결과를 체험하게 하는 것으로 유연성 있게 대처할 수 있다.

• 아이의 독립적 사고를 이끌어내자 •

일부 부모는 일의 결과에 책임을 지게 한다는 명목하에 아이에게 지나치게 가혹하거나 고지식한 방법을 동원한다. 잘못을 저지른 아이에게 굳은 표정으로 "어서 걸레를 가져다 닦아라." "당장 치우도록 해라."라고 명령하는 것이다. 아이는 마치 기계처럼 부모의 '지령'에 따라 결과에 '책임'을 진다. 이 교육 방식으로는 아이가 잘못을 진심으로 인식할 수 없으며, 행동을 교정하는 효과도 없다.

자녀가 잘못을 했을 때 부모는 자녀에게 독립적으로 사고할 시간을 줘야 한다. 자녀가 어떻게 처리해야 할지 모른다면 정확한 처리 방법을 찾을 수 있게 이끌어야 한다. 어떤 일의 결과에 책임지게 함으로써 자녀의 책임감을 길러주고 자신의 행동에 책임을 지게 할 수 있다. 어릴 때부터 이러한 교육을 하면 자녀를 책임감 있는 사람으로 기를 수 있다. 아이가 현재 책임감이 없는 것은 철이 없기 때문이며, 연령이 높아지면서 저절로 책임감이 생길 것이라고 여겨서는 안 된다. 아이들은 가공하지 않은 원석과 같아서 부모의 정성 어린 교육을 통해 진정한 보석으로 거듭날 수 있다.

책임감은 아이의 꿈에 날개를 달아준다

크게는 국가에서, 작게는 개인에 이르기까지 꿈과 책임감 둘 다 매우 중요하다. 꿈은 인생에 생명과 가치를 부여해주는 원천이며, 책임감은 꿈을 실현하는 데 반드시 필요한 조건이다. 책임감이 있는 사람만이 꿈을 실현하는 과정에서 좌절에 쓰러지지 않고 중도에 포기하지 않는다. 책임을 미루는 사람은 잘될 수 있는 기회를 포기하는 것과 같으며, 꿈을 현실로 바꿀 수 있는 기회를 팽개치는 것과도 같다. 꿈은 성공의 길을 비추는 등대이며 책임은 그 길로 데려다주는 항해사와 같으므로 둘 중 하나라도 없으면 안 된다. 성공적인 미래를 꿈꾼다면 아이에게 꿈을 심어줌과 동시에 책임감도 길러줘야 한다.

그러나 현실에서는 많은 부모들이 자녀의 꿈을 심어주는 데는 신경 쓰면서 책임감은 등한시함으로써 꿈이 싹틀 기회를 잃게 만든다. 숙련된 농부는 농사를 지을 때 씨를 뿌린 후 물과 비료를 주고, 필요할 때는 비닐막을 덮어주기도 하며 정성을 들인다. 농부의 이러한 행동은 책임감에서 비롯되는 것이며, 그래야 씨가 제대로 싹을 틔우고 자라서 수확을 할 수 있다. 부모도 마찬가지다. 자녀의 꿈이라는 씨앗을 뿌린 후에는 책임감을 키워줘야 꿈이 제대로 싹을 틔울 수 있다.

{ …… }

학교에서 야외로 소풍을 가기로 했다. 선생님은 반장을 통해 반 아이들에게 각자 준비물을 배정했다. 진우가 맡은 준비물은 고기에 찍어 먹는 양념이었다. 진우의 말을 들은 엄마는 양념을 만들기 위해 주방으로 들어가려 했다. 이때 아빠가 진우에게 말했다.

"네가 먼저 필요한 재료를 적어보렴. 아빠가 살펴보고 빠진 것이 있나 봐줄게."

"알았어요. 지금은 나가서 놀아야 하니 이따가 쓸게요. 알아서 할 테니 걱정하지 마세요."

진우는 이렇게 말하고는 밖으로 나가버렸다. 준비를 제대로 못하여 아이가 낭패를 볼까 봐 걱정된 엄마는 대신 나서려 했다. 아빠는 아이의 책임감을 단련시킬 좋은 기회라며 엄마를 만류했다. 진우는 밖에서 신 나게 놀고 집에 돌아왔다. 저녁 식사를 마치고 나니 이미 시간이 꽤 지났고 그제야 진우는 부엌에 들어가 재료를 준비했다.

다음 날 소풍 장소에서 고기를 굽는데 아무리 찾아도 양념이 보이지 않았다. 어젯밤에 급히 가방을 챙기느라 그만 깜박하고 집에 두고 온 것이다. 고개를 푹 숙이고 아무 말 못하고 있는 진우에게 선생님이 물었다.

"네가 양념을 챙기지 않아서 벌어진 가장 큰 결과는 무엇이라고 생각하니?"

"친구들이 맛있는 고기를 먹을 수 없게 되었어요."

"그렇지? 어젯밤에 미리 생각했다면 지금 이런 결과가 일어나지 않았겠지?"

"네."

진우는 자신의 무책임이 빚은 결과를 뼈저리게 느꼈다. 선생님과 친구들이 자신을 대놓고 나무라지는 않았지만 미안한 마음에 진우는 몹시 괴로웠다. 그날 이후 진우는 매사에 전보다 진지하게 임했으며 책임감이 무엇인지 알게 되었다.

아이에게 책임감을 길러주기 위해 부모는 작은 일에서부터 무

책임한 행동의 결과를 자녀가 직접 체험하게 해야 한다. 비록 잘못된 결과에 자녀가 괴로워하더라도 이쯤은 감내해야 한다. 그렇지 않으면 자녀의 꿈을 실현하기 어렵다. 아이의 장래를 위해서 부모는 비바람을 헤치며 실패를 딛고 성장할 수 있게 이끌어야 한다.

아이를 사랑하는 마음도 적당한 선에서 절제해야 한다. 그렇지 않으면 자녀의 장래에 악영향을 주고 자녀의 꿈을 방해할 수 있다. 어릴 때부터 부족한 것 없이 부모가 뭐든지 해주는 아이들이 자라서 책임감이 부족한 어른으로 자란다. 아이가 알아서 할 일도 부모가 대신해주고 아이의 책임까지 부모가 대신하다 보니 아이들은 그저 요구하는 데만 익숙하다. 이러한 아이는 부모의 곁을 떠나서는 제대로 된 생활이 불가능하다. 부모는 자녀의 꿈은 차치하고 최소한 아이의 기본적 생활력을 생각해서라도 책임감의 중요성을 깨우쳐야 한다.

책임감을 길러주는 것은 자녀의 꿈에 날개를 달아주는 것과 같다. 책임이라는 날개가 있는데 하늘을 날지 못할까 봐, 먹구름을 뛰어넘지 못할까 봐 걱정할 필요가 있을까? 책임이라는 날개가 있는 한 아이는 날개를 활짝 펴고 창공을 가르는 독수리처럼 당당하게 꿈을 실현할 수 있다.

아이에게 책임감과 꿈의 중요성을 일깨우는 법

• 아이가 실패의 쓴맛을 보는 것을 감수하자 •

어린 자녀는 책임이 뭔지 모르고 자신의 행동이 가져올 결과를 짐작하기도 어렵다. 이러한 아이들에게 책임감을 길러주기 위해 부모는 적당한 시기에 아이에게 실패의 쓴맛을 볼 수 있게 기회를 줘야 한다. 아이는 이후 유사한 상황에 놓이더라도 제대로 대처하게 될 것이다. 놀기만 좋아하고 숙제를 하지 않고 학교에 간 자녀가 걱정되어도 부모는 그냥 모르는 척 지나가야 한다. 아이는 선생님의 꾸중을 듣고 앞으로는 정신을 차려서 물건을 챙겨야겠다고 다짐할 것이다.

• 어떤 일을 시작했으면 끝까지 해내도록 격려하자 •

아이들은 어떤 일을 하다가 중도에 포기하기 쉽다. 시작할 때는 괜찮았는데 얼마 안 가 싫증을 내고 조금만 어려워도 포기하는 것이다. 이것도 책임감이 없는 데에서 비롯된다. 어떤 일을 시작했으면 반드시 끝까지 완성하도록 하며, 중간에 포기했을 때 미칠 부정적 영향을 생각해 보게 한다. 아이가 다 할 때까지 지켜보며 격려하는 것도 잊지 않는다. 물론 지나치게 복잡하거나 아이의 능력으로 불가능한 일은 피해야 한다. 이와 같은 일을 끝까지 밀어붙이다가는 자칫 아이의 의욕만 꺾게 된다.

• 가정과 학교의 단체 활동에 참가하게 하자 •

아이를 가정이나 학교의 단체 활동에 참가하도록 격려하고 일정한 결정권을 줘야 한다. 결정권자는 전반적으로 일을 책임지는 사람이고, 그 결과에도 책임을 져야 하기 때문이다. 이를 통해 아이는 어떤 일을 결정할 때 최선을 다할 것이며, 어려움에 직면했을 때 용감하게 대처하고 책임을 질 것이다.

아이들은 사회의 미래이며 부모의 희망이다. 사회와 부모가 그들에게 거는 기대를 저버리지 않게 하기 위해서는 어릴 때부터 책임감을 길러줘야 한다. 그렇게 함으로써 아이는 어떤 어려움이 있어도 자기가 맡은 바 책임을 다하고 사회를 위해 기여할 것이다.

아빠만이 가르칠 수 있는 **9 가 지 아 이 인 성**

8

감사

가장 아름다운 꽃으로 핀
인격

아이를 고마움을 아는 사람으로 교육함으로써
다른 사람을 흔쾌히 도우며
주변 사람을 선의로 대하는 미덕을 길러줄 수 있다.
이는 사회생활과 대인 관계를 원만히 할 수 있게 만들어준다.
감사하는 마음을 가진 아이는 타인을 존중할 줄 알고,
도움을 받으면 고마움을 표시할 줄 안다.
고마움을 아는 사람만이 인생을 웃으면서 대할 수 있으며,
인생의 좌절과 시련에 올바르게 대처할 줄 안다.

누구도 조건 없이 희생할 의무는 없다

자식을 향한 부모의 사랑은 항상 '사심 없는, 조건 없는, 보답을 바라지 않는'이라는 말로 표현되며, 가장 적절한 표현임에는 의심할 여지가 없다.

부모가 자녀를 학교에 데려다주는 모습을 보면 다음과 같은 광경을 자주 볼 수 있다. 책가방을 멘 엄마가 아이의 뒤를 따라가며 연신 묻는다.

"스케치북은 챙겼니?"

"만들기 숙제는 잊지 않고 가져왔지?"

그러다 잊은 것이 있으면 아이는 울상을 지으며 얼른 학교로 가져다달라고 부모를 채근한다. 물건을 잊고 챙기지 않은 것이 부모의 탓이니 알아서 책임지라는 투다. 이러한 아이들은 부모의 은혜를 모르며 자기의 뜻을 부모가 당연히 받아줘야 한다고 생각한다. 이 자리에서 부모들에게 당부하고 싶은 말이 있다. 다시 말하면, 조건 없이 주는 것을 당연시하지 않게 교육하라는 것이다. 보답을 바라고 자녀를 사랑하는 부모는 없지만 자녀가 고마움을 알게 해야 할 필요가 있다.

우리 주변에는 부모의 은혜를 모르는 아이들이 많다. 그들은 부모가 잔소리가 많고 자기 뜻대로 해주지 않는다고 원망하며, 간섭한다는 이유로 일탈을 하기도 한다. 심지어 자기 부모에게 상해를 입히는 끔찍한 일을 벌이는 자녀도 있다. 조사 결과 가출하거나 부모를 막 대하는 자녀의 잠재의식에는 부모가 마땅히 자신들의 뜻을 따라야 하며, 모든 요구에 무조건 응해야 한다는 생각이 있는 것으로 나타났다. 이와 같은 자녀들은 자신의 행위가 부모 탓이라고 생각한다.

이러한 생각의 배후에는 부모의 교육 방식이 있다. 문제를 일으킨 자녀의 부모를 조사한 결과 자녀가 조금이라도 고생할까 봐 평소에 가장 좋은 것만 주는 것으로 나타났다. 그러나 요구가 단 한 번이라도 관철되지 않으면 상상하기 어려운 일을 저질렀다는 것이다. 다음과 같은 뉴스가 있었다.

{ …… }

농촌에서 태어난 한 아이가 있었다. 이 아이는 어릴 때부터 공부를 잘해서 부모의 자랑거리였다. 그의 부모는 아무리 힘들어도 학업 뒷바

누구도 조건 없이 희생할 의무는 없다

자식을 향한 부모의 사랑은 항상 '사심 없는, 조건 없는, 보답을 바라지 않는'이라는 말로 표현되며, 가장 적절한 표현임에는 의심할 여지가 없다.

부모가 자녀를 학교에 데려다주는 모습을 보면 다음과 같은 광경을 자주 볼 수 있다. 책가방을 멘 엄마가 아이의 뒤를 따라가며 연신 묻는다.

"스케치북은 챙겼니?"

"만들기 숙제는 잊지 않고 가져왔지?"

그러다 잊은 것이 있으면 아이는 울상을 지으며 얼른 학교로 가져다달라고 부모를 채근한다. 물건을 잊고 챙기지 않은 것이 부모의 탓이니 알아서 책임지라는 투다. 이러한 아이들은 부모의 은혜를 모르며 자기의 뜻을 부모가 당연히 받아줘야 한다고 생각한다. 이 자리에서 부모들에게 당부하고 싶은 말이 있다. 다시 말하면, 조건 없이 주는 것을 당연시하지 않게 교육하라는 것이다. 보답을 바라고 자녀를 사랑하는 부모는 없지만 자녀가 고마움을 알게 해야 할 필요가 있다.

우리 주변에는 부모의 은혜를 모르는 아이들이 많다. 그들은 부모가 잔소리가 많고 자기 뜻대로 해주지 않는다고 원망하며, 간섭한다는 이유로 일탈을 하기도 한다. 심지어 자기 부모에게 상해를 입히는 끔찍한 일을 벌이는 자녀도 있다. 조사 결과 가출하거나 부모를 막 대하는 자녀의 잠재의식에는 부모가 마땅히 자신들의 뜻을 따라야 하며, 모든 요구에 무조건 응해야 한다는 생각이 있는 것으로 나타났다. 이와 같은 자녀들은 자신의 행위가 부모 탓이라고 생각한다.

이러한 생각의 배후에는 부모의 교육 방식이 있다. 문제를 일으킨 자녀의 부모를 조사한 결과 자녀가 조금이라도 고생할까 봐 평소에 가장 좋은 것만 주는 것으로 나타났다. 그러나 요구가 단 한 번이라도 관철되지 않으면 상상하기 어려운 일을 저질렀다는 것이다. 다음과 같은 뉴스가 있었다.

{ …… }

농촌에서 태어난 한 아이가 있었다. 이 아이는 어릴 때부터 공부를 잘해서 부모의 자랑거리였다. 그의 부모는 아무리 힘들어도 학업 뒷바라지를 해주리라 결심했다. 아이가 중소도시의 중학교에 입학하자 부모는 농사를 지어 번 돈으로 학비, 개학식에 입을 새 옷, 학용품을 장만했다. 고등학교에 갈 때도 부모는 기뻐하며 아이의 요구대로 명품 운동화를 사줬다. 그 신발을 사기 위해 부모가 얼마나 많은 일을 했는지 아이는 알지 못했다.

드디어 아들이 대학에 입학했고 부모는 뛸 듯이 기뻐하며 아들이 달라는 것은 부족함이 없이 대줬다. 아들의 요구는 점점 많아졌다. 특히 여자친구가 생기더니 시흘이 멀다 하고 집에 돈을 요구하기 시작했다. 부모가 자신을 위해 돈을 주는 것을 너무나 당연하게 생각한 것이다. 아들이 마침내 대학을 졸업하고 결혼까지 하자 할 일을 마쳤다고 생각한 부모는 더는 고생할 일이 없다며 기뻐했다. 고향 사람들도 자식을 훌륭하게 키운 부모를 부러워했다.

이 무렵 고향 마을은 재개발 붐이 일고 있었다. 이 소식을 들은 아들과 며느리가 부모를 찾아와 철거 보상금을 달라고 했다. 부모는 보상금이 나오지 않았으니 돈이 나온 후 이야기하자고 했다. 그러자 마음이 놓이지 않았던 아들은 부모를 재촉하여 자신에게 차용증을 쓰게 했고 이 일은 뉴스에까지 보도되었다.

부모의 희생이 보상은커녕 자식의 지나친 요구로 돌아오는 현실이 참으로 씁쓸하다. 부모가 아낌없이 주는 것을 자녀는 당연한 것으로 받아들이며, 부모의 의무라고 생각하여 차용증까지 쓰게 한 것이다. 이러한 일이 일어나지 않게 하기 위해서라도 자녀로 하여금 부모는 조건 없이 주는 존재라는 인식을 하지 않게 해야 한다.

위와 같은 사례가 흔한 일이 아니라며 자기 자식은 그럴 리 없다고 생각하는 부모도 많다. 사실 처음 세상에 나온 아이는 어떤 집안이나 다 같다. 그러나 아이들의 행위는 가정 교육을 받으면서 달라지는 것이다. 부모가 주는 모든 것을 당연하다고 생각하는 것은 아이에게 부모가 고마움을 아는 교육을 제대로 하지 않아서다.

부모는 자녀가 고마움을 알도록 교육시켜야 한다. 그렇지 않으면 가정에 상상할 수 없는 불행이 찾아올 수도 있다. 부모가 자녀로부터 보답을 바라지 않아도 자녀가 은혜를 알게 해야 한다. 자기 부모에게도 감사할 줄 모르는 사람이 어떻게 다른 사람이나 사회에 대한 고마움을 알 수 있겠는가. 자녀 사랑도 정도껏 해야 한다. 그렇지 않으면 아이는 부모가 주는 모든 것을 당연하다고 느낀다.

아이가 태어났을 때 부모에게 많은 즐거움과 희망을 안겨줬으며 부모의 일과 생활에도 큰 활력을 가져다줬다. 아이는 부모의 보살핌 속에서 점점 성장하지만 여전히 많은 일을 부모가 해주기를 바라며 그것을 당연하게 여긴다. 어떤 부모는 아이가 아직 어리므로 더 크면 부모의 은혜를 알게 될 것이라 여긴다. 그러나 아이들이 부모의 사랑과 도움이 부모의 책임이며 의무라고 생각하면, 부모를 사랑할 줄 모르며 부모의 수고를 느낄 수 없다는 것이 사실로 증명되었다. 부모가 그들의 요구를 들어주지 않으면, 그들은 부모가 더 이상 자신을 사랑하지 않는다고 생각하여 부모에게 대들거나 집을 나가기도 하며 심지어 부모를 해치기도 한다. 따라서 어릴 때부터 부모의 은혜를 알 수 있도록 교육해야 한다.

진정한 사랑은 원한다고 다 해주는 것이 아니라 능력이 되는 일을 할 수 있게 하여 조건 없이 희생할 의무는 누구에게도 없다는 점을 알게 하는 것이다. 굳이 부모가 내리사랑에 대한 보답을 바라시 않아도 은혜는 알이야 한다. 은혜를 아는 아이는 결코 하늘을 원망하거나 남을 탓하지 않는다. 이러한 아이들은 은혜를 아는 마음을 가지고 있기 때문이다. 이 마음은 아이들의 앞날을 밝게 비추고, 삶을 즐겁고 행복하게 만들 것이다.

부모 공부 — 아이에게 부모의 은혜를 알게 하는 법

• 아이의 요구에 조건을 달자 •

자녀 사랑이 자녀의 요구를 무조건 만족시켜주는 일과 같은 것은 아니다. 아이의 무리한 요구는 거절하거나 일정한 조건을 제시하여 부모가 무조건 자신의 요구를 들어주는 게 아니라는 사실을 알려준다. 가령, 어떤 장난감을 사달라고 할 때 부모도 요구를 제시하면서 그대로 따르지 않으면 장난감을 사주지 않을 것이라고 한다. 이렇게 교환 조건을 제시하는 방법은 자녀로 하여금 요구에는 조건이 따른다는 체험을 하게 한다.

· **부모를 위해 봉사하게 하자** ·

아이에게 향하는 사랑을 적정선에서 조절하고 부모에게 봉사하게 해야 한다. 예를 들어, 물 떠오기, 물건 찾기, 쓰레기 버리기 등을 시킴으로써 부모가 날마다 힘들게 일하고 있으며, 집에 와서도 자녀를 돌보느라 힘들다는 점을 아이가 인식하고 부모를 돕게 한다. 평소에 부모를 위해 봉사하는 일을 자연스럽게 함으로써 행동과 말로 아이에 대한 사랑을 표현함과 동시에 은혜에 보답을 바라는 마음도 표현해야 한다. 아이가 자발적으로 부모를 위해 뭔가를 해줄 때는 반드시 그 자리에서 칭찬하여 아이가 보람을 느끼게 해야 한다.

"고맙습니다!"라고 말할 수 있게 지도하라

"고맙습니다!"라는 짧은 한 마디는 깊은 의미를 담고 있다. 그러나 사람들은 그저 기계적으로 예의 삼아 고맙다고 하며, 그 안에 담긴 의미는 느끼지 못한다. "고맙습니다!"에 담긴 본질은 은혜에 대한 보답이지만 그저 예의상 고맙다고 하는 말은 외재적 행위로 표현될 뿐이다.

자기 자녀가 은혜를 고마워할 줄 모른다며 걱정하는 부모들이 있다. 이러한 부모들에게 고마움을 표현하는 교육을 시켰는지 묻고 싶다. 자녀가 말을 배울 때 "고맙습니다!"를 가르쳐줬을 것이다. 그럼에도 불구하고 자녀가 진정한 고마움을 모른다면 부모가 반성해야 한다.

아이에게 고맙다는 말을 가르친 후에는 다른 사람으로부터 무엇을 얻을 때마다 "고맙습니다!"라고 말하게 해야 한다. 마땅히 고맙다고 해야 할 때 아이가 자발적으로 고맙다는 말을 하지 않으면 매번 시켜야 한다. 또는, 처음부터 아이에게 시범을 보이고 따라하게 한다. 시간이 지나면 아이는 마침내 "고맙습니다!"라고 자연스럽게 말할 수 있게 된다. 그러나 "고맙습니다!"라는 말을 하도록 교육하는 것은 기본일 뿐이며, 그 말에 내제된 의미까지 체득하게 하는 것이 최종 목적이다. 따라서 아이가 "고맙습니다!"라고 인사한 후, 그렇게 말한 이유를 분석하면서 "고맙습니다!"라는 말의 의미를 이해시켜야 한다. 마침내 아이는 진정한 감사의 의미를 알고 기계적인 인사를 하지 않는다.

{ …… }

아이가 4살 때 나는 아이를 데리고 지하철을 타고 외출한 적이 있다. 지하철은 완전히 만원이었다. 나는 아이가 밟힐세라 품안에 안고 안쪽으로 비집고 들어갔다. 서너 정거장쯤 가서야 가운데 쪽으로 들어갈 수 있었다. 이때 한 남자가 아이에게 자리를 양보했다. 아이는 다른 쪽을 보면서 "아저씨, 고맙습니다!"라고 인사했다. 젊은이도 친절한 말투로 "괜찮아."라고 대답했다. 지하철 안에 사람들이 줄어들자 나는 아이 옆에 앉아 물었다.

"방금 전에 자리를 양보해준 아저씨가 어떻게 생겼는지 봤니?"

"아니요. 아저씨가 어떻게 생겼더라?"

내 질문의 목적은 그 사람의 생김새를 기억하라는 것이 아니었다. "고맙습니다!"라는 말이 진심이 아닌 조건 반사라고 느껴졌기 때문이다.

"자리를 양보해주셨는데 어떻게 생겼는지도 모르다니 내가 그 아저씨였다면 틀림없이 섭섭했을 거야."

"내가 아저씨의 모습을 기억하면 그 아저씨가 기뻐할까요? 하지만 자리를 양보해주는 사람이 많은데 어떻게 다 기억해요? 아, 맞다. 앞으로는 그 사람들을 그림으로 그려놓고 잊어버리지 않아야겠어요."

"좋은 생각이다. 하지만 그분들은 바쁘기 때문에 그림을 그려주는 것보다는 너의 진심이 담긴 '고맙습니다'라는 인사를 더 좋아할 거야."

"알았어요. 앞으로는 그렇게 할게요."

이날 이후 아이는 "고맙습니다!"라고 인사할 때마다 얼굴에 진심이 배어나왔다.

아이가 바나 위의 배더면 부모는 아이 인생의 방향을 인도하는 항해사다. 고마움을 아는 아이는 부모의 교육을 통해서 만들어진다. 기계적인 인사보다는 반드시 "고맙습니다!"라는 말에 담긴 뜻을 가르쳐야 한다. 그래야 이 말을 가르치는 최종 목적에 도달할 수 있다.

고맙다는 말을 할 줄 모르는 사람은 사회에서 진정한 친구를 만들기 어려우며, 이러한 사람은 늘 외롭고 부정적이다. 아이를 교육하는 과정에서 부모는 진심 어린 "고맙습니다!"를 말할 수 있게 교육하며, 부모가 자기에게 준 모든 것에 진심으로 고마워하고 다른 사람의 도움에도 감사를 느끼게 해야 한다.

어릴 때부터 부모의 은혜를 깨닫게 하는 일은 중요하다. 그들을 낳아주고 아낌없는 사랑을 베풀어준 부모의 은혜에 감사하며, 진심으로 "고맙습니다!"라는 인사를 할 수 있게 가르쳐야 한다. 또, 아이가 어릴 때부터 선생님의 은혜를 깨닫게 해야 한다. 그들에게 아낌없이 지식을 전해주고 사람 됨됨이를 가르쳐준 선생님에게 "고맙습니다!"라고 진심으로 인사를 할 수 있게 가르쳐야 한다.

아이가 어릴 때부터 자신을 도와주고 아껴준 사람들을 기억하고, 어려운 순간에 받은 도움에 감사하며, 그들에게 그 자리에서 "고맙습니다!"라고 인사하게 해야 한다. 아이에게 인사를 가르치며 아이가 다른 사람에 대해 고마움을 간직하게 하자. 이 마음이 있어야 고마움에 보답할 줄도 안다. 고마움을 가르치는 교육은 "고맙습니다!"라는 한 마디에서 시작된다.

아이에게 진정한 고마움을 가르치는 법

• 아이가 흥미를 느끼는 것부터 시작하자 •

교육은 고압적으로 하지 말고 아이의 흥미를 끌 수 있는 수단을 동원해야 한다. 블록 쌓기 놀이를 좋아하는 아이라면 블록을 줄 때마다 "고맙습니다!"라고 인사를 하게 한다. 처음에는 아이가 왜 고맙다는 말을 해야 블록을 받을 수 있는지 영문을 몰라 할 수도 있다. 그러나 몇 차례의 훈련을 한 후에는 "고맙습니다!"라고 인사를 할 것이다. 여전히 그 의미는 모르는 채로 말이다. 이때 인내심을 가지고 "고맙습니다!"의 의미를 가르치는 훈련을 병행하다 보면 아이가 진정한 의미를 깨달을 수 있다.

• 수줍어하는 아이를 혼내지 말자 •

수줍음을 타서 사람들 앞에서 "고맙습니다!"라는 말을 못하는 아이들도 있다. 부모는 그 자리에서 아이에게 강요하거나, 꾸짖는 어투로 아이가 부끄러움을 탄다는 말을 하지 않아야 한다. "고맙습니다!"라는 말을 할 수 있게 하려면 부모가 아이를 아낌없이 격려해야 한다. 비록 목소리가 들릴락 말락 하게 작아도 아이를 칭찬하자. 부끄러움은 성장 과정에서 반드시 거치는 단계이므로 부모가 바르게 이끌고 격려해야 한다. 아이가 부끄러움을 무릅쓰고 "고맙습니다!"라고 할 수 있다면 이 수업의 제1과는 무사히 마친 것이다. 부모는 아이의 도덕선생님이다. 따라서 고마움을 표현하는 인사와 함께 그에 담긴 의미를 깨닫게 해야 한다.

아이가 엄마의 발을 씻겨주게 하라

중국 CCTV 방송에 다음의 공익 광고가 나온 적이 있다. 아이가 하루 종일 열심히 일하고 돌아온 엄마를 위해 저녁에 발을 닦아주기로 한다. 아이는 대야에 물을 받아놓고 "엄마, 발 닦으세요."라고 말한다. 엄마의 미소 짓는 표정에는 행복과 감동이 밀려온다. 이 광고는 많은 사람들에게 훈훈한 반향을 일으켰다.

이후 많은 학교에서 '엄마 발 씻겨주기' 행사가 열렸다. 학생들은 집에 돌아가 엄마의 발을 씻겨주는 활동을 했다. 이 행사에 대해 관계자들이 설문 조사를 실시했는데, 많은 학생들이 '엄마 발 씻겨주기'를 그저 숙제로 생각해 의무적으로 하고 있었다. 또, 일부 학부모는 아이의 '숙제'에 비협조적이었다. 허울 좋은 행사일 뿐이며, 아이가 성인이 되어 부모에 효도하면 된다는 것이 그들의 이유였다. 극소수의 학부모만이 '엄마 발 씻겨주기'가 아이에게 부모의 은혜를 가르칠 수 있는 뜻 깊은 일이라고 응답했다.

하지만 '엄마 발 씻겨주기'는 단순히 발을 씻어주는 것으로 끝나지 않으며, 자녀로 하여금 부모의 은혜를 인식하게 하는 효과가 있다. 요즘은 가족이 함께 식탁에 앉아 밥을 먹더라도 아이가 식사를 마치면 벌떡 일어나 자기 방으로 들어가기 바쁘다. 식탁을 치우는 일은 부모의 일이라 생각하는 것이다. 부모들도 아이가 일을 도

우면 부엌만 어지럽힐 것이며, 심지어 부모가 아끼는 그릇을 깨뜨릴까 걱정한다. 이러한 가정 교육을 받고 자란 아이가 어떻게 부모의 은혜를 알 수 있단 말인가.

부모의 은혜를 모르는 아이는 사람의 정을 모르며, 명예와 지위, 금전 앞에서 인정은 아무 가치도 없다. 이와 같은 아이들은 타인을 배려하지 않으며, 다른 사람의 기분에 아랑곳하지 않는다. 사회적으로 아무리 높은 지위에 있어도 이 사람들의 내면은 고독하다. 마음을 나눌 친구가 한 명도 없기 때문이다. 동요 중에 다음과 같은 가사가 있다.

"아기 양이 엄마의 젖을 먹고 있네. 아기 양은 꿇어앉아서 엄마의 사랑에 감사드리네."

앞다리를 꿇고 엄마 젖을 먹는 아기 양의 모습을 묘사한 가사는 부모의 은혜에 감사하라는 메시지를 전하고 있으며, 이는 부모들이 자녀 교육에 활용할만하다. 아이가 부모를 도와 식탁을 치우거나 청소를 하겠다고 나서면 다른 걱정은 하지 말고 아이에게 기회를 주자. 이를 통해 부모의 일이 쉽지 않다는 것을 알게 하고, 부모에 효도하는 전통 미덕을 아이에게 전해야 한다.

{ …… }

학교에서 돌아온 효주가 엄마에게 오늘 숙제는 '엄마 발 씻겨주기'라고 말했다.

"선생님이 그 숙제를 왜 내줬는지 아니?"

엄마의 물음에 효주가 대답했다.

"엄마가 고생을 많이 하니까 그렇죠."

엄마는 아빠도 똑같이 고생하고 있고 게다가 오늘 출장에서 돌아오는 날이니 아빠의 발을 닦아주는 게 어떠냐고 말했다. 효주는 흔쾌히 알겠다고 했다. 저녁에 아빠가 문을 들어서자마자 효주는 뛰어가서 안기더니 이렇게 말했다.

"아빠, 오늘 저녁에 아빠 발을 씻겨드릴게요."

"고맙구나. 하지만 아빠 발에서 냄새가 많이 날 거야."

저녁을 먹은 후 효주는 대야에 물을 떠와서 아빠 앞에 놓았다. 그리고 양말을 벗기고 대야에 아빠의 발을 집어넣었다.

"뜨겁지 않으세요?"

효주는 작은 손으로 아빠의 큰 발을 문질러 씻기 시작했다. 화기애애한 분위기 속에서 어느덧 발 씻기가 끝났다. 아빠가 효주에게 말했다.

"우리 딸이 아빠 발을 씻어줘서 아주 기분이 좋구나. 하지만 엄마도 하루 종일 직장에서 일하고 집에 와서는 집안일까지 하느라 힘드시겠지? 맛있는 저녁까지 해주신 엄마에게 발을 씻겨드리는 건 어떻겠니?"

"엄마는 이미 씻겨드렸어요."

발 씻기 하나만으로 매우 흐뭇해진 엄마, 아빠에게 효주는 정중하게 "엄마, 아빠 고맙습니다!"라고 인사했다.

부모는 학교 교육에 협조하여 바른 실천과 훈련을 함으로써 아이에게 고마움을 아는 기회를 마련해줘야 한다. 작은 일에서부터 아이를 인도함으로써 아이가 타인의 도움에 감사할 줄 알고, 자신이 누리는 생활이 누군가의 도움 덕분이라는 사실을 깨닫게 해야 한다. 아이는 다른 사람에게 감사해하는 순간 자신도 앞으로 남을 도와야겠다는 생각을 하게 된다. 이는 자녀에게 긍정적인 행동의 암시로 작용한다.

'엄마 발 씻겨주기'는 자녀의 감사 교육에 아래와 같은 의미가 있다. 따라서 부모는 적극적인 태도로 임해야 하며, 설사 학교에서 숙제로 내주지 않더라도 스스로 아이를 위해 다음 활동을 시도해보자.

'엄마 발 씻겨주기'의 자녀 교육적 의미

- **아이로 하여금 부모의 은혜를 깨닫게 하는 훌륭한 출발점이다**

  발을 씻는다는 행위 자체보다 은혜 깨닫기 교육이 주요 목적이다. 아이가 엄마의 발을 씻어주는 과정에서 엄마는 자신의 느낌을 표출해야 한다. 그래야 아이는 자기 행동이 엄마를 감동시키고 행복하게 했음을 알 수 있다. 엄마의 눈에 아이는 더 이상 응석받이가 아니라 부모에게 효도하는 자녀로 성장한 것이다. 부모의 칭찬과 인정을 받은 아이는 이와 같은 행동을 계속하려 한다. 시간이 지나면서 아이는 은혜에 감사하는 마음을 갖고 부모를 이해하며, 부모를 도와 집안일을 분담하게 될 것이다.

· 아이와 소통하는 좋은 기회다 ·

아이가 엄마의 발을 씻겨주고 엄마에게 칭찬을 받으면 기분이 좋아진다. 이는 자녀와 대화를 나눌 수 있는 적기다. 부모는 이 시간을 이용해 아이와 허심탄회한 이야기를 나눌 수 있다. 선생님이나 친구들, 주변 사람들의 도움에 고마움을 표현하고 있는지 알아볼 수도 있다. 이러한 대화를 통해 자녀를 사랑해주고 도와주는 모든 사람들에게 고마움을 표현하도록 지도할 수 있다.

'엄마 발 씻겨주기'의 교육적 의의는 아이에 대한 고마움 교육의 중요성을 일깨워주는 데 있다. 고마운 마음이 부족한 이 시대에 '발 씻겨주기'라는 구체적인 형식을 빌려 아이가 고마움을 알게 하는 교육을 하는 것이다. 발 씻기에서 더 나아가 부모의 집안일을 도와주는 것으로 확장시킬 수 있다.

감사하는 마음으로
현실을 비춰라

우리는 경쟁이 치열한 시대를 살아가고 있다. 주변에는 늘 불만과 부정적인 말이 들린다. 명문 집안에서 태어나지 못한 게 불만이고, 부모가 예쁘고 잘생긴 얼굴로 낳아주지 않아 불만이며, 해달라는 것을 들어주지 않아서 불만이다. 학생들은 선생님이 너무 엄격하게 대한다고 불만을 터뜨린다. 길을 가다 넘어지면 주변 사람들이 도와주지 않았다고 분통을 터뜨린다. 직장인은 회사에서 좋은 대우를 받지 못해 불만이다. 하지만 부정적 태도를 가지고 살아가는 사람에게 탄탄대로가 펼쳐질 리 없으며, 이러한 사람의 미래는 암담할 뿐이다.

감사하는 마음을 가지고 사는 사람에게는 전혀 다른 세상이 펼쳐진다. 내세울 것 없는 집안에 태어났으며 아름다운 용모를 물려주지는 않았지만, 부모가 낳고 길러줬으니 그걸로 족하다. 엄격한 선생님 밑에서 훌륭한 제자가 나오는 법이다. 선생님은 아낌없이 모든 지식을 우리에게 전해주고 있다. 행인들이 넘어진 나를 도와주면 고맙지만 그렇지 않더라도 당연하게 받아들여야 한다. 회사는 나에게 더 분발하라고 기회를 주는 것이다. 일을 많이 하면 더 받는 것이고, 적게 일하면 덜 받으면 된다. 이와 같은 태도로 삶을 대하고 주변 사람들에게 고마움을 느끼는 사람은 현실에 적극적으로 임하며 긍정적인 태도로 생활을 꾸려나갈 수 있다.

　고마운 마음이 있어야 삶의 좌절과 어려움에 제대로 대처할 수 있으며, 현실을 정면 돌파하고 자신의 잘못을 직시할 수 있다. 감사하는 마음은 부정적인 정서를 몰아내고 작은 일부터 열심히 할 수 있게 해준다. 또, 사람들이 어려움에 처한 사람을 도울 수 있게 사랑을 심어준다. 부모는 인생의 길에 많은 시련과 굴곡이 있으며, 좌절과 실패는 누구에게나 찾아올 수 있다는 사실을 안다. 고마운 마음이 없는 사람은 실패와 어려움 앞에 제대로 대처할 수 없으며 실패의 늪에 빠지기 쉽다. 고마움을 아는 마음은 성공적인 인생에 반드시 필요한 조건이며 실패와 좌절을 극복할 수 있는 가장 좋은 무기다.

　고마움을 느끼는 대상은 부모나 선생님, 친구 그리고 도움을 받은 사람이나 동료에 그치지 않는다. 나무 한 그루, 풀 한 포기도 우리가 살아갈 수 있는 기본적 환경을 제공해주기 때문에 고마움의 대상이 될 수 있다. 물, 햇빛, 공기 등도 소중한 존재들이며, 이들에게 우리는 마땅히 고마워해야 한다.

　사람은 본디 선하게 태어났다. 고마움을 모르고 다른 사람의 뜻을 선하게 받아들이지 못하는 사람은 성장 과정에서 부모가 과잉보호하여 주변의 모든 혜택을 당연하게 받아들이도록 키웠기 때문이다. 자녀를 가족의 일원으로 생각하고 부모의 수고와 고마움을 알게 교육을 한다면 아이는 고마움을 아는 사람으로 자랄 수 있다는 사실을 명심하자.

{ …… }

　동빈이는 공부를 잘할 뿐 아니라 어려운 친구도 잘 도와주는 아이다. 선생님들은 이런 동빈이에게 칭찬을 아끼지 않았으며, 학부모들은 부러워하며 자기 아이에게 동빈이를 본받으라 했다. 어느 날 학부모회에서 부모들이 긴급 제안을 했다. 동빈이 부모님으로부터 교육의 비결을 들어보자고 한 것이다. 교실은 마치 기자 회견을 방불케 했다.
　"동빈이는 집에서 부모를 배려하고 가끔 엄마 어깨도 주물러준답니다. 부모의 은혜에 감사해야 한다는 생각에서 나온 행동이죠. 부모가 자녀에게 일방적인 사랑만 베풀면 은혜를 모르는 아이로 자라기 쉽다고 생각합니다. 저와 와이프는 이런 점에서 생각이 같습니다. 직장에서 돌아와 피곤하면 아이에게 집안일을 돕게 한답니다. 가정의 경제 상황도 투명하게 공개합니다. 돈은 어디서 그냥 나오는 것이 아니라 부모가 힘들게 일해서 벌어오는 것임을 알게 한답니다. TV에서 은혜나 고마움에 관한 내용이 나오면 이를 화제 삼아 아이와 이야기를 나누면서 자연스럽게 교육 효과를 보고 있습니다."
　효도 교육을 중시하는 동빈이 아빠의 교육 방침에 사람들은 큰 인상을 받았다. 그리고 앞으로 동빈이 아빠를 자주 만나 이야기를 나누자고 했다. 선생님도 칭찬을 아끼지 않았으며, 교육계에 몸담은 이후 가장 기억에 남는 학부모회였다고 소감을 밝혔다. 아울러 동빈이 아빠의 교육 방식을 다른 부모들도 참고하기를 바란다고도 했다.

　자식에게 물고기를 주는 것보다 물고기 잡는 법을 알려주는 게 낫다고 한다. 부모는 인생의 길을 가는 아이에게 등불을 대신 들어주는 것보다 고마움을 아는 사람으로 키우는 것이 중요하다. 고마움을 아는 사람은 그 자체가 현실을 비추는 밝은 등불이기 때문이다. 고마움을 아는 마음은 세상의 이둠을 밝히고 불만은 사라지게 한다. 이 마음은 마치 햇빛과 같아서 어디서 태어나고 어떤 인생의 역정을 가고 있는지 상관하지 않고 고루 비춰준다. 고마움을 아는 사람은 자신감과 용기, 선량한 품성을 가질 수 있다. 또, 잘못을 저지르면 용기 있게 나서 책임을 지며 건강한 인격의 소유자로 살아간다.

　고마움을 아는 것은 세상을 살아가는 철학이고 생활 태도이자 사람의 품성으로, 이는 사람과 사람 사이를 이어주는 중요한 요소가 된다. 고마움을 모르는 사람은 대인 관계도 원만하지 않다. 많은 부모들이 자녀에게 모든 사랑을 쏟지만 돌아오는 것은 자녀의 냉담함과 이기적인 태도다. 자녀가 그렇게 변한 것은 고마움을 아는 교육이 부족했기 때문이다.

　시대가 아무리 변해도 고마움을 아는 마음이 있으면 길을 잃지 않을 것이다. 아무리 사회가 복잡하고 현실이 각박해도 감사의 마음을 가질 수 있고, 스스로 설 자리를 찾을 수 있으며, 자신만의 즐거움도 찾을 수 있다. 아이를 불만과 원망이 아닌 고마움으로 가득한 세상에서 살아가게 해야 한다. 고마움을 아는 아이는 비로소 건강하게 성장할 수 있으며 건강한 인격을 갖출 수 있다. 이러한 아이는 매사에 긍정적인 태도로 임하고, 아이의 인격은 가장 아름다운 꽃을 피울 것이다.

고마움을 아는 아이로 키우는 법

• 고마움을 아는 환경을 마련하자 •

환경은 인간의 성장에 영향을 미친다. 자녀에게 고마운 마음을 길러주려면 먼저 이러한 환경부터 마련해야 한다. 부모는 자녀의 도덕선생님으로서 항상 모범을 보이며 가능한 한 모든 기회를 이용하여 아이에게 고마운 마음을 심어줘야 한다. 친척과 모여 식사를 하는 자리는 교육을 하기 위한 좋은 기회다. 부모는 집안 어른들의 은혜에 감사하고 건강을 기원한다. 이 분위기는 자연스럽게 아이에게

도 전해져 부모에 감사하며 나아가 다른 사람에게도 감사하는 마음을 갖게 된다.

• 명절이나 기념일을 통해 감사하는 마음을 길러주자 •

매년 돌아오는 명절과 기념일은 감사하는 마음을 길러줄 수 있는 좋은 기회다. 아이들은 설날에 어른들에게 세배를 하고 세뱃돈을 받으며, 어린이날에는 많은 사람들에게서 축하와 선물을 받는다. 이때 부모는 아이에게 감사하는 마음을 가지라고 가르쳐야 한다. 어버이날이나 스승의 날에는 부모님이나 선생님에게 반드시 감사하다는 말을 하도록 지도한다. 또, 평소에 행복하다고 느낀 일을 아이에게 말해보게 하자. 감사라고 해서 반드시 감동적인 말로 표현할 필요는 없다. 스스로 의의가 있고 기쁘다고 생각되는 일을 말해보는 것도 감사의 표현이다.

아빠만이 가르칠 수 있는 **9가지 아이 인성**

9

습관

성공을 위한
인생의 투자

교육자 예성타오는 '돈이 아무리 많아도
좋은 습관을 길러주는 것만 못하다'라고 했다. 아이에게
좋은 습관을 길러주는 게 억만금의 재산을 물려주는 것보다
훨씬 중요하다는 사실을 알 수 있다. 양호한 습관은 아이의
학습과 생활 그리고 앞에 펼쳐진 인생에 큰 도움이 된다.
'강산이 변해도 본성은 고치기 어렵다'라는 말은 습관의 힘을
보여주고 있다. 한번 형성된 습관은 여간해서 고치기 어렵다.
그러므로 부모는 아이가 어릴 때부터 평생 갈 수 있는
좋은 습관을 길러줘야 한다.

대충 하는 습관을 고쳐라

초등학생 자녀가 시험을 치르고 집에 돌아왔다. 부모가 시험이 어땠느냐고 물어보면 많은 아이들이 문제가 쉬워서 시험을 잘 봤다고 대답한다. 그런데 막상 성적표를 받아보면 이야기가 달라진다. 시험지를 보면 문제를 푸는 방식이 정확한데 결과는 틀린 답을 썼다. 아이가 수학을 못하는 것도 아니다. 문제를 푸는 기교와 방법도 제대로 알고 있다. 그럼에도 점수가 생각보다 낮게 나오는 것은 아이가 지나치게 덤벙거렸기 때문이다.

덤벙대는 아이의 성적이 낮게 나오는 것은 필연적이다. 이러한 습관을 즉시 고쳐주지 않으면 학업은 물론이고 장래의 생활에도 나쁜 영향을 준다. 그러나 부모들은 자녀의 세심한 습관을 들이는 데는 별다른 신경을 쓰지 않는다. 그보다는 인맥을 이용해 아이에게 좋은 학교나 학원을 찾는 데 열중인 부모가 많다.

사실 학교 성적은 대부분 아이의 학습 능력에 달려 있다. 세심하고 열중하는 습관이 있는 아이라면 부모가 아이의 성적이 떨어질까 봐 걱정하지 않아도 되며, 명문 사립 학교에 집어넣지 못해 안달할 필요도 없다. 아이가 어릴 때는 지나친 잔소리보다는 아이가 매사에 최선을 다할 수 있게 지도하면 된다. 비록 완벽하게 해내지 못하더라도 아이가 최선을 다했다면 그것으로 만족해야 한다. 아이가 덜렁대는 성격으로 인해 실수를 저질렀을 때 부모는 어떤 부분이 잘못되었다고 성급하게 나서지 말고 스스로 잘못의 원인을 찾아보게 해야 한다.

"우리 아이가 머리는 좋은데 너무 덤벙대서 다 아는 문제를 실수한답니다. 타고난 덜렁이 같아요."

사실 날 때부터 덤벙거리는 사람은 없으며 후천적인 환경이 그렇게 만들었을 뿐이다. 아이가 텔레비전을 보고 싶은데 부모는 숙제를 다 해야 보게 해준다고 규칙을 정했다. 그런데 아이가 좋아하는 만화 영화가 이미 시작되었다. 아이는 급한 마음에 숙제에 속도를 낸다. 내용이야 어찌되었든 일단 끝내고 보자는 생각으로 한 눈으로는 텔레비전을 힐끗힐끗 쳐다보면서 대충 숙제를 마쳤다. 이러한 식으로 완성한 숙제가 제대로 될 리 없다. 아이의 덤벙거리는 습관만 굳어질 뿐이다.

{ …… }

초등학교 3학년 성규는 시험을 볼 때마다 문제가 쉬웠다고 말했다. 그런데 시험 성적표가 생각했던 것보다 훨씬 낮게 나오는 통에 선생님과 부모님은 걱정이었다. 성규는 자기가 너무 덤벙거려서 아는 문제인데도 100점을 받지 못한다고 생각했다. 이번 시험도 예외가 아니었다. 선생님은 성규의 시험지를 자세히 살펴봤다. 어떤 문제의 답은 다음 문제의 답을 쓰는 곳에 썼으며, 주관식 시험은 문제 풀이 과정은 맞는데 최종 답안을 잘못 써놓았다. 이대로는 안 되겠다고 판단한 선생님은 성규를 교무실로 불렀다. 그러고는 똑같은 내용의 시험지를 주면서 다시 풀어보라고 했다.

"왜 저번 시험과 같은 문제를 풀게 하시는 거예요?"

의아하게 생각한 성규가 질문하자 선생님은 대답했다.

"선생님은 네가 100점을 받을 수 있다고 믿어."

성규는 꼼짝없이 교무실에 앉아 문제를 풀기 시작했다. 이때 창밖에서 친구들이 성규를 부르는 소리가 들렸다.

"성규야, 축구 하러 가자!"

이 소리에 주의력을 집중하여 문제를 풀던 성규는 마음이 급해졌다. 선생님은 성규를 붙잡고 있어봐야 실수투성이가 될 것을 직감했다. 성규에게 일단 축구를 다 하고 와서 문제를 풀라고 지시했다. 한참 후 축구를 다 하고 온 성규가 시험 문제를 계속 풀었다. 선생님은 성규에게 문제를 풀고 나서 검토하라고 지시했다. 그 결과 성규는 98점을 받았다. 선생님은 칭찬을 해주면서 이번에는 78점을 받은 지난 시험지를 보여줬다. 그리고 답이 틀린 원인을 스스로 찾아보게 했다. 영리한 성규는 너무 덜렁거리는 통에 답을 틀린 사실을 찾아냈다.

"그런데 왜 지금은 98점을 받았을까?"

"그건 검토를 하면서 실수한 부분을 고쳤기 때문입니다."

"그럼 다음부터는 시험 볼 때 어떻게 하는지 알겠니?"

"문제를 다 풀고 나서 꼼꼼하게 살펴보겠습니다."

선생님의 세심한 지도 아래 성규는 검토의 중요성을 알게 되었으며 덤벙거리는 성격도 많이 고쳐졌다.

덤벙대는 것이 큰 문제는 아니지만 제때 고쳐주지 않으면 습관으로 굳어져서 평생 좋지 않은 영향을 줄 것이다. 위의 사례에서처럼 머리가 좋아도 시험에서 덤벙거리면 낮은 점수를 얻게 된다. 부모나 선생님이 이 습관을 즉시 고쳐주지 않으면 시간이 지나면서 실수가 반복되고 낮은 성적을 받으며, 결과적으로 아이의 자신감에도 상처를 주게 된다.

덤벙거리는 성격은 학업에 대한 영향뿐 아니라 앞으로의 생활과 직장 생활에도 영향을 미친다. 아이의 덤벙거리는 성격은 생활 습관에서 기인하는데 대다수 부모는 아이의 공부에만 신경 쓸 뿐 생활 습관에는 소홀히 하기 쉽다. 덤벙대는 생활 습관은 주로 집안 어른들의 지나친 과보호에서 비롯된 것이다. 이러한 습관을 고쳐주려면 부모 스스로 교육 방식을 바꿔야 하며 과잉보호를 자제해야 한다.

아이가 덤벙대는 편이라면 부모는 참을성을 가지고 대처해야 한다. 조바심을 내거나 아이를 질책해서는 안 된다. 대충 하는 태도를 고쳐주려면 부모 자신이 세심하고 침착한 태도를 가져야 한다. 부모가 조바심을 내고 불안해하며 아이를 질책부터 하고 행동을 교정하려 든다면 아이의 상황은 더 나빠질 뿐이다. 아이가 깊이 생각하지 않고 행동부터 앞서며 머리를 제대로 쓰지 못한다면 아이의 인지 능력을 향상시켜야 한다. 덤벙대는 습관이 이미 굳어진 아이는 잘못된 인식에서 벗어나도록 이끌고 새로운 사유와 행동 방식을 심어줘야 한다.

덤벙거리는 성격은 만성 바이러스와 같아서 제때 교정해주지 않으면 점점 확산되어 심지어 손을 쓰기 어려울 지경으로 악화될 우려가 있다. 부모는 아이가 뭐든지 대충 하는 태도를 그냥 지나치지 말아야 한다. 이러한 습관은 발견하는 즉시 조치를 취해 철저히 교정하는 것이 가장 효과적이다.

아이의 덤벙대는 습관을 고쳐주는 법

• **아이에게 덤벙대는 행동의 위험성을 인식시키자** •

아이와 함께 어떤 일이나 행사를 준비할 때, 이러한 일은 어떤 준비가 필요한지 이야기를 해보며 꼼꼼하게 챙기지 않으면 어떻게 될지 상상하게 함으로써 꼼꼼한 처리의 중요성을 인식시켜준다. 예를 들어, 생일 파티를 앞두고 생일 케이크에 설탕 대신 실수로 소금을 넣으면 어떻게 될지 이야기해보게 한다. 또, 편지 봉투에 발신자와 수신자의 위치를 바꿔 적으면 어떤 결과가 올지에 대해서도 말해보게 한다. 이렇게 구체적인 사례를 통해 덤벙대는 행동의 위험성을 인식시키고 아이의 습관을 고치는 계기로 삼는다.

• **아이의 덤벙대는 생활 습관을 고쳐주자** •

생활 습관은 한 개인의 학업 성적에 직접적으로 영향을 미친다. 아이가 평소 물건을 잘 잃어버리고 다녀서 부모가 연습장이나 숙제를 학교에 가져다주는 일이 잦다면, 이와 같은 일이 모두 학습 부진의 원인으로 작용한다. 부모는 이를 의식하여 아이의 덜렁대는 습관을 고쳐줘야 한다. 자기 방을 스스로 정돈하도록 시키거나, 학용품을 정해진 위치에 정리하라고 지시하며, 자기 전에 반드시 책가방을 점검하게 할 수 있다.

• 적절한 상벌 정책을 활용하자 •

덜렁대는 습관으로 초래되는 결과에 대해 아이가 인식하면, 아이의 덜렁대는 행동에 대해 적절한 상벌 제도를 이용해본다. 숙제를 다 하고 나서 아이가 스스로 검사하는 모습을 보면 아이를 칭찬하고 좋은 습관을 계속할 수 있게 격려해야 한다. 검사를 하지 않고 지나가는 아이에게는 야단을 치기보다는 검사할 횟수를 늘려준다. 이것이 가장 좋은 처벌 방법이다. 쓰기 숙제를 엉망으로 해놓은 아이라면 시간이 허락하는 범위 내에서 다시 한 번 쓰게 한다. 아이는 대충대충 끝내면 처음부터 다시 해야 한다는 점을 의식한다. 이러한 감독과 관리 아래 아이의 덤벙대는 습관은 반드시 고칠 수 있다.

시간을 합리적으로 관리하라

시간은 모든 사람에게 공평하게 주어진다. 하루는 24시간, 1시간은 60분이라는 사실은 절대 변하지 않는다. 누구에게나 똑같이 주어지는데 어떤 사람은 성공하고 어떤 사람은 아무 성과도 내지 못한다. 동일한 시간에 최대의 가치를 창출하려면 1분 1초를 합리적으로 이용해야 한다.

부모들은 아이가 공부하기와 놀기를 모두 열심히 하기 바란다. 하지만 아직 어린아이들은 시간관념이 철저하지 않으며 시간을 어떻게 관리하는지조차 모른다. 그러므로 아이가 시간을 관리할 수 있게 지도하여 공부와 노는 시간을 합리적으로 관리할 수 있도록 도와줘야 한다. 이는 아이의 인생에서 중요한 수업이며, 합리적인 시간 관리 방법을 알면 자연히 학습 효율이 높아지고 성적도 좋아진다. 또, 사회에 나가서는 일과 생활을 잘 관리할 수 있게 된다.

아이가 숙제를 할 때 자꾸 딴청을 하며 늑장을 부리는 모습에 부모들은 꾸중할 줄만 알았지, 아이가 어떻게 해서 그러한 습관이 생겼는지 반성하고 나쁜 습관을 고칠 방법을 생각하지는 않는다. 부모가 보내주는 학원을 전전하고 집에 돌아와서 공부하라는 부모의 채근에 아이는 놀 수 있는 시간이 없다. 그래서 아이는 걸핏하면 화장실에 간다, 물을 마신다 하면서 여유를 찾고자 하는 것이다.

어릴 때부터 합리적으로 시간을 분배하는 습관을 가지면 이 습관이 평생을 간다. 합리적으로 시간을 사용할 줄 아는 아이는 1분 1초를 충분히 이용할 줄 알기 때문에 놀 때 놀고 공부할 때 공부할 수 있다. 시간 관리를 못하는 아이는 언제나 시간이 빨리 지나가 버린다고 느낀다. 충분히 놀 시간도, 공부할 시간도 갖지 못하면서 시간이 언제 이렇게 갔냐고 묻는다. 이 아이의 시간은 손가락 사이로 흘러가버리며 그것을 붙잡지 못한 자신을 탓하게 된다.

{ …… }

일본 혼다 자동차의 설립자 혼다 소이치로는 가난한 농촌 가정에서 태어났다. 그의 아버지는 대장장이였는데 형제가 많고 가정 형편이 넉넉지 않은 혼다 소이치로는 아버지를 도와 풀무질을 하거나 쇳조각을 정리했다. 아버지는 온몸이 땀에 젖어 목에 건 수건에서도 땀방울이 뚝뚝 떨어질 정도였다.

"아버지, 온몸이 땀투성인데 천천히 하세요."

아들의 말에 아버지는 속으로 기뻤으나 정색을 하고 말했다.

"쇠를 두들기는 속도를 늦추면 식어서 기구를 만들 수가 없어. 어떤 일이나 시간이 중요하단다. 유리한 시기를 포착하고 일의 앞뒤 순서를 정해서 시간을 합리적으로 사용해야 해."

어느 날 아버지가 세 개의 쇳조각을 한데 모아 두들기고 있었다.

"쇳조각을 하나씩 두드리지 않고 왜 한꺼번에 두들기세요? 그러면 힘이 들잖아요?"

　호기심 어린 혼다 소이치로의 질문에 아버지는 이렇게 대답했다.

　"이 쇳조각은 크기가 작아서 이렇게 한꺼번에 잡고 두들겨야 된다. 필요할 때 한꺼번에 모아서 하면 시간을 절약할 수 있어."

　혼다 소이치로는 아버지의 말을 명심하고 이를 학습과 생활에 활용했다. 기업을 설립한 후에도 대장간에서 아버지로부터 배운 이치를 기업에 도입하여 훌륭한 성과를 얻었다.

　시간을 합리적으로 이용하면 낭비를 막을 수 있다. 혼다 소이치로는 아버지로부터 유리한 시기나 조건을 포착하여 신속히 일을 마치고 한꺼번에 진행하여 시간을 절약하는 지혜를 배웠다. 그리고 이를 토대로 유명한 기업가로 성장했다. 사람들이 시간을 목숨이나 금전에 비유하는 이유는 시간이 그만큼 중요하기 때문이다.

　사람의 생명은 유한한 것이다. 따라서 제한된 시간 안에서 1분 1초도 합리적으로 운용해야 한다. 그래야 죽음을 앞두고 후회하지 않는다. 이러한 습관은 어릴 때부터 부모의 지도와 도움이 필요하다. 예를 들어, 일과 시간표를 자녀와 함께 작성해본다. 물론 일과 시간표는 자녀의 흥미, 연령에 맞게 작성하며 학습, 휴식, 자유 시간 등을 포함할 수 있다. 상황에 따라 변화와 조정을 하는 등 운용의 융통성도 발휘해야 한다.

사람들은 아이를 아침 7~8시에 뜨는 태양에 비유하며 국가의 미래요, 부모의 희망이라 표현한다. 이렇게 중요한 시기에 아이는 나이가 어리고 시간관념이 없으며 사물에 대한 인식이 철저하지 못하므로 자신의 행동이 어떤 결과를 초래하는지 모른다. 부모는 자녀에게 합리적인 시간 관리 방법을 가르쳐 시간을 효율적으로 이용하게 도와야 한다.

알고 보면 인생은 아주 짧다. 하루 24시간 중 3분의 1은 잠을 자고 3분의 1은 밥을 먹거나 씻고 화장실 가는 일에 써야 하므로 공부와 일을 할 수 있는 시간은 많지 않다. 아이가 나머지 3분의 1이라는 시간을 합리적으로 이용하지 않는다면 하루를 낭비해버리는 셈이다. 시간은 금이며 금으로도 못 사는 것이 시간이다. 부모는 자녀가 시간의 소중함을 알고 하루하루의 시간을 계획적으로 관리하여 1분 1초도 헛되이 쓰지 않게 도와야 한다. 시간을 합리적으로 사용하는 방법을 배우는 일은 인생을 파악하는 것을 배우는 일과 같다.

아이에게 합리적 시간 관리 습관을 키워주는 법

• 아이에게 시간관념을 수립시키자 •

시간관념이 있어야 시간을 충분히 합리적으로 이용할 수 있으며 일과 생활의 계획을 합리적으로 세울 수 있다. 정확한 시간관념은 성공의 전제 조건이다. 아이가 어린데 시간관념을 어떻게 세워줄 수 있느냐고 항변할 수도 있다. 아이에게 5분 안에 어떤 일을 마치라고 할 때 그 5분을 아이가 어떻게 아느냐는 것이다. 이러한 상황은 알람 기능을 이용할 수 있다. 아이에게 알람이 울리면 하던 일을 끝내야 한다고 알면 된다. 예를 들어, 밥을 먹지 않겠다는 아이에게 일정 시간이 지나면 밥을 치워버린다고 해보라. 시간을 대하는 아이의 인식을 강화하고 시간관념을 수립하게 할 수 있다.

• 질서 있는 생활 습관을 길러주자 •

아이들은 자기 통제 능력이 없어서 밥을 먹다가도 돌아다니기 일쑤다. 숙제를 할 때도 겨우 몇 자 써놓고 어느새 다른 것을 하고 있다. 아이들의 생활은 뒤죽박죽 질서가 없다. 이러한 생활은 할 일을 미루는 습관을 형성하기 쉬우므로 부모는 자녀의 자기 통제 능력을 강화시켜 정신을 집중하지 않고 산만하거나 순서대로 일을 처리하지 않는 습관을 고쳐줘야 한다.

• 꾸물대는 습관에 대한 대가를 치르게 하사 •

때로는 아이에게 쓴맛을 보여주는 것이 좋은 교육 방법일 수 있다. 아이가 어떤 일을 할 때 꾸물거리는 습관을 보이면 그 결과를 직접 체험하게 하는 것이다. 이를 통해 아이는 더 빨리 성장한다.

아침에 일어나서 세수하고 가방을 챙겨야 하는데, 바쁜 시간에 엄마에게 반찬이 뭐냐고 묻거나 학교에서 있었던 일을 이야기하는 등 딴짓을 하는 아이가 있다. 이때 엄마는 아이 대신 나서서 챙겨주지 말고, 시간이 늦었으니 서두르지 않으면 지각할 것이라는 점을 상기시켜야 한다. 아이가 이 말을 듣고도 계속 꾸물대고 있다면 더 이상 상기시키지 말고 그대로 둔다. 아이는 학교에 지각해서 선생님에게 벌을 받을 것이다. 자신의 행동으로 인한 결과를 기억한 아이는 다음부터는 좀 더 서두르게 된다.

아이에게
노동을 실천하는 습관을 키워줘라

현대 사회는 자녀에게 노동의 소중함을 가르치는 교육이 부족하다. 도덕 시간에 노동이 미덕이며 자랑스러운 일이라고 가르치지만 실천 교육은 하지 않는다. 얼마 전 중국의 한 학교에서 매주 금요일 오후에 '노동' 수업을 배정했다가 학부모들의 격렬한 항의에 몇 주 만에 폐지했다는 보도가 있었다. 아이들에게 어떻게 긴 시간의 노동을 시킬 수가 있느냐는 것이 항의의 이유였다. 학부모들은 자녀의 공부 시간을 뺏기는 것이 불만이었으며, 다른 한편으로는 아이가 힘들까 봐 걱정했던 것이다.

노동 교육에 소홀히 하다 보니 아이가 집안일을 도우려고 하면 부모가 만류한다. 다칠까 봐 그런 것도 있지만 방해된다고 생각하기 때문이다. 아이가 더 자라서 부모가 일을 시키려고 하면 이번에는 자녀가 하기 싫다고 한다. 집안일을 다른 사람이 알아서 하고, 자신의 일도 스스로 하지 않는 생활이 습관이 되어버렸기 때문이다. 자녀가 결혼한 후에는 배우자와 집안일을 누가 하느냐를 놓고 부부 싸움이 벌어진다. 심지어 평생을 함께하자는 맹세를 저버리고 이혼까지 가는 일도 있다. 자녀의 행복을 위해서라도 부모는 노동을 실천하는 교육을 중시하여 근로하는 습관을 길러줘야 한다.

전문가는 자녀가 노동에 관심을 가질 때 부모는 기회를 놓치지 말고 근로 습관을 길러줘야 한다고 주장한다. 내 아이는 만 1살 때 스스로 밥을 먹을 줄 알았다. 비록 음식이 옷에 다 묻고 바닥을 엉망으로 만들었지만 나는 아이를 격려했다. 4살이 되자 나는 아이에게 옷을 직접 입게 가르쳤으며, 6살 때는 자기 양말을 직접 빨게 했다. 더 자라서는 집안일도 돕게 했다. 학교 가는 길에 아파트 쓰레기장에 쓰레기봉투를 버리고 가게 했다. 시간이 흐르니 아이는 알아서 집안일을 하는 습관이 몸에 배게 되었다.

{ …… }

아이가 초등학교 4학년 때의 일이다. 와이프가 며칠간 출장을 떠나 있고 나도 일이 바빴으므로 집안 청소는커녕 설거지도 못하고 싱크대에 쌓아놓았다.

하루는 퇴근해서 돌아오니 아이가 숙제를 하고 있었다. 집안은 엉망이었고 나는 피곤해서 아이와 저녁을 나가서 먹었다. 집에 돌아오는 길에 "아빠가 집안을 정리할 테니 숙제를 마저 하렴." 하고 말했다. 그러나 소파에 앉자 피곤해서 꼼짝하기가 싫었다. 아이에게 "숙제를 끝내고 네 방을 치우고 자라. 나머지는 아빠가 정리할 테니."라고 말했다. 피곤했던 나는 소파에서 그대로 잠이 들어버렸다. 한참 후 눈을 뜨니 부엌에서 물소리가 들렸다. 와이프가 돌아왔나 생각했다. 그런데 뜻밖에도 아이가 주방에서 설거지를 하고 있었다. 집안을 둘러보니 말끔히 정리되어 있었으며 물걸레로 바닥까지 청소한 모양이다. 그야말로 '서

프라이즈'였다. 평소 비교적 쉬운 일만 도왔던 아이가 언제 저렇게 청소를 깨끗이 하고 바닥을 물걸레로 닦을 정도로 자랐는지 기특한 일이다.

아이는 주말이면 나와 와이프를 도와 집안 청소를 같이 했다. 일을 도와주는 아이 덕분에 집안은 늘 정갈함을 유지했다. 아이는 친구를 집에 데리고 와서 놀고 난 다음 어질러진 것도 늘 제 손으로 깔끔하게 치웠다.

자녀의 자립심을 길러주고 단체 생활에 더 잘 적응하게 하려면 부모는 아이가 힘들까 봐 걱정하지 말고 어릴 때부터 할 수 있는 집안일부터 시켜서 근로 습관을 길러줘야 한다. 자녀가 작은 '묘목'일 때 부모는 아이를 보호하며 비바람을 막아준다. 자녀가 '나무'로 성장한 후에는 아무도 비바람을 막아줄 수 없기에 거센 폭풍우에 가지가 부러져버릴 수 있다. 어릴 때부터 아무 일도 시키지 않고 노동의 단련을 하지 않으면 장차 사회에 나가서 살아남기 어렵다.

〈증국번 가훈〉이라는 영상을 시청한 적이 있다. 청나라 정치가이자 학자인 증국번은 젊은 시절 비현실적으로 이상만 높았다. 훗날 당감을 스승으로 모시고 정공을 수련했으며 인성을 방해하는 요인이 나태함임을 인식했다. 당시는 천하가 어지러운 시기였다. 증국번은 중국이 발전하려면 부지런해져야 한다고 주장했다. 부지런해야 병사를 강하게 훈련할 수 있고 나라를 다스릴 양호한 제도를 마련할 수 있다고 본 것이다.

국가를 위해 대단한 공을 세우라는 것이 아니다. 아이가 최소한 독립적으로 생존할 수 있는 능력은 갖게 해줘야 한다. 따라서 증국번이 말한 인성의 실패 요인을 명심하여 아이에게 부지런한 습관을 길러줘야 한다. 부지런함으로 몸과 마음을 수양하는 것이 성공의 기본이다. 근로는 일종의 습관이며 품성으로서 평생 동안 아이에게 좋은 영향을 가져올 것이다.

오늘날 사회에서는 다방면의 인재가 필요하다. 부모는 아이가 공부만 잘하면 그만이라는 인식을 버려야 한다. 온실 속 화초는 사회에서 살아남기 힘들며 성공은 더욱 어렵다. 거친 비바람을 이겨내야 찬란한 무지개와 태양을 볼 수 있다. 성공이라는 무대에 오르고 싶다면 반드시 부지런해야 한다. 부지런함으로 무능함을 보충할 수 있다. 부지런함은 사람을 자신 있게 변화시키며 모든 일을 잘 풀리게 한다. 자녀의 성공적인 인생을 바란다면 어릴 때부터 부지런한 습관을 길러줘야 한다.

아이에게 근로 습관을 길러주는 법

• **아이에게 올바른 노동 관념을 심어주자** •

어릴 때부터 각 분야의 노동자들을 존중하고, 노동의 가치를 인식하며, 직업에는 귀천이 없다는 점을 알려줘야 한다. 환경미화원의 일은 힘들고 지저분한 것을 다루는 것이지만 우리 사회와 환경을 깨끗하게 해주는 고마운 직업이다. 부모는 자녀가 훌륭한 노동자가 되어 사회에 기여할 수 있도록 어릴 때부터 가르쳐야 한다.

• **아이가 노동의 성과를 소중히 여기게 하자** •

다른 사람의 노동 성과를 소중히 여기고 함부로 다루지 않도록 가르쳐야 한다. 쾌적한 가정 환경은 부모가 힘들게 마련한 것이며, 신선한 과일과 채소는 농민이 뜨거운 햇빛 아래 열심히 농사지은 것이다. 깨끗한 거리는 환경미화원이 새벽에 일어나 청소한 것이다. 우리의 생활 환경과 생활용품은 모두 누군가 힘들게 일해서 창조한 성과다. 그러므로 환경을 파괴하거나 음식을 낭비해서는 안 된다.

• **자신을 위한 일에서 가족을 위한 봉사로 발전시키자** •

아이가 자기 일을 스스로 하도록 격려하여 노동의 기쁨을 느끼게 하자. 옷을 스스로 입고 밥을 제 손으로 먹으며 방을 정리하는 일에서 차츰 부모나 집안을 위해 봉사하게 유도한다. 이때 자녀에게 지나친 요구를 해서는 안 된다. 처음에는 집안일의 요령을 모르고 몸에 익지 않아서 속도가 나지 않으며 해놓은 결과가 부모 마음에 들지 않을 수 있다. 그러나 부모가 한쪽에서 지도해주면 아이는 일에 차츰 익숙해진다. 요령을 배우고 일이 손에 익으면 자연히 빨리하고 완성도도 높아진다. 그러므로 부모는 자녀에게 지나친 압박감을 주지 않아야 한다.

책 향기 그윽한 가정 분위기를 만들어라

나는 아이가 와이프 뱃속에 있을 때부터 책을 모으기 시작했다. 와이프와 산책을 갈 때마다 서점에 들러 아이에게 적합한 책을 찾아봤다. 아이가 태어나고 얼마 후부터 나는 그림책을 들고 아이에게 이야기를 들려줬다. 아이가 자라면서 책의 내용에도 변화가 생겼다. 처음에는 그림책을 읽어주다가 차츰 유명한 동화책으로 옮겨갔다.

학교에 들어간 후에는 아이가 읽을 수 있는 글자가 점점 늘어났으며, 나는 더 이상 책을 읽어줄 필요가 없게 되었다. 뭔가 잃어버린 듯 허전함이 밀려온 나는 책꽂이에서 옛날에 읽다 둔 소설을 찾아들었다. 저녁을 먹고 나서 아들과 나는 독서 삼매경에 빠졌다. 시간이 지나면서 아이는 책을 좋아하게 되었고 독서하는 습관을 들이게 되었다.

우리 아이는 어릴 때부터 주변의 부러움을 샀다. 예절 바르고 공부를 잘할 뿐 아니라 사람들을 배려하고 부모를 도와 집안일도 했다. 아이가 이렇게 잘 자란 것은 책을 좋아하고 책 속에서 좋은 습관을 배운 덕분이다. 러시아 작가 막심 고리키는 '책은 인류 진보의 사다리'라고 했다. 책이 없는 생활은 마치 날개 없는 새와 같으며, 사람에게 영혼이 없는 것과 다름없다.

젊은 부모들은 갓 태어나 아무것도 모르는 신생아에게 책을 읽어줘봐야 '쇠귀에 경 읽기'라고 생각한다. 그러나 부모가 읽어주는 책의 내용을 알아듣지 못해도 이야기 듣는 것을 좋아하는 습관을 기를 수는 있다. 이는 자녀의 독서 습관을 길러주기 위한 기초를 다지는 일이다. 아이가 4살 때 많은 동화책을 사주고 날마다 이야기 하나씩을 들려줬다. 휴일에는 온 가족을 동원해 동작을 곁들여 실감 나게 이야기를 들려줬다. 아이는 점점 동화 속 이야기에 흠뻑 빠져들었다. 가끔은 친구들에게 마치 어른이 하듯 이야기를 들려줬다. 이는 아이의 표현 능력을 단련시킬 뿐 아니라 자신감을 기르는 효과가 있었다.

{ …… }

지금도 기억나는 일이 있다. 하루는 아이가 방바닥에 누워 일어나지 않았다. 할머니가 몇 번이나 불렀는데도 꼼짝하지 않자 할머니는 화가 나서 아이 엉덩이를 때리려 했다. 이때 아이가 말했다.

"할머니, 난 잠이 들었으니까 뽀뽀를 해줘야 살아날 수 있어요."

알고 보니 〈잠자는 숲 속의 공주〉에 나오는 장면을 그대로 해본 것이다. 공주가 마법에 걸려 잠이 들었는데 왕자가 뽀뽀해줘야 다시 살아난다는 줄거리였다. 할머니가 아이 뺨에 뽀뽀를 해주자 아이는 그제야 눈을 크게 뜨며 일어나 할머니에게 뽀뽀를 했다. 아이의 깜찍한 연극 덕분에 그날은 온 가족이 행복한 어린 시절로 돌아간 느낌이었다.

동화는 아이의 사고를 확장시키고 상상력을 단련시켜 독서 습관을 기르기 위한 기반을 다져준다. 나는 아이에게 셀 수 없이 많은 동화를 들려줬고, 아이는 때때로 어른들을 동화 나라로 초대했다. 우리는 아이의 말에 왕국의 난쟁이로 변신해 아름다운 백설공주의 친구가 되기도 했다. 아이가 좀 더 자라자 나는 아이에게 동화책에 나오는 글씨를 가르쳐주기 시작했다. 아이가 아는 단어가 점점 늘어나 그 책을 다 읽을 수 있게 되면 다른 동화책을 골라 똑같은 방법으로 가르쳤다. 시간이 지나면서 아이의 독서 취미는 일종의 습관으로 자리 잡게 되었다.

독서는 스스로 공부하고 평생 학습할 수 있는 좋은 방법이다. 독서에 취미를 붙이게 하는 것은 아이에게 공부하는 방법을 가르쳐주는 것과 같다. 독서를 통해 교과서 외의 지식을 습득할 수 있을 뿐 아니라 아이의 능력, 특히 글짓기 능력을 길러줄 수 있다. 독서하는 습관은 아이의 문자 이해 능력에 직접적인 영향을 미친다.

아이에게 책 읽는 습관을 길러주려 하지만 효과가 별로 좋지 않은 경우가 많다. 이러한 집은 대부분 아이는 방에서 책을 읽고 부모는 거실에서 텔레비전을 보고 있다. 책만 읽히면 그만이라는 태도로 세심한 부분에서 공을 들이지 않기 때문이다. 자녀의 독서 습관을 길러주려면 부모 자신부터 솔선수범해야 한다. 스스로 책 읽는 모습을 보여줌으로써 아이가 자연스럽게 영향을 받아 책을 읽게 만들어야 한다. 그리하여 책 읽기라는 좋은 습관을 기르고, 독서를 통해 더 많은 지식을 습득하게 해야 한다.

독서에 취미를 갖게 하여 바른 독서 습관을 형성하는 것은 부모가 아이에게 줄 수 있는 가장 소중한 선물이다. 바른 독서 습관이 생기면 아이에게 학력이나 각종 능력이 더 이상 어려운 문제가 아니며, 부모도 자녀의 장래를 걱정할 필요가 없다. 독서는 사람의 삶을 변화시키며 그 사람의 평생에 유익함을 준다. 바른 독서 습관이 있으면 이미 절반은 성공한 것이다. 부모가 아무리 바빠도 아이에게 책의 향기가 넘치는 가정을 만들어주자. 또, 부모 자신이 책을 좋아하지 않아도 아이를 위해 독서하는 습관을 길러보자.

부모 공부
아이에게 올바른 독서 습관을 길러주는 법

• 듣는 것에서부터 독서 습관을 시작하자 •

독서 습관은 듣는 것부터 시작된다. 아이가 어릴 때부터 동화를 들려주며, 재미있는 동작을 곁들여 즐겁게 해줘야 한다. 아이가 어려 이야기의 내용을 전혀 이해하지 못할 것이다. 그러나 여러 번 들려주면 저절로 알게 된다.

자녀는 작은 나무와 같아서 날마다 물을 줘도 그 즉시 잎을 틔우지는 않는다. 그렇다고 물을 주는 것이 소용없는 짓일까? 그건 절대 아니다. 물은 나무의 뿌리로 천천히 흡수될 것이다. 부모가 들려주는 동화를 여러 번 듣다 보면 이해 능력이 계속 향상될 것이다. 부모는 날마다 꾸준히 아이에게 책을 읽어줘야 한다. 자녀와 함께 책 속의 지식이 선사하는 즐거움을 느껴보자.

• 책을 읽고 독후감에 대해 이야기해보자 •

부모는 아무리 바빠도 시간을 쪼개 아이와 독후감을 이야기해보고 고전 명작에 대해 이야기를 나눠야 한다. 이러한 시간은 아이의 인식 능력과 이해력을 높여줌과 동시에 독서에 대한 흥미를 강화시킨다.

늘 책을 가까이 하고 자녀와 함께 독서하는 것은 훌륭한 교육이며 가정의 가장 행복한 시간이다. 또, 세대 간 감정의 교류를 증진하는 장치이기도 하다. 그러나 요즘에는 자녀와 책을 읽는 부모가 극소수라고 한다. 대부분의 부모가 일이 바쁘다는 이유로 아이와 책 읽는 시간을 거의 내지 못한다. 사실 일이 아무리 바빠도 일주일에 20분 정도는 여유가 있다. 일주일에 20여분을 투자해 자녀와 함께 책을 읽으면 훌륭한 자녀로 키울 수 있다는데 마다할 이유가 없지 않은가.

• 아이를 데리고 서점에 자주 가자 •

'늘 강가를 거니는데 어찌 신발이 젖지 않을 수 있겠나'라는 말이 있다. 이 말을 '늘 서점에 드나드는데 어찌 책을 가까이 하지 않을 수 있겠냐'로 바꿀 수 있다. 자녀를 데리고 자주 서점에 들러 독서의 분위기를 느끼고 책의 바다에 빠져보게 하라. 서점에 가면 많은 사람들이 저마다 좋아하는 책을 펼쳐놓고 있다. 그곳에 가면 짙은 독서의 분위기가 있으며, 아이가 이 환경을 오랫동안 접하면 자연히 책을 좋아하게 된다.

서점에 가면 아이에게 좋아하는 책을 자유롭게 고르도록 해야 한다. 특히 자녀가 이직 독서에 흥미가 없는 경우 책을 고를 때 간섭하지 않아야 한다. 자유롭게 책을 고를 수 있게 함으로써 책 사는 즐거움을 체험하게 하는 것도 독서에 흥미를 갖게 하는 좋은 방법이다.

욕설하는 습관을 철저히 없애라

도덕과 예절을 지키는 아이는 사람들의 호평을 받고 부모에게도 자랑거리이며 좋은 이미지를 쌓을 수 있다. 반면, 입만 열면 욕을 하는 아이는 자신의 이미지에 먹칠하고 늘 시빗거리가 끊이지 않는다.

가정마다 교육 방식이 다르다. 어떤 부모는 아이가 욕을 하면 꾸짖고 혼을 낸다. 이 방법은 아이가 욕을 멈추므로 그 자리에서는 효과가 있다. 그러나 아이는 기회만 되면 다시 욕을 한다. 욕설하는 습관을 고치려면 그 원인부터 찾아서 적당한 방법으로 아이를 지도해야 한다.

아이가 욕설을 하는 원인은 몇 가지가 있다. 첫째는 호기심이다. 욕설의 의미도 모르면서 그저 재미있어 보여서 하는 경우가 여기 해당된다. 둘째, 남에게 지기 싫어하는 경쟁심에서 비롯된다. 상대와 다툴 때 좀 더 유리한 위치에 서기 위해 욕을 하는 경우다. 셋째, 주위 환경의 영향이다. 주변 사람들이 늘 욕설을 하는 것을 듣다 보면 자신도 모르게 배워서 하게 된다. 넷째, 정서적 충동으로 분노한 상황에서 욕이 튀어나온다.

욕하는 습관을 없애기 위해서는 가정 교육이 매우 중요하다. 우선 부모부터 언행에 주의하여 아이에게 문명인다운 생활 환경을 마련해야 한다. 주변의 다른 사람에게 욕설을 하는 것에 대해 환영받지 못할 행동이며 저속한 행동임을 아이가 알 수 있게 한다. 텔레비전 프로그램에서 욕하는 장면이 나올 경우, 그것은 나쁜 사람의 추악한 행동을 묘사하기 위한 장치라고 말해주고 그러한 말에 노출되지 않게 멀리해야 한다.

아이가 어쩌다 욕설을 했는데 부모가 즉시 이를 저지하고 교정하는 교육을 제대로 하지 않거나, 심지어 아이가 욕설하는 것이 귀엽다며 고의로 해보라고 시키는 것은 모두 욕설을 조장하는 행위다. 일단 욕설하는 습관이 형성되면 고치기 어려울 뿐 아니라 이로 인해 친구를 잃고 주변 사람들로부터 멸시를 받게 된다. 그러므로 부모는 아이의 예절과 도덕성을 교육시켜야 한다.

{ …… }

소라의 부모님은 아이의 공부와 지적 능력을 중요시할 뿐 아니라 인성 교육에도 신경을 썼다. 어느 날 소라는 반 친구들과 담임선생님 집에 놀러갔다. 선생님은 과자와 먹을 것을 내왔고 아이들은 즐겁게 놀았다. 한참 후 선생님이 집에 돌아갈 시간이 되었다고 하자 아이들이 우르르 몰려나갔다. 그러나 소라는 혼자 남아서 선생님이 어질러진 집안을 치우는 것을 도와줬다. 게다가 일도 아주 야무지게 했다. 집에 돌아올 때는 선생님에게 공손하게 인사를 했다. 예절 바르고 세심한 소라의 태도에 선생님은 매우 감동했다. 소라의 훌륭한 인성이 좋은 가정교육에서 비롯된 것이라고 생각한 선생님은 소라의 엄마가 아이를 어떻게 교육하고 있는지 들어보기로 했다.

소라가 어렸을 때 직장일이 바쁜 엄마 대신 아빠와 지내는 시간이 많았다. 아빠는 대학 교수였는데 수업이 있을 때 학교에 아이를 데리고 갔고, 아이는 자연스럽게 다른 선생님들과 놀면서 친해졌다. '할아버지, 할머니, 삼촌, 이모' 등의 호칭도 아빠의 동료 선생님들이 가르쳐준 것이었다. 하루는 집에 돌아온 소라가 엄마에게 말했다.

"오늘 학교에서 내가 이모들을 화나게 했어요. 어떤 오빠가 '이 멍텅구리 ○○야!'라고 하길래 제가 따라 했거든요. 그랬더니 이모들이 그건 나쁜 욕이고 이모들은 욕하는 아이는 싫대요. 그리고 욕을 하는 아이는 나쁜 아이라고 했어요."

"그건 이모들 말이 맞아. 착한 말을 하는 사람은 마음도 착해."

소라 엄마는 소라에게 바른 말을 써야 착한 사람이라고 다시 한 번 알려줬다.

다른 부모들도 아이에게 욕설을 해서는 안 된다고 교육하며, 욕하는 아이는 예쁘지 않다고 말한다. 그럼에도 효과가 없는 것은 다음 몇 가지 원인 때문이다. 부모가 일관성이 없으며 교육과 자신의 행동이 불일치하기 때문이다. 가령, 아이에게는 예의와 도덕을 강조하면서 정작 본인은 욕설을 하고 다니며 반면교사 역할을 톡톡히 한다. 또, 공부만 중요시하고 인성 교육은 소홀히 하는 식이다. 아이가 욕설을 하면 부모는 이를 심각하게 여기고 자신부터 돌아봄으로써 아이가 욕설을 하는 원인을 찾아보고 아이에게 모범적 행동을 반복해서 보여주며 행동을 교정해야 한다.

부모는 자녀와 가장 많이 접촉하는 사람이다. 따라서 평소 자녀의 예절과 인성 교육에 힘쓰고 스스로 모범이 되는 행동을 보여야 한다. 욕설은 독한 황산처럼 강한 부식성을 갖고 아이의 순결한 영혼을 썩게 만든다. 원래 순진하고 선량하며 아름다웠던 아이의 영혼이 추악하게 변하는 것이다. 아이의 건강한 성장을 위해서 부모는 아이에게 좋은 습관을 길러주며 욕설하는 습관을 반드시 고쳐야 한다.

아이의 욕설에 대처하는 법

• **어쩌다 우연히 하는 욕설에 호들갑 떨지 말자** •

아이가 어쩌다 우연히 욕설을 하는 것은 다른 사람들이 하는 욕설을 듣고 호기심에서 해보는 것뿐이다. 이때 부모가 호들갑을 떨며 아이를 질책해서는 안 된다. 부모가 과잉 반응을 보이면 아이는 욕이 대단한 것이라 생각하기 쉽다. 아이는 화가 나거나 부모의 주의를 끌기 위해 욕을 하게 된다. 따라서 우연히 하는 욕설은 못 들은 척 지나가야 한다. 그래야 아이가 욕을 더 하지 않게 된다.

올해 3살인 지현이는 귀엽고 영리한 아이다. 나이 많은 어른들을 보면 할머니, 할아버지라고 부르고 엄마, 아빠와 비슷한 연배의 사람들에게는 아저씨, 아주머니라고 부르며 살갑게 굴었다. 그런데 이렇게 귀여운 지현이가 뜻밖에도 집에서 키우는 앵무새에게 "널 비틀어 죽여버릴 거야!"라고 말하는 것이 아닌가. 엄마는 아이의 이 말에 깜짝 놀랐지만 아이를 혼내지 않고 하던 일을 계속했다. 저녁 식사 시간에 엄마는 지현이에게 아까 한 말은 욕설이었으며, 앵무새가 듣고 속이 상했을 거라고 말해줬다. 지현이는 앞으로는 그런 말을 하지 않겠다고 했다.

어쩌다 하는 욕설에 즉각 반응하지 말고 아이의 정서가 안정 된 후, 그러한 말을 하면 듣는 사람이 기분 나쁠 것이며 욕설을 하는 아이는 아무도 좋아하지 않는다고 말해주자. 이후 아이의 욕하는 행동이 차츰 줄어들 것이다.

- **욕을 잘하는 아이에게 이치를 알려주고 감성으로 마음을 움직이자**

욕을 자주하는 아이에게는 다음과 같이 한다. 첫째, 욕은 저속한 행동임을 인식시키고, 욕하는 아이는 아무도 좋아하지 않으며, 욕하는 아이는 친구도 없을 것이라 말해준다. 둘째, 부모는 평소 자신의 말과 행동에 주의하여 자녀와 대화할 때는 고운 말을 사용해야 한다. 자녀가 고운 말을 쓰기 시작하면 부모는 그 자리에서 칭찬해야 한다. 이를 통해 아이는 차츰 자신의 행동을 통제하여 욕하는 습관을 극복할 것이다. 이 과정은 시간이 오래 걸릴 수 있지만 부모가 참을성을 가지고 꾸준히 지속해야 한다.

• 욕설로 기분을 푸는 아이에게는
나쁜 기분을 표현하는 올바른 방법을 알려주자 •

어떤 아이들은 기분 나쁜 일이 있을 때 욕설을 함으로써 불만을 표출한다. 즉, 욕을 하여 주변 사람들에게 자기가 지금 기분이 나쁘다고 알리는 것이다. 그러나 이러한 방식은 주변 사람들을 불쾌하게 만든다. 이와 같은 행동을 하는 아이에게 부모는 올바른 방법으로 자신의 불만을 표현할 수 있게 지도해야 한다. 그냥 두면 자칫 아이 몸과 마음의 건강을 해칠 것이다. 욕설은 문제를 해결해주지 못할 뿐 아니라 사람과의 관계를 파괴한다. 아이가 불만이 있을 때 상대에게 확실히 알리게 한다. 가령, "네 생각은 받아들일 수 없어." 또는 "조금 전 네가 한 행동 때문에 기분이 나빠."와 같은 식으로 자신의 생각을 말하고 상대와의 갈등을 해결하는 것이다.

아빠교육의 힘

초판 1쇄 발행 | 2016년 1월 25일
초판 2쇄 발행 | 2016년 4월 21일

지은이 | 정옌팡
옮긴이 | 차혜정
발행인 | 이원주

임프린트 대표 | 김경섭
기획편집 | 한선화·김순란·강경양·한지은
디자인 | 정정은·김덕오
마케팅 | 노경석·조안나·이유진
제작 | 정웅래·김영훈

발행처 | 지식너머
출판등록 | 제2013-000128호

주소 | 서울특별시 서초구 사임당로 82 (우편번호 137-879)
문의전화 | 편집 (02) 3487-1151, 영업 (02) 2046-2800

ISBN 978-89-527-7552-8 13590

이 책의 내용을 무단 복제하는 것은 저작권법에 의해 금지되어 있습니다.
파본이나 잘못된 책은 구입하신 곳에서 교환해드립니다.